技工教育和职业培训"十四五"规划教材

高职高专汽车制造类立体化创新教材

汽车电控系统诊断与调试

（配任务工单）

主　编　刘云云　张俊峰

副主编　姚晶晶　谢吉祥　张　敏

参　编　吴厚廷　赵　军　刘红玉

机械工业出版社

《汽车电控系统诊断与调试》主要针对汽车电控技术概述、发动机电子控制系统、电控自动变速系统、安全行驶电控系统、车身电子控制系统、车载网络技术、电子故障诊断系统7个项目进行了应用性的介绍。

本书以现代汽车电控技术为核心，以具体任务描述为引导，全面系统地编排了项目的学习目标、知识与技能，采用项目驱动的编排方式，并配套了任务工单，便于实现教学过程"知行合一"。

《汽车电控系统诊断与调试》可作为高等职业院校汽车制造与装配技术专业、汽车检测与维修技术专业教材，也可作为汽车维修技能竞赛的指导性教材。此外，也适合汽车制造类企业的相关人员阅读使用。

图书在版编目（CIP）数据

汽车电控系统诊断与调试：配任务工单 / 刘云云，张俊峰主编 . — 北京：机械工业出版社，2020.7（2024.1 重印）
高职高专汽车制造类立体化创新教材
ISBN 978-7-111-65685-2

Ⅰ . ①汽⋯　Ⅱ . ①刘⋯ ②张⋯　Ⅲ . ①汽车 – 电气控制系统 – 故障诊断 – 高等职业教育 – 教材 ②汽车 – 电气控制系统 – 调试方法 – 高等职业教育 – 教材　Ⅳ . ① U463.6

中国版本图书馆 CIP 数据核字（2020）第 086097 号

机械工业出版社（北京市百万庄大街 22 号　邮政编码 100037）
策划编辑：李　军　责任编辑：李　军
责任校对：张　力　封面设计：马精明
责任印制：单爱军
北京虎彩文化传播有限公司印刷
2024 年 1 月第 1 版第 7 次印刷
184mm×260mm・17.25 印张・433 千字
标准书号：ISBN 978-7-111-65685-2
定价：49.90 元

电话服务　　　　　　　网络服务
客服电话：010-88361066　机　工　官　网：www.cmpbook.com
　　　　　010-88379833　机　工　官　博：weibo.com/cmp1952
　　　　　010-68326294　金　书　网：www.golden-book.com
封底无防伪标均为盗版　机工教育服务网：www.cmpedu.com

编委会

丛书序

2019 年 1 月，国务院颁发《国家职业教育改革实施方案》，推进职业教育领域"三全育人"综合改革试点工作，使各类课程与思想政治理论课同向同行，努力实现职业技能和职业精神培养高度融合。建设一大批校企"双元"合作开发的国家规划教材，倡导使用新型活页式、工作手册式教材并配套开发信息化资源。2019 年 12 月，教育部、财政部公布《中国特色高水平高职学校和专业建设计划建设单位名单》后，为了重庆电子工程职业学院等双高建设院校的建设要求，以及依托全国职业院校装备制造类示范专业点重庆电子工程职业学院汽车制造与装配技术专业为主体，我们联合重庆长安汽车股份有限公司等大型汽车制造企业加快了本系列丛书的开发进度。

本丛书结合汽车整车制造企业的生产全过程，以汽车车身制造技术，汽车整车装配与调试、汽车检测技术和汽车综合故障诊断等课程为主线，以汽车构造、汽车电控系统诊断与调试、汽车制造工艺技术、汽车生产质量管理、汽车制造安全技术和汽车制造物流技术等课程为辅助，以汽车三维设计、汽车数据采集与处理和汽车试验技术等课程为拓展，全面介绍汽车制造过程的冲压、焊装、涂装、总装四大工艺，以及了解下线检测、整车调试、生产安全、生产技术、质量管控、生产物流等制造知识，同时为了提高职业院校的应用技术水平，拓展学生在汽车设计、逆向工程、数据处理和汽车试验等方面的应用知识，为学生今后从事汽车制造中的设计、调试、试验和管理等相关工作打下良好基础。

本丛书主要特色如下：

1. 知识的全面性

在制定本丛书各教材的知识框架时，就将写作的重心放在体现知识的全面性上，因此从各教材提纲的制定以及内容的编写力求将课程所涉及的专业知识全面囊括。

2. 知识的实用性

本丛书由高职院校具有丰富教学经验的教师和汽车制造企业具有丰富工作经验的一线技术人员及管理人员编写而成，具有很强的实用性。此外，每个项目中均会根据知识点安排若干个工作过程，让学生从汽车制造实际出发，通过书中的知识点，解决现实中遇到的问题。

3. 知识的灵活性

丛书中各教材的每一个知识点都匹配了相应的学习任务，学生可以通过不同类型的学习任务，来学习并掌握书中的知识。

4. 知识的直观性

本丛书中各教材的每一类知识点均录制了各种形式的微课视频，使学生从教材中解脱，通过扫描二维码即可观看生动的视频资源来学习相关知识内容。

本丛书根据汽车制造领域（即汽车前市场）的设计、生产、工艺、试验和管理等岗位需求搭建人才培养体系开发而成，有效融入了课程思政的育人理念，可作为高职高专院校、应用技术型本科院校、中等职业学校、技工学校的教材，也可作为企业的培训教材，从而推动汽车制造全产业链的应用技术人才培养。

由于编写经验有限，本丛书难免存在疏漏，欢迎读者提出宝贵意见，以便我们在今后进行补充和改进。

编　者

前言

随着社会、经济的发展，汽车成为人类密不可分的伙伴。而且，现在汽车的正常运行在很大程度上都依赖于电控系统的自动控制，汽车电控系统包括发动机电子控制系统、底盘电子控制系统和车身电子控制系统。汽车电控系统最重要的作用是提高汽车的安全性、舒适性、经济性及娱乐性。

本书以现代汽车电控技术为核心，以具体任务描述为引导，全面系统地编排了项目的学习目标、知识与技能，并配套了任务工单，便于实现教学过程"知行合一"。本书共7个项目，分别详细讲解了汽车电控技术概述、发动机电子控制系统、电控自动变速系统、安全行驶电控系统、车身电子控制系统、车载网络技术和电子故障诊断系统。本书编写过程中不仅参考了国内出版的同类书籍，而且参考了国外近几年出版的汽车电控技术类书籍，并对许多技术数据和维修方法进行了实际测量和试验验证，内容新颖、图文并茂。在培养学生知识与技能的同时，在本书中融入了课程思政元素，加强了对学生思想的引领，使他们在今后学习、工作和社会交往中提高综合文化素养，更好地适应我国企业行业的需要。

本书符合国家对技术技能型紧缺人才培养培训工作的需求，注重以就业为导向、以能力为本位，面向市场、面向社会，体现了职业教育的特色，满足了高素质人才培养的需求。

本书定位于高职高专汽车制造类立体化创作教材，为了方便学生学习，不仅配套了任务工单，还可以通过扫描二维码进行微课学习。此外，为了方便教师教学，还编制了教学方案和课件。

由于经验有限，本书诊断流程、测试数据等可能存在纰漏，请使用本书的师生提出宝贵意见，以便在今后进行补充和改进。

目 录

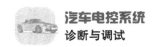

项目 1
汽车电控技术概述

任务描述

　　李先生有一辆别克 GL8 汽车，当按下一键起动按钮，全车上电后，发动机故障指示灯长亮，此后踩制动踏板，长按一键起动按钮起动汽车时，仪表盘黑屏，汽车无法起动。送入维修站后，技师根据故障现象，需要对汽车的发动机电子控制系统进行检查。

学习目标

1. 了解汽车电控技术的发展和应用。
2. 能够正确识别汽车电控系统的组成。

知识与技能点清单

序号	学习目标	知识点	技能点
1	了解汽车电控技术的发展和应用	1. 汽车电控技术的定义 2. 汽车电控技术的发展历程 3. 汽车电控技术的应用概况	1. 掌握汽车电控技术的三个发展阶段 2. 掌握汽车电控技术的具体应用
2	能够正确识别汽车电控系统的组成	1. 传感器 2. 电子控制单元 3. 执行元件	能够识别汽车电控系统组成

学习信息

1.1 汽车电控技术简介

汽车电控技术是汽车电子控制技术的简称，汽车电控技术是以电器技术、微电子技术、液压传动技术、新材料和新工艺技术为基础，旨在提高汽车整车性能，节约能源和保护环境，实现交通安全，提高乘坐舒适性的新技术。

汽车电控技术是汽车先进水平的一个衡量标准。汽车电控技术也是随着电子技术的发展和汽车相关法规要求的提高而逐步发展起来的。

1.1.1 汽车电控技术的发展

20 世纪 60 年代以来，电子控制技术在汽车上的应用越来越广泛，在解决汽车油耗、排放和安全等问题方面，具有举足轻重的作用。汽车电控技术的发展经历了机械控制或液压机械控制、模拟电子电路控制、微型计算机控制和车载局域网控制等过程。汽车电控技术的发展过程，大致经历了以下三个阶段。

微课视频
汽车电控技术的发展历程和应用

第一阶段（20 世纪 50 年代至 20 世纪 70 年代中期）：模拟电子电路控制阶段，主要是应用电子装置替代机械部件。汽车电子设备主要采用分立电子元件组成电子控制器，从而揭开了汽车电子时代的序幕。主要产品有交流发电机、电子式电压调节器、电子式闪光器、电子控制式喇叭、电子式间歇刮水控制器、晶体管收音机、电子式点火控制器、数字时钟等。

第二阶段（20 世纪 70 年代中期至 20 世纪末）：微型计算机控制阶段，即采用模拟计算机或数字计算机进行控制，控制技术向智能化方向发展。汽车电子设备普遍采用 8 位、16 位或 32

位字长的微处理器进行控制，主要开发研制专用的独立控制系统和综合控制系统。主要产品有微型计算机控制发动机点火系统、电子控制发动机燃油喷射系统、发动机燃油喷射与点火综合控制系统、发动机空燃比反馈控制系统、巡航控制系统、电子控制自动变速器系统、防抱死制动系统、牵引力控制系统、四轮转向控制系统、车身高度自动调节系统、轮胎气压控制系统、安全气囊系统、车辆防盗系统、电子控制门锁系统、自动除霜系统、通信与导航协调系统、安全驾驶监测与警告系统和故障自诊断系统等。

第三阶段（21世纪初至今）：车载局域网控制阶段，即采用车载局域网（Local Area Network，简写成LAN）对汽车电气与电子控制系统进行控制。近些年生产的车型都已普遍采用LAN技术。例如，在宝马公司在2004年推出的BMW7系列轿车上，就已经装备了70多个微处理器（电控单元），利用了8种车载局域网分别按这些电控单元的作用连接起来。其中，连接多媒体装置的网络就选用了多媒体定向系统传输网（MOST，Media Oriented System Transport），MOST协议是21世纪车载多媒体设备不可缺少的高速网络协议。汽车采用网络技术的根本目的：一是减少汽车线束；二是实现快速通信。随着汽车上安装的电子设备的不断增多，这就给汽车采用计算机网络技术创造了条件。

当前汽车电子控制技术正以前所未有的速度发展，汽车电子控制技术在汽车技术的发展中起着非常重要的作用，未来汽车电子控制技术的发展趋势将表现在控制系统集成化、信息传输网络化、汽车和交通智能化、电控系统设计模块化几个方面。

课程育人

　　随着电子技术在汽车上的广泛使用，一方面对汽车控制系统集成化、信息传输网络化、汽车和交通智能化、电控系统设计模块化起着重要的作用，另一方面在环境保护和安全等问题上也起着举足轻重的作用。汽车实现节能减排，有利于保护生态环境，建设美好家园。

1.1.2 汽车电控技术的应用

在电子技术及其工艺日益成熟的今天，电子设备在汽车上得到广泛应用，电控技术应运而生，切实地改善了汽车的整体性能，满足了人们对汽车安全性、舒适性、操纵性等方面的需求。目前汽车电控技术已在发动机、变速系统、底盘、车身、信息通信和故障诊断等方面获得广泛应用。汽车电子化程度的高低已成为衡量汽车先进水平和档次高低的重要标志之一。目前，在工业发达国家生产的汽车上，每辆车的电子装置的平均成本已占整车成本的30%～35%。在一些豪华轿车上，电子产品的成本已占整车成本的50%以上。

汽车制造商普遍认为，增加汽车电子装置的数量，促进汽车电子化是夺取未来汽车市场的有效手段。汽车设计人员普遍认为，电子技术在汽车上的应用，已经成为汽车设计研究部门考虑汽车结构革新的重要手段。

电子控制技术在现代汽车上的应用如图1-1所示。

1. 发动机电子控制系统

汽车的电子控制技术的研发是从发动机控制开始的，发动机控制的好坏直接影响着车辆的动力性、经济性及排放性。发动机电子控制系统的控制目的是根据不同运行工况确定燃油喷射量和点火时刻，使发动机既能爆发出最大动力，又具备良好的经济性，同时满足国家对排放的

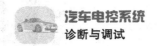
要求。对于汽油内燃机的电控技术主要控制其燃油喷射和点火。此外，还控制发动机的怠速、爆燃、空燃比等。

发动机电子控制系统主要表现在电控燃油喷射系统、怠速自动控制、排气再循环、电子点火系统等。

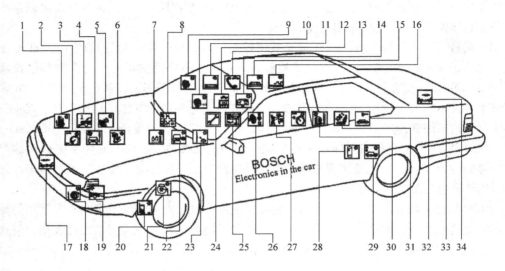

图1-1 电子控制技术在汽车上的应用概况

1—燃油喷射系统　2—怠速控制系统　3—空燃比反馈控制系统　4—发动机故障诊断　5—自动变速
6—微型计算机控制点火　7—加速踏板控制　8—控制器区域网络　9—声音复制　10—声控操纵　11—音响系统
12—车载计算机　13—车载电话　14—交通控制与通信　15—信息显示　16—线束复用　17—雷达车距控制与报警
18—前照灯控制与清洗　19—气体放电车灯　20—轮胎气压控制　21—防抱死与防滑转调节　22—底盘故障诊断
23—刮水器与清洗器控制　24—维修周期显示　25—液面与磨损监控　26—安全气囊与安全带控制　27—车辆保安
28—前/后轮转向控制　29—电子悬架　30—自动空调　31—座椅调节　32—中央门锁　33—巡航控制　34—车距报警

2. 变速系统

变速系统电子控制主要体现在电控自动变速器的应用，可实现自动换档，在最佳时机换档，提高汽车的动力性和经济性，提高行驶平顺性和乘坐舒适性。

电控自动变速器由液力变矩器、行星齿轮系统、液压控制系统和电子控制系统等组成。发动机输出的转矩经液力变矩器无级变速后将动力输入行星齿轮变速器，电控单元根据节气门位置传感器信号、车速传感器信号和换档控制程序控制换档电磁阀的接通或关断以改变液压装置的液压回路，操纵液压控制装置中的换档执行机构实现行星齿轮变速器的换档。

1939年美国通用汽车公司首次将电控自动变速器应用于轿车，随着电子技术及微处理器的发展，自动变速技术发展迅速。电控自动变速器正实现一机多参数、多规律控制，并在此基础上将变速器电子控制单元（ECU）和发动机ECU合并在一起，实现综合控制。

3. 底盘控制系统

目前常见的底盘控制技术主要有：电子稳定控制系统（ESP）、防抱死控制系统（ABS）、巡航控制系统（CCS）、驱动防滑系统（ASR）、主动悬架、助力转向、牵引力控制系统（TCS）等。这些底盘电控技术的应用，使得操作更加便捷、舒适、稳定、安全，同时也使得汽车更加智能化，能根据实际运行状况自动调整，充分提高驾驶性能。

4.车身电子控制系统

电控技术应用于车身上主要实现汽车的舒适性、安全性、娱乐性等，目前常见的有：车辆碰撞安全系统、通信与导航协调系统、安全驾驶监测系统、电子仪表、车载网络系统、智能化自适应前照灯系统（AFS）、安全气囊系统（SRS）、电控安全带等。

5.车载网络系统

汽车的车载局域网（Local Area Network，LAN）是随着计算机网络的发展而发展起来的汽车网络通信技术。为了满足汽车电子控制系统的不同控制目的和使用要求，各公司或组织开发研制了性能各异的车载网络。一般而言，车载局域网主要由控制模块、数据总线、通信协议和网关四部分组成。车载局域网的应用优势主要表现在，提高控制系统的可靠性，使得网络组成灵活方便，降低生产成本，便捷地扩充功能。

6.电子故障诊断系统

为了及时发现故障，汽车电子控制系统都应用了故障自诊断技术。故障自诊断是指汽车电子控制系统监测自身的运行情况，诊断系统有无故障，并采取相应的控制措施。汽车一旦发生故障，就能迅速报警提醒使用人员采取相应措施，还能保持基本的运行能力。

现代汽车每一个电子控制系统都配置有相应的故障自诊断子系统，通常称为第二代车载故障诊断系统（On Board Diagnosis System-II，OBD-II），简称自诊断系统。

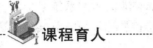

课程育人

我国自古以来就重视责任意识的培养，一个人，只有尽到对企业的责任，才能是好员工。汽车电控技术的应用，切实地改善了汽车的整体性能，满足了人们对汽车安全性、舒适性、操纵性的需求，体现了员工的职业责任和社会责任。

1.2 汽车电控系统的组成

虽然汽车车型不同，档次各异，采用电控系统的功能和数量也各不相同，但是汽车电控系统的基本组成却大致相同。汽车电控系统的基本结构都是由传感器、电子控制单元（Electronic Control Unit，ECU）和执行元件（执行器）三部分组成。如图1-2所示。

汽车电控系统的主要功能是提高汽车的整体性能，包括动力性、经济性、排放性、安全性、舒适性、操纵性与通过性等。

图1-2　汽车电子控制系统的基本组成

1.2.1 传感器

传感器是将某种变化的物理量（绝大部分是非电量）转化成对应的电信号的装置。

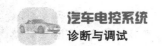
传感器相当于人的五官，如眼睛、耳朵、鼻子和舌头等。在汽车电控系统中，传感器的功用是感受运行过程中空气流量、位置、转速、温度、压力、气体浓度等物理量的状态及变化情况，并将其转变为电信号送给控制单元。

汽车上安装的传感器的种类和数量因车型的不同而各异，高档车的控制项目和控制内容多，需要的传感器的种类和数量也多。汽车电子控制系统采用的传感器按照其功能的不同可分为以下类型：

（1）流量传感器

检测被测气体和液体等流体的流量。如发动机燃油喷射系统采用的涡流式、热丝式、翼片式、量芯式与热膜式空气流量传感器；用于自动空调系统的制冷剂流量传感器等。

（2）压力传感器

检测被测介质压力。如发动机控制系统采用的进气歧管压力传感器、大气压力传感器、排气压力传感器、气缸压力传感器；自动变速系统采用的燃油压力传感器；发动机爆燃控制系统采用的爆燃传感器；驱动防滑转系统中的油压传感器等。

（3）位置传感器

检测被测回转物体的转角或移动物体的位移。如发动机燃油喷射和微型计算机控制点火系统采用的曲轴位置传感器、凸轮轴位置传感器、节气门位置传感器；电子调节悬架系统采用的车身高度传感器；信息显示系统和液面监控系统采用的各种液面位置传感器；自动变速系统采用的变速杆位置传感器；巡航控制系统采用的节气门位置传感器；电子控制动力转向系统采用的转向盘转角传感器等。

（4）温度传感器

如发动机冷却液温度传感器、进气温度传感器、排气温度传感器、燃油温度传感器；自动变速系统采用的自动传动液温度传感器；空调控制系统采用的车内温度传感器等。

（5）速度传感器

如防抱死制动系统采用的车轮速度传感器、车身纵向和横向加（减）速度传感器；发动机控制系统采用的转速传感器；发动机、自动变速以及巡航控制系统采用的车速传感器；变速器输入轴转速传感器以及输出轴转速传感器等。

（6）碰撞传感器

在汽车发生碰撞时，用来检测汽车碰撞强度信号的一种传感器，是安全气囊系统中的控制信号输入装置。在汽车发生碰撞时，由碰撞传感器检测汽车碰撞的强度信号，并将信号输入安全气囊电子控制单元，安全气囊电子控制单元根据碰撞传感器的信号来判定是否引爆充气元件使气囊充气。

（7）浓度传感器

如发动机控制系统采用的氧传感器，目前实际应用的氧传感器主要有氧化锆式与氧化钛式两种；安全控制系统采用的酒精浓度传感器等。

1.2.2　电子控制单元

电子控制单元（ECU）俗称"汽车电脑"。电子控制单元是一种电子综合控制装置。电子控制单元的功能是按照预设程序对各个传感器输入的信息进行分析、处理，发出指令，控制有关执行元件运作。

汽车电子控制系统各种 ECU 的组成大同小异，都是由硬件、软件、壳体和线束插座四部分组成。硬件为系统正常工作提供基础条件，软件主要包括监控程序和应用程序两部分。虽然各种 ECU 的电路都十分复杂，车型不同、控制系统不同，ECU 的电路亦各有不同，但其都是由输入回路、输出回路和单片微型计算机（即单片机）三部分组成，如图 1-3a 所示。

汽车 ECU 的硬件一般都封装在铝质金属壳体内部，并通过线束插座与整车电气线路连接，外形如图 1-3b 所示。ECU 安装在车内不易受到碰撞的部位，如仪表板下面、行李舱内部或座椅下面等，具体安装位置依车而异。为了节约导线，发动机 ECU 目前趋向于安装在发动机舱内。

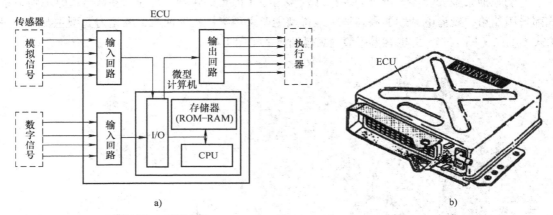

图 1-3　汽车电子控制系统（ECU）的组成框图与 ECU 外形结构

a）ECU 组成框图　b）ECU 外形结构

汽车 ECU 的硬件都是由不同种类的专用集成电路、电阻器、电容器、二极管、稳压管、晶体管等电子元器件和印刷电路板构成，内部电路结构框图如图 1-4 所示。

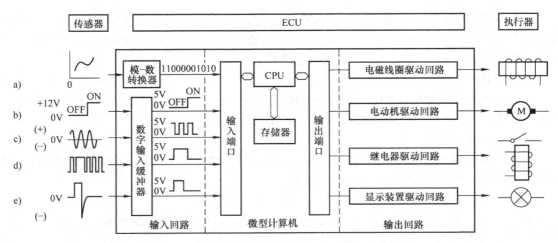

图 1-4　电子控制单元（ECU）内部电路结构框图

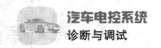
1.2.3 执行元件

执行元件又称为执行器，是电子控制系统的执行机构。执行元件的作用是按照 ECU 发出的控制指令完成具体的执行动作，经控制参量迅速调整到设定的值，使控制对象在设定的状态下工作。

汽车电子控制系统不同，执行元件的数量和种类也不相同。具体的执行元件主要有燃油泵、喷油器、怠速阀、点火线圈、活性炭罐电磁阀、巡航控制电磁阀、进气控制阀、二次空气喷射阀、自动传动液油泵、换档电磁阀和锁止电磁阀等。

1. 燃油泵

电动燃油泵按安装形式可分为油箱外置型与油箱内置型两种。目前大多数电控燃油喷射系统都采用油箱内置型电动燃油泵。油箱外置型主要采用滚柱式燃油泵，油箱内置型主要采用涡轮式燃油泵（图 1-5），但也有采用滚柱式燃油泵的（图 1-6）。

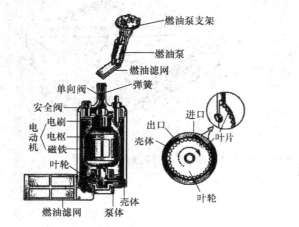

图 1-5　涡轮式燃油泵

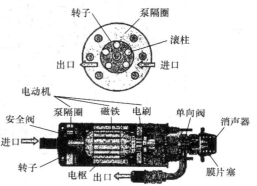

图 1-6　滚柱式燃油泵

燃油泵工作的控制，一般是指对燃油泵电路开路继电器的控制。继电器触点闭合，燃油泵通电工作；继电器触点断开，燃油泵即停止工作。燃油泵控制系统按照触发燃油泵运转的信号来源，可分为燃油泵开关控制与发动机控制模块控制。

2. 喷油器

喷油器为电控发动机燃油喷射系统中的重要执行器，主要有轴针式喷油器、球阀式喷油器以及片阀式喷油器，它接收来自发动机控制模块的信号，并精确地喷射燃油。

（1）轴针式喷油器

轴针式喷油器如图 1-7 所示，它主要由喷油器壳体、喷油针阀、套在针阀上的衔铁以及根据喷油脉冲信号产生电磁吸力的电磁线圈组成。

（2）球阀式喷油器

球阀式喷油器如图 1-8 所示，它与轴针式喷油器的主要区别在于针阀的结构。

（3）片阀式喷油器

片阀式喷油器采用重量较轻的阀片与孔式阀座，不仅具有较大的动态流量范围，而且抗堵塞能力较强。片阀式喷油器如图 1-9 所示。

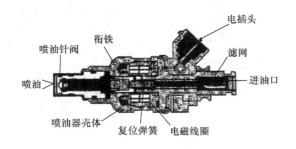

图 1-7 轴针式喷油器

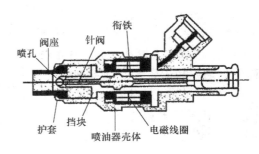

图 1-8 球阀式喷油器

3.怠速阀

现在大多数电控发动机上，均已设有不同形式的怠速转速控制装置，控制发动机以最佳的怠速转速运转。

（1）石蜡式怠速旁通空气控制阀

石蜡式怠速旁通空气控制阀按照发动机的冷却液温度控制旁通空气道的截面积。控制力来自热敏石蜡的热胀冷缩，而热胀冷缩随周围温度而变化。这种形式的怠速旁通空气控制阀，必须导入发动机冷却液，为了简化结构，通常共用加热节气门体的冷却液管路。石蜡式怠速旁通空气控制阀如图 1-10 所示。

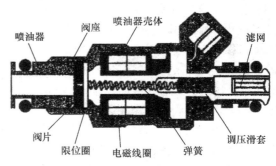

图 1-9 片阀式喷油器

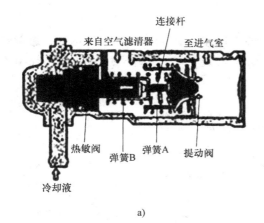

a)

b)

图 1-10 石蜡式怠速旁通空气控制阀
a）冷却液温度低时，提动阀打开 b）冷却液温度高时，提动阀关闭

（2）双金属片式旁通空气控制阀

双金属片式旁通空气控制阀用来控制发动机在冷起动与暖机过程中的附加空气量，进而调整发动机的转速。如图 1-11 所示，双金属片式旁通空气控制阀由绕有电热线的双金属片与旁通空气道等组成。

（3）步进电动机式怠速空气控制阀

步进电动机式怠速空气控制阀如图
1-12 所示，其安装在发动机进气总管内，
从而使电动机转子顺转或反转，使阀芯
轴向移动，改变阀芯与阀座之间的间隙，
就能够调节流过旁通空气道的空气量。
间隙小，进气量少，怠速低；间隙大，
进气量多，怠速高。

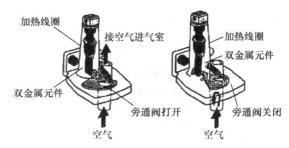

图 1-11　双金属片式旁通空气控制阀

如图 1-12 所示，发动机控制模块依
一定顺序，使晶体管 VT_1、VT_2、VT_3、
VT_4 适时导通，分别为步进电动机定子
绕组供电，驱动步进电动机转子旋转，
使阀芯移动，改变阀芯和阀座间的距离，
调节旁通空气道的空气流量，使发动机
怠速转速达到所要求的目标转速。

（4）旋转滑阀式怠速控制阀

图 1-13 所示为旋转滑阀式怠速控制
阀，主要由永久磁铁、旁通空气道、旋
转滑阀及复位弹簧等组成。旋转滑阀固
装在电枢轴上，与电枢轴一起转动，用

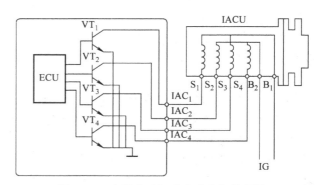

图 1-12　步进电动机式怠速空气控制阀

来控制通过旁通空气道的空气量；永久磁铁固装在外壳上，形成永磁磁场；复位弹簧的作用是
在发动机熄火后使怠速阀旁通空气道完全打开。

（5）占空比控制怠速控制阀

如图 1-14 所示，占空比是指发动机控制模块的控制信号在一个周期内通电时间和通电周期
之比。占空比怠速控制阀安装在进气歧管上，通过来自发动机控制模块的占空比信号控制经过
节气门旁通空气道的进气量。

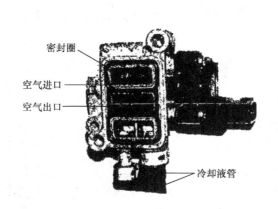

图 1-13　旋转滑阀式怠速控制阀

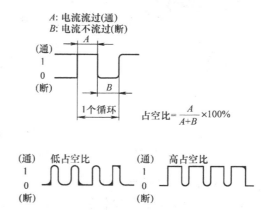

图 1-14　占空比

（6）节气门直动式怠速控制系统

节气门直动式怠速控制系统取消了旁通通道，通过控制节气门的开启角度，调节空气通路的截面来控制充气量，如图 1-15 所示，实现对怠速的控制。

节气门直动式怠速控制系统主要由节气门位置传感器、怠速节气门位置传感器、怠速开关以及执行器（怠速直流电动机）、一套齿轮驱动机构组成。

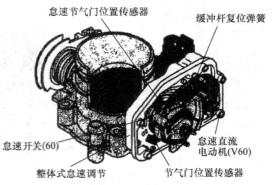

图 1-15 节气门直动式怠速控制系统

4.点火线圈

点火线圈是产生点火所需高压电的一种变压器。通常发动机点火系统所采用的点火线圈依磁路可分为开磁路式和闭磁路式。

（1）开磁路式点火线圈

如图 1-16 所示，开磁路式点火线圈一般为罐状结构。它以数片硅钢片叠合而成棒状铁心，次级绕组与初级绕组分别绕在铁心的外侧。次级绕组为线径 0.05~1mm 的漆包线，匝数为 20000~30000 的圈匝。初级绕组的线径为 0.5~1.0mm，较次级绕组粗，且匝数仅为 150~300 圈。初级绕组绕在次级绕组的外侧，所以次级绕组所产生的磁通变化与初级绕组完全相同。初级绕组与次级绕组的绕线方向相同，次级绕组的始端连接高压输出插头，其末端则连接在初级绕组的始端，并连接于外壳的"+"接线柱，初级绕组的末端连接于外壳的"−"接线柱，并接在点火器内大功率晶体管的集电极上，通过点火器控制其初级绕组电流的通断。

（2）闭磁路式点火线圈

如图 1-17 所示，闭磁路式点火线圈的铁心是封闭的，磁通全部经过铁心内部，铁心的导磁能力约为空气的 10000 倍，所以开磁路式点火线圈欲获得与闭磁路式点火线圈相同的磁通，则其初级绕组必须有比较大的磁动势（安培匝数），因此必须采用匝数较多、线径较大的初级绕组，初级绕组的匝数多，如欲获得同样匝数比，则次级绕组的匝数也需增加，所以开磁路式点火线圈的小型化是办不到的。反之，闭磁路式点火线圈，因为磁阻小，可有效降低线圈的磁动势，把点火线圈小型化。目前，闭磁路式点火线圈已相当小型化，可与点火器合二为一，甚至可和

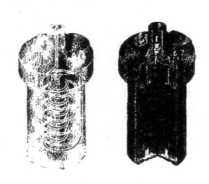

图 1-16 开磁路式点火线圈

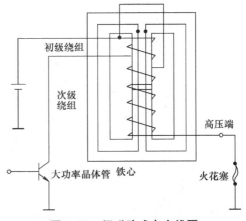

图 1-17 闭磁路式点火线圈

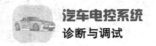

诊断与调试

火花塞连体化。

课程育人

汽车电控系统的基本结构都是由传感器、电子控制单元（Electronic Control Unit，ECU）和执行元件（执行器）三部分组成，这三部分之间相互联系、相互配合，从而实现各种功能，提高汽车的整体性能。在企业中，员工之间也应该相互信任、相互交流、相互支持，形成整体合力，才能在企业中营造一种团结协作、共谋发展的良好氛围，从而实现个人的社会价值。

项目 2
发动机电子控制系统

任务描述

　　刘先生有一辆大众帕萨特，已行驶超过 15 万 km，近来车辆起动后发动机抖动严重，在行驶中急加速时，发动机舱内有"咚咚"的放炮声，急加速时有严重的回火放炮现象。进入 4S 店进行诊断后发现是发动机电子控制系统方面的故障。假如你是 4S 店的工作人员，你该如何通过诊断仪读取故障码，并找到具体故障原因。

学习目标

1. 能够正确认识发动机电子控制系统的组成及检测工具。
2. 能够正确描述空气供给系统的分类、组成及其进气测量方式。
3. 能够正确描述燃油供给系统的功用和组成。
4. 能够正确描述点火控制系统的组成和基本原理。
5. 能够正确识别排放控制系统的主要控制装置。
6. 能够对发动机电控系统的故障进行诊断检修。

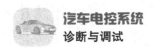
 知识与技能点清单

序号	学习目标	知识点	技能点
1	能够正确认识发动机电子控制系统的组成及检测工具	1. 发动机电子控制系统的主要功用 2. 发动机电子控制系统的主要组成 3. 故障诊断仪的认知	能够对发动机电控系统有清晰的认知
2	能够正确描述空气供给系统的分类、组成及其进气测量方式	1. 空气供给系统的分类 2. 空气供给系统的主要组成 3. 空气供给系统的进气测量	1. 能够识别不同测量进气方式的电控系统 2. 能够熟知空气供给系统的主要组成并进行检修
3	能够正确描述燃油供给系统的功用和组成	1. 燃油供给系统的组成 2. 燃油直喷系统	1. 能够正确描述燃油供给系统的功用和组成 2. 能够完成对燃油泵的故障诊断 3. 能够对喷油器进行清洗 4. 能够熟知燃油直喷系统的性能优势
4	能够正确描述点火控制系统的组成和基本原理	1. 点火控制系统的分类 2. 点火系统的组成 3. 点火控制系统的工作原理 4. 点火控制系统中的控制参数	1. 能够辨识单缸独立点火式、双缸同时点火式的点火系统 2. 能够识别点火系统的零部件组成
5	能够正确识别排放控制系统的主要控制装置	1. 排气系统的组成 2. 排气再循环系统 3. 燃油蒸气排放控制系统 4. 空燃比反馈控制系统	1. 能够识别排气系统的主要零部件组成 2. 能够掌握排气再循环系统的工作原理 3. 能够掌握燃油蒸气排放控制系统的工作原理 4. 能够掌握空燃比反馈控制系统的工作原理
6	能够对发动机电控系统的故障进行诊断检修	1. 冷起动困难故障检修 2. 发动机无法起动故障检修 3. 发动机高速动力不足故障检修 4. 发动机排放不良故障检修 5. 发动机怠速抖动故障检修	能够检修发动机电控系统的故障

2.1 发动机电控系统的认知

随着汽车电子化的发展，汽车电子控制装置获得了开发和广泛应用，其主要作用是提高发动机的动力性，节约燃油和降低排放。发动机电子控制技术主要功用在于空燃比控制（喷油量控制）和点火时刻控制，此外，还包括起动控制、怠速转速控制、极限转速控制、排气再循环控制、进气增压控制、爆燃控制、燃油泵控制、发电机电压控制和系统自诊断控制等。

2.1.1 发动机电控系统的组成

整体来看，汽车发动机电子控制系统主要由空气供给系统、燃油供给系统、点火控制系统和排放控制系统等子系统组成。

1. 发动机电子控制系统基本组成与控制功能

发动机电子控制系统（Engine Electronic Control System，EEC 或 EECS），又称为发动机管理系统（Engine Management System，EMS），主要由传感器、电子控制单元（电子控制器）和执行器等组成，如图 2-1 所示。其中核心元

微课视频
发动机电控
系统的认知

件是电子控制单元，它能根据发动机各种传感器或开关送来的信号，按照由预先设定的控制程序，进行燃油喷射控制、点火控制、汽油蒸发吸附控制、怠速控制、排气再循环控制以及空调压缩机控制、冷却风扇控制等。

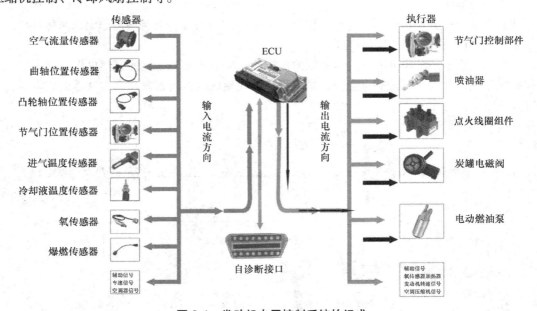

图 2-1 发动机电子控制系统的组成

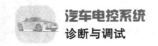

（1）传感器及开关

传感器是系统检测信号的装置。它检测发动机的运行状态，然后将检测参数转化为电信号输给 ECU，作为 ECU 控制的依据。发动机电子控制系统常用的传感器有空气流量传感器或进气压力传感器、速度传感器、加速度传感器、节气门位置传感器、曲轴位置传感器、凸轮轴位置传感器、发动机冷却液温度传感器、进气温度传感器、氧传感器、爆燃传感器和车速传感器等。不同型号或不同生产年代的发动机电子控制系统所采用的传感器数量多少不一，即使是同一类型的传感器也有多种结构形式。

传感器分为有源传感器和无源传感器两种类型，传感器信号也分为模拟信号和数字信号。

电控系统常见的开关信号有点火开关信号、起动开关信号、离合器开关信号、空档开关信号、助力转向开关信号、空调开关信号、压力开关信号、温控开关信号等。

传感器和开关信号都是反映发动机工作状况或车辆运行情况，通过电信号的形式将这些信息传输给电子控制单元，作为电子控制单元分析、判断输出控制指令的依据。

（2）电子控制单元

发动机电子控制单元（ECU），如图 2-2 所示，是以微处理器为核心的微型计算机控制装置，是发动机电控系统的核心部件，它接收各种传感器或开关的信号，经过计算确定满足发动机运行状态的各种最佳值，如喷油量、喷油提前角和点火提前角等，然后发出指令给执行器，以完成各种控制。电子控制单元还具有故障监测功能，能将系统中发生的故障存储记忆下来，为维修提供依据。它能在系统发生某些故障时，自动启用发动机的后备系统，防止车辆停驶。

图 2-2　发动机电子控制单元

（3）执行器

执行器是执行电子控制单元指令的装置。它接收 ECU 发出的各种指令，完成具体的控制动作，使得发动机处于最佳的运行状态。

如图 2-3 所示，发动机电子控制系统的执行器一般有喷油器、燃油泵继电器、点火器、怠速控制阀、燃油蒸气吸附控制电磁阀、排气再循环电磁阀以及冷却风扇、空调压缩机电磁离合器等。

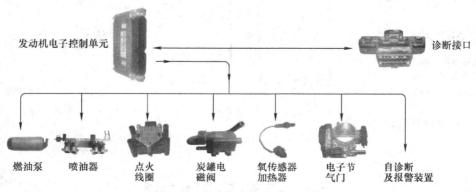

发动机电子控制单元　　　　　　　　　　　　　诊断接口

燃油泵　喷油器　点火　炭罐电　氧传感器　电子节　自诊断
　　　　　　　　线圈　磁阀　加热器　气门　及报警装置

图 2-3　发动机电控系统执行器

2. 发动机电子控制系统特点

发动机电子控制系统具有如下特点。

1）汽油发动机电子控制系统易于控制燃油供给量，实现混合气空燃比及点火提前角的精确控制，使发动机无论什么工况都能处于最佳运行状态。

2）电子控制系统的控制自由度大，对动力性、经济性和排放等可以实现多目标控制；因工况变化，海拔高度、温度变化等对供油系统的影响可以非常容易得到校正。

3）喷油器可以安装在进气门附近，使进气管设计更合理，改善了各缸混合气的均匀性。

4）实现空燃比的精确控制并采用排放控制措施，减少了排放。

5）不对进气加热，使得压缩温度较低，不易发生爆燃，故可采用较高的压缩比来改善热效率。

6）进气管无喉管，减少了进气阻力；采用压力喷射，燃油雾化质量好。

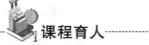课程育人

　　由发动机电子控制系统的特点可知，电控系统的精确控制，可使发动机无论在什么工况下都能处于最佳运行状态，且实现节能减排。因此，作为祖国未来的建设者，同学们需要谨记在自己今后的工作岗位上，发扬工匠精神，精益求精，推动行业的快速发展。

2.1.2　发动机电控系统的故障诊断工具

我们以常见的大众车系为例，发动机电子控制系统中各个单元之间依靠 CAN 总线进行连接，以局域网信息共享的电控系统代替原有的点对点布线系统，通过总线系统相互连接，采用串行总线实现多路传输，组成汽车电子网络。

如果汽车发动机电子控制系统出现故障，传统的万用表能够发挥的作用非常微小，这时候需要借助专用的检测仪进行测试。不同车系使用的检测仪各不相同，大众车系中常用的检测仪为 VAG1551/1552、VAS5051/5051B、VAS5052/5052A、VAS5053，如图 2-4 所示。

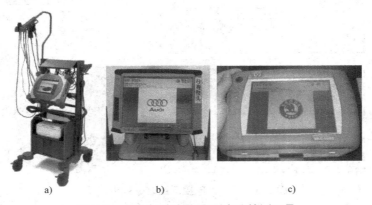

a)　　　　　　　b)　　　　　　　c)

图 2-4　大众车系 VAS 系列专业检测工具

a）VAS5051　b）VAS5052　c）VAS5053

专业检测仪通过诊断总线接口（一般位于驾驶人的左腿下方，即仪表板左下侧，中控台下方）连接到汽车发动机电子控制单元（ECU），其中大众车系大众车型常用的是 OBD-Ⅱ插头，

如图 2-5 所示。

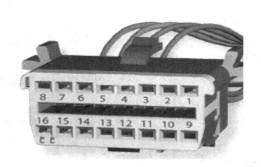

针脚号	对应的线束
1	15号线
4	搭铁
5	搭铁
6	CAN 总线（高）
7	K线
14	CAN 总线（低）
15	L线
16	30号线

图 2-5　OBD-Ⅱ接口端子与线束的对应关系

连接好诊断接口后，在检测仪的显示屏上选择被测试汽车的车型信息，核对无误后进入地址码，之后选择功能码，读取相应的故障码，完成操作后检测仪的显示屏上即可显示出被测试汽车的故障信息，其中常用的 SAE 故障码规则如下：

1) P- 动力系统。

2) B- 车身系统。

3) C- 底盘系统。

4) U- 网络通信系统。

例如故障码"P0101- 空气流量计 -G70，不可靠信号"表明是发动机电控系统中的空气流量计存在通信故障，需要对相关元件及其连接总线进行检测。

按照发动机电控系统故障的严重程度，一般分为三类，如图 2-6 所示。

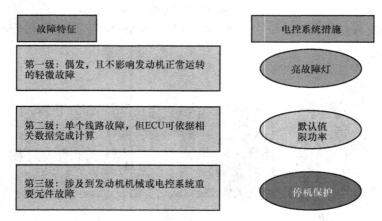

图 2-6　发动机电控系统故障等级分类

1) 当电控系统出现不涉及行驶安全的轻微故障时，发动机电子控制单元会将故障信息以故障码的形式记录并保存，当故障出现的频次超过设定的次数限制后，发动机电子控制单元立即点亮仪表板上的故障指示灯，以提示驾驶人电控系统有故障，但是车辆的其他性能均正常。

2) 当传感器或相关线路发生故障时，电控系统自动按预先设定的参考信号值工作，以便发动机能继续运转，必要的时候限制功率的输出。如：冷却液温度传感器出故障时，ECU 会采用默认值；电子节气门单个信号故障时，限制发动机功率的输出。

3）涉及到发动机机械或电控系统重要元件故障，此时发动机电控系统将会进入停机保护的状态，例如别克 GL8 的 ECU 与变速器控制单元之间连线插接器存在接触不良的情况，当按下一键起动开关发动汽车时，ECU 会检测到通信信号异常，采取保护措施后，仪表盘会黑屏，汽车无法着车。

当检测仪读取到故障码后，一般有两种清除方式：对于偶发且轻微故障，故障在规定次数的暖机循环中不再发生，可以自行清除故障码；对于比较严重的故障，需要结合故障码信息对汽车进行维修后，才能够清除故障码。

2.2 空气供给系统

空气供给系统用于检测和控制发动机进气量，并把进气量信号传给 ECU，作为计量燃油喷射量的主要依据，以使进入发动机气缸内的空气与喷油器喷出的燃油形成空燃比符合要求的可燃混合气。

2.2.1 空气供给系统的分类

根据燃油喷射式发动机怠速进气量的控制方式不同，空气供给系统分为 L 型和 D 型两种型式。

微课视频
发动机空气
供给系统

1. L 型空气供给系统

L 型空气流量测量采用的是空气流量传感器，对空气量的测量更为精准，其进气系统结构简单，如图 2-7 所示。

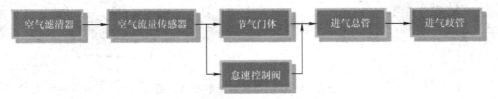

图 2-7 L 型空气供给系统结构组成

空气流量传感器安装在节气门体前，与空气滤清器相邻，如图 2-8 所示。

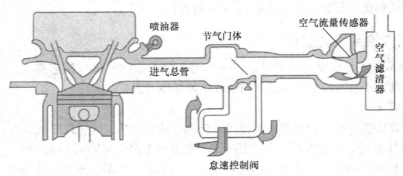

图 2-8 L 型空气供给系统示意图

2. D 型空气供给系统

D 型空气供给系统进气系统结构简单，没有空气流量传感器，采用了进气压力传感器进行测量，通常安装在节气门体后，如图 2-9、图 2-10 所示。

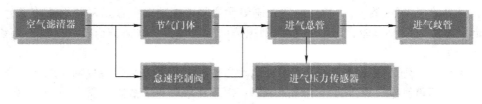

图 2-9　D 型空气供给系统结构组成

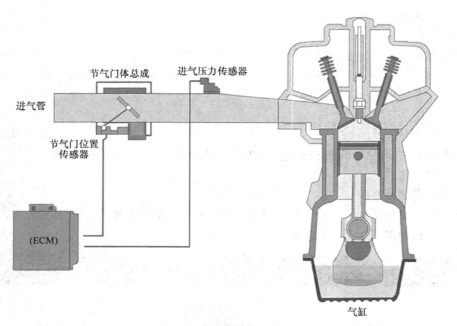

图 2-10　D 型空气供给系统示意图

急速控制阀的作用是控制发动机暖机时的快怠速，加快发动机暖机过程。发动机正常怠速运转时空气经怠速旁通气道进入进气总管，在旁通气道上安装有怠速调整螺钉。一些电控发动机设置有怠速控制阀，其怠速运行是由 ECU 控制的。

2.2.2　空气供给系统的组成

空气供给系统主要由空气滤清器、空气流量传感器或进气压力传感器、节气门体与进气管、怠速控制阀和废气涡轮增压等部件组成。

1. 空气滤清器

微课视频
节气门的结构拆卸
安装与检测

空气滤清器的作用是滤去空气中的尘埃和杂质，使清洁的空气进入气缸，以减少活塞与气缸壁之间的磨损，并且还可以降低进气噪声。空气滤清器一般有纸质式和油浴式两种，纸质空气滤清器又分干式和湿式两种。现代轿车普遍使用干式纸质空气滤清器，主要由滤芯和壳体两部分组成，如图 2-11 所示。

2. 空气流量传感器

空气流量传感器又称空气流量计，安装在空气滤清器和节气门之间的进气管上，用于检测发动机进气量大小，并将进气量信息转换成电信号输入电子控制单元（ECU），以供 ECU 计算点火时刻与喷油量。空气流量传感器类型多样，常采用热膜式空气流量传感器和热线式空气流量传感器。

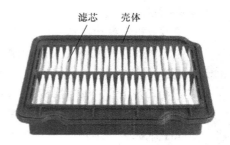

图 2-11　干式纸质空气滤清器

（1）热膜式空气流量传感器

热膜式空气流量传感器将热线、温度补偿电阻和精密电阻用薄膜工艺镀在一块陶瓷上，如图 2-12 所示。热膜式空气流量传感器可以满足精度要求，而且结构简单，抗污能力强，成本较低，应用比较广泛。

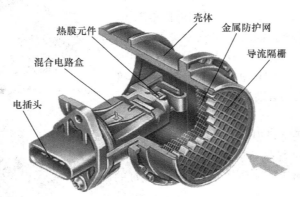

图 2-12　热膜式空气流量传感器

（2）热线式空气流量传感器

热线式空气流量传感器是直接测量式进气流量传感器，如图 2-13 所示。在进气道内有取样管，采样管上架有一根极细的铂丝（直径约为 0.07mm），铂丝被电流加热至 120℃左右，称为热线。空气流经过采样管时，热线被冷却，其电阻值也随之减小，使电压产生变化，该电压信号传递给 ECU，用来指示通过进气道的空气量。热线式空气流量传感器有测量精确度高、响应速度快、没有运动件不会产生磨损和进气阻力小等优点。但热线表面容易附着污物，影响测量准确度。

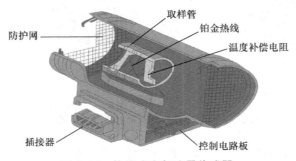

图 2-13　热线式空气流量传感器

当空气流量传感器出现故障时，一般为元件本身的损坏或者线束连接存在异常。我们进行诊断维修时，首先需要使用专业检测仪来读取电控系统自诊断功能里鉴定的故障码，若出现故障码，通过分析数据块信息，可以协助人们准确地确定故障原因。

对于空气流量传感器自身的检测，应首先进行外观检查，需要注意的是，空气流量传感器的安装是有顺序的，若观察到空气流量传感器安装反了，则需按照空气流量传感器上的箭头指示安装。若安装正常，则需要检查护网有无堵塞或破裂，检查电阻膜片是否脏污、损坏。

对于空气流量传感器的相关线束的检测，应首先检查空气流量传感器的供电线是否正常，之后检查空气流量传感器的线束信号线、搭铁线是否正常，最后检查连接导线是否存在短路或者断路的现象。将万用表拨至蜂鸣档，万用表黑表笔连接车身搭铁，红表笔连接空气流量计搭铁端子，正常时，万用表发出蜂鸣声并显示数值很小；之后将万用表拨至20V电压档，依次测量空气流量传感器的各个端子与车身搭铁之间的电压，其中5V为传感器的信号电压，12V为燃油泵通断的信号电压。检测传感器的信号电压时，如图2-14所示，由于此时空气流量传感器中无空气流通，所以显示数值为0V。在实车上有空气流通时，信号电压数值会进行跟随变化，可以根据信号电压数值判断传感器有无异常。

图 2-14　空气流量传感器信号电压的检测

3. 进气歧管

进气歧管的作用是将可燃混合气或新鲜空气分配到各个气缸进气道。进气歧管应该满足进气阻力小，能使可燃混合气混合均匀，并均匀分配到各个气缸的要求。如图2-15所示。

4. 进气压力传感器

汽车上的进气压力传感器，如图2-16所示，用于监测进气歧管的压力或压力与温度，ECU利用其输出的信号结合转速信号确定进气密度与质量，是进气量间接测量法常用的传感器。

图 2-15　进气歧管

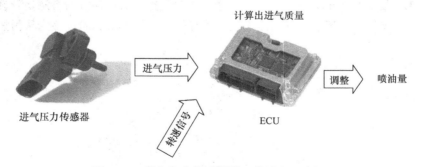

图 2-16　进气压力传感器的工作流程示意图

不同车型的进气压力传感器安装位置各不相同，有些车型的进气压力传感器直接安装在节气门后方的进气总管上，如图2-17所示。有些车型的进气压力传感器安装在节气门后方引出的真空管上，便于检测维修，如图 2-18 所示。

图 2-17　安装在进气总管上的进气压力传感器

图 2-18　安装在真空管上的进气压力传感器

　　进气压力传感器由硅芯片、IC 集成电路（IC）、真空室、真空管接头、线束插接器等组成，如图 2-19 所示。硅芯片上有一个含有压电电阻的压力膜片，硅芯片的一侧为封闭的真空空间，另一侧与进气歧管相通，承受着进气歧管传递的压力。进气歧管的压力使硅芯片连同压电电阻发生机械变形，经硅芯片上 IC 集成电路的处理后，如图 2-20 所示，形成与压力成线性的电压信号输出。

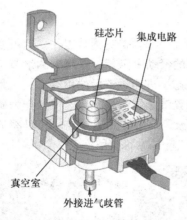

图 2-19　进气压力传感器结构

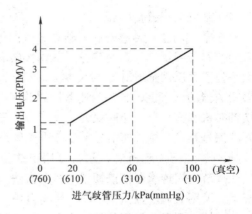

图 2-20　进气压力传感器输出电压

　　进气压力传感器与空气流量传感器的检测方式类似，在此不再赘述。

5. 节气门体

　　节气门体由节气门和旁通气道等组成。节气门用来控制发动机正常运行工况下的进气量。节气门位置传感器装在节气门轴上，用以检测节气门开启的角度。有的节气门体上装有节气门缓冲器。

　　（1）节气门

　　节气门分机械式和电子式，市场上多数车辆均采用电子式节气门。电子式节气门体包括节气门阀片、节气门位置传感器、节气门控制电动机，如图 2-21 所示。整个节气门总成系统中通过传动机构使节气门阀片转

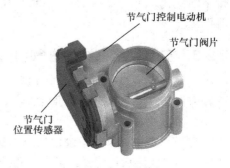

图 2-21　电子式节气门

动，包含于其中的节气门位置传感器用于提供位置反馈。当驾驶人踩下加速踏板后，如图 2-22 所示，加速踏板的位置信号会传递给 ECU，然后 ECU 结合当前发动机状态、冷却液温度等参考信息，计算出空气进气量的要求，通过控制节气门电动机使节气门阀片打开合适的角度，同时控制点火角度和喷油量，使发动机工作得到最佳的动力性、经济性和排放性能。

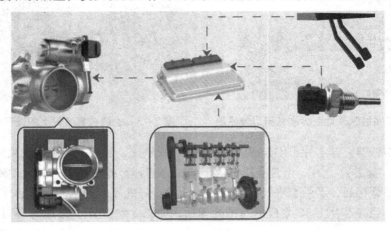

图 2-22　节气门控制原理示意图

（2）节气门位置传感器

对于节气门位置传感器，安装在节气门体旁，由节气门体轴带动旋转工作。以可变电阻式节气门位置传感器应用最为广泛，其内部装有一个可变的滑动电阻。一是用来测量节气门开度的大小位置并反馈给 ECU，以反映发动机的运行负载状态，进而调整燃油供给量；二是在装备自动变速器的汽车上，自动变速器控制单元把节气门位置传感器信号和车速信号作为确定变速器换档时机和变矩器锁止时机的主要信号；三是当空气流量传感器无信号时，ECU 将通过节气门开度信号和发动机转速信号来计算进气量，取代空气流量传感器信号。

检测节气门传感器时，先将万用表拨至蜂鸣档，连接节气门传感器搭铁端子与车身搭铁，正常情况下，万用表显示数值很小。之后将万用表拨至 20V 电压档，测量节气门传感器供电电压，测量的数值为 5V。最后检测节气门传感器信号电压，如图 2-23 所示，信号电压测量值随着节气门开度进行不断变化，最大值为 5V，说明节气门传感器功能正常。

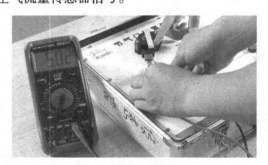

图 2-23　节气门位置传感器信号电压的检测

2.2.3　空气供给系统的进气测量

空气供给系统分为 L 型与 D 型，因此，针对不同的系统，进气量的测量可分为直接测量法和间接测量法。

1. 直接测量式法

对于 L 型空气供给系统，如图 2-24 所示，常采用热膜式空气流量传感器和热线式空气流量传感器，可直接测量进气的质量或者体积。

微课视频
空气流量计的结构、拆装及检测

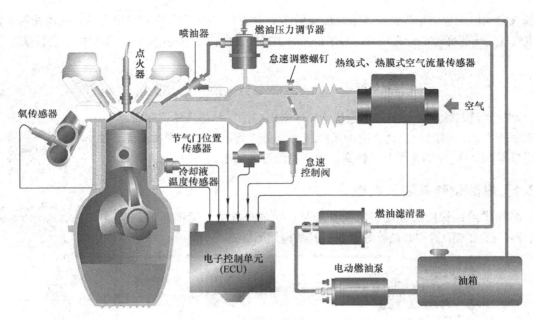

图 2-24　直接测量式空气供给系统

2. 间接测量式法

对于 D 型空气供给系统，如图 2-25 所示，常采用进气压力传感器（现多数集成进气温度传感器），通过检测进气歧管压力和发动机转速，推算出吸入的空气量。

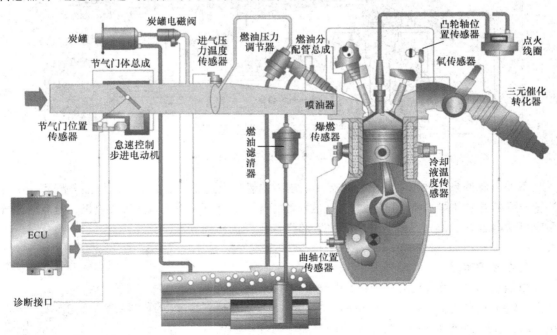

图 2-25　间接测量式空气供给系统

汽车行驶时，空气经空气滤清器、节气门体与进气管进入各个气缸，由通道中的节气门来控

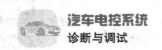
制进入发动机气缸的空气流量，空气流量的多少由 ECU 根据安装在进气道上的空气流量传感器或进气压力传感器检测的进气量信号求得，并由进气温度传感器输出的进气温度信号进行修正。

2.3 燃油供给与喷射系统

燃油供给与喷射系统的功用是从油箱中吸出燃油，加压后输送到管路中，和燃油压力调节器配合建立合适的系统压力，最终将燃油输送到喷油器。喷油器根据 ECU 的喷油指令开启针阀，将适量的燃油喷出。

微课视频
发动机汽油供给与
喷射系统

2.3.1 燃油供给系统的组成

燃油供给系统由燃油箱、电动燃油泵、燃油分配管、燃油压力调节器、喷油器、燃油滤清器和回油管等组成。其结构如图 2-26 所示。

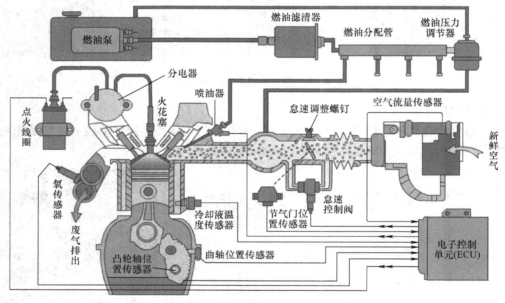

图 2-26　燃油供给系统

燃油由燃油泵从油箱中抽出，具有一定压力的燃油经过燃油滤清器流至燃油分配管，由分配管送至各缸喷油器，喷油器根据 ECU 的喷油指令开启针阀，将适量的燃油喷出，与空气混合形成可燃混合气，供入气缸，并将燃烧后的废气从气缸排到大气中去。

1. 燃油滤清器

燃油滤清器（如图 2-27 所示）安装在燃油泵的出口一侧，固定于汽车底部，便于安装更换，有些则与燃油泵结合在一起，安装在燃油箱中。其主要作用是除去燃油中的水分和杂质，使燃油能达到发动机工作的需要。

燃油滤清器属于消耗品，其使用寿命与燃油的品质有关，更换周期一般为 10000km，如果使用的燃油杂质少，更

图 2-27　燃油滤清器

换周期一般为15000~20000km。当燃油滤清器过脏或堵塞时，例如燃车踩加速踏板时，动力起来较慢，或汽车起动困难，有时候要打火2~5次才能打着，若蓄电池电压正常，则多数情况下需要更换燃油滤清器。

需要注意的是，若发现滤清器软管出现由泥尘、机油等污垢造成的老化或裂痕时，应及时更换该软管。以保证行车安全。

2. 燃油泵

燃油泵是将燃油从燃油箱中抽出输送至燃油管路，并使燃油保持一定的压力，经滤清器输送到喷油器和冷起动阀的装置，如图2-28所示。

（1）燃油泵的结构认知

燃油泵主要由直流电动机和油泵组成，根据燃油泵的结构与原理不同，可分为滚柱式、涡轮式和齿轮式等类型。在汽车上使用较多的是滚柱式燃油泵和涡轮式燃油泵。

滚柱式燃油泵主要由滚柱、直流电动机和单向阀组成，如图2-29所示。

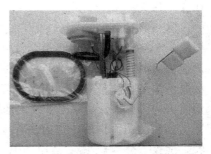

图2-28 燃油泵总成

滚柱式燃油泵的工作原理如图2-30所示，泵转子与泵套内腔不同心，当泵转子在电动机的带动下转动时，转子槽内的滚柱在离心力的作用下，向外侧移动到与泵套壁接触后形成油腔。泵转子转动过程中，左侧油腔会逐渐增大，将燃油箱的燃油吸入；右侧油腔则逐渐减小，将泵体内的燃油压出至供油管路。

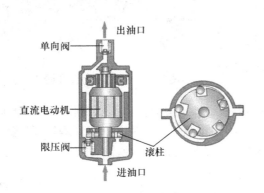

图2-29 滚柱式燃油泵的结构

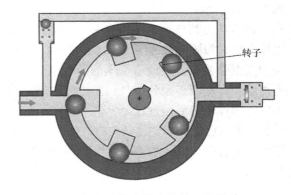

图2-30 滚柱式燃油泵的工作原理

燃油泵中安全阀的作用是防止供油管路中的油压过高。单向阀的作用是在燃油泵停止工作时，使燃油管路中保持一定的油压，以便发动机下次起动时能及时供油而易于起动。

涡轮式燃油泵结构上与滚柱式燃油泵相似，但其转子是一块圆形平板，周围开有小槽，形成叶轮。当燃油泵运转时，叶轮周围小槽内的燃油随着叶轮一道旋转。这时由于离心力的作用，使燃油出口处的油压增高，同时在进口处产生一定的真空度，使燃油从进口处被吸入并泵向出口处。涡轮式燃油泵的泵油量大，最大泵油压力较高，可达600kPa以上。在各种工况下，它都能保持较稳定的供油压力，而且运转噪声小，叶轮无磨损，使用寿命长。为了防止油压过高，它设有减压阀，在出口口还设有一个止回阀。

燃油泵按其安装位置分为外装泵和内装泵两种。外装泵将泵安装在油箱之外的输油管路

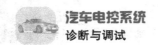
中，如滚柱式油泵；内装泵则是将泵安装在燃油箱内，如涡轮式燃油泵。由于内装泵不易产生气阻和燃油泄漏，且噪声小，目前大多数汽车发动机燃油喷射系统采用内装泵。

燃油泵只有在发动机起动及运转时才能工作。当点火开关打开后，为建立系统油压，电动燃油泵常常会运行一段时间，以便发动机能顺利起动。而在其他情况下，即使点火开关接通，只要发动机没有转动，燃油泵就不工作。对于燃油泵工作的控制方式，一般是对燃油泵关联电路中的开路继电器进行控制。继电器触点闭合，燃油泵通电工作；继电器触点断开，燃油泵即停止工作。

（2）燃油泵的检测

燃油泵控制系统按照触发燃油泵运转的信号来源，可分为燃油泵开关控制与ECU控制。检测燃油泵时，需要把燃油泵外置的线束插头拔出，把数字万用表打到欧姆档，两表笔分别接燃油泵两端子，测量其线圈内阻，若测量阻值为零，则说明燃油泵内部线圈存在短路故障；若测量阻值为无穷大，说明燃油泵内部线圈存在断路故障。

检测阻值无误后，在进油管接上燃油压力表，起动发动机，观察燃油泵是否工作；若不运转，检查"+"端子是否有电源电压；若运转，怠速工况下，检查燃油压力是否在260kPa左右；拨掉燃油压力调节器真空管，观察此时燃油压力是否在300kPa左右。

3. 燃油压力调节器

燃油压力调节器的作用是保持燃油分配管总成系统的压力与进气歧管内的压力差为恒定值，使燃油压力在不同的节气门开度下保持恒定。通常装在燃油分配管上，如图2-31所示。

图2-31　燃油压力调节器（一）

燃油压力调节器主要由弹簧、回油阀、膜片和金属壳体组成，如图2-32所示。在金属壳体上，设有油管接头和真空管接头，进油口与燃油导轨连接，出油口连接燃油箱，真空管连接到节气门至进气歧管之间。金属壳体内的膜片将调节器分成上下两个腔室。当燃油压力超过预定值时，下部燃油腔内油压升高，燃油压力克服上部真空气室内的气体压力和弹簧压力，推动膜片向上拱起，回油阀打开，部分燃油流回油箱，使压力降低。当压力降低到预定值时，膜片恢复原状，回油阀关闭。

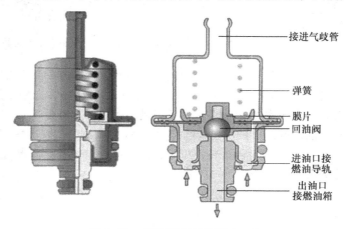

图2-32　燃油压力调节器（二）

4. 燃油分配管

燃油分配管又称燃油导轨，作用是将燃油均匀等压地分配给各个喷油器，另外还有储油蓄压的作用，可以防止燃油压力波动，保证各缸的喷油量尽可能相等。如图 2-33 所示。

5. 喷油器

喷油器（如图 2-34 所示）安装在节气门体空气入口处或进气歧管靠近各个气缸进气门附近，受电子控制器喷油信号的控制，其喷油量由喷油器通电时间的长短决定，从而将适量的呈雾状燃油喷入进气歧管。

（1）喷油器的结构介绍

喷油器由滤网、电插头、电磁线圈、复位弹簧、衔铁、针阀轴针、密封圈等组成。喷油器的结构如图 2-35 所示。

喷油器的结构类型较多，按喷油器阀的结构分为针阀式、球阀式和片阀式等；按适用性分为单点喷射的喷油器、多点喷射的喷油器和冷起动喷油器三种；按喷油器喷孔数量分为单喷口喷油器、双喷口喷油器和多喷口喷油器等；按电磁线圈的控制方式不同，可分为电压驱动式和电流驱动式两种；按喷油器电磁线圈的电阻大小分为低电阻型喷油器和高电阻型喷油器两种。不同类型的喷油器，其核心部件均为电磁线圈和连接阀体的铁心。

喷油器的喷油原理是：由电子控制器送来喷油电流信号，电流流经电磁线圈产生电磁吸力，该吸力吸引铁心，克服复位弹簧的压力、针阀重力和摩擦力等将针阀升起，此时针阀打开，燃油由喷油器喷出。针阀只有升起和落下两个状态，针阀上升程度不可调节，只要喷油器进出口的压力差恒定不变，喷油量就仅取决于针阀开启的时间即喷油器通电时间。

（2）喷油器的检测

检测喷油器时，先拔出接线端子，然后将万用表拨至欧姆档，两支表笔连接喷油器接线端子的两个端口，测量的阻值应小于 20Ω，如果电阻为零或无穷大，说明喷油器存在短路或断路故障，应重新更换。之后给汽车上电，但不进行起动，将万用表拨至 20V 电压档，红表笔接在线束插头的控制端子上，黑表笔接车身搭铁，测量的电压为 12V 左右，测量完毕后，将接线端子重新插上。

（3）喷油器的清洗

喷油器使用一定时间后，会出现黏滞、堵塞的故

图 2-33　燃油分配管

图 2-34　喷油器

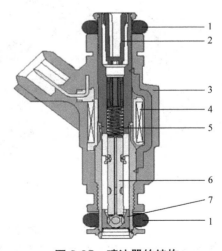

图 2-35　喷油器的结构

1—O 形圈　2—滤网　3—带电插头喷油器体
4—线圈　5—复位弹簧　6—针阀
7—带喷孔板的阀座

障。如果燃油中杂质含量较高，或喷油器喷嘴被长期形成的胶质物堵塞，就会影响喷油器的正常工作，导致发动机怠速不稳、起动困难、动力不足甚至熄火等多种故障。为保证发动机正常工作，应及时对喷油器进行清洗维护。

如图 2-36 所示，进行清洗时，首先卸下燃油导轨，拆下喷油器，用化油器清洗剂清洗喷油器的进口和出口积炭。之后给喷油器加上 12V 电源电压，在喷油器进口接好化油器清洗剂的细管，然后点动 12V 电源，使清洗剂间断喷出，直至喷油器喷出的油雾细小、均匀即可。

图 2-36　清洗喷油器

2.3.2　燃油直喷系统

微课视频
喷油器的结构、
拆装及清洗

燃油直喷系统是目前最有效的节能减排技术之一，通过提升喷油压力、缸内直喷、分层燃烧等技术改善发动机的冷起动、燃烧组织及废气排放的同时，可大大降低燃油消耗并提升功率与转矩输出。

燃油直喷系统由发动机 ECU、燃油高压泵、高压喷油器、高压油轨等组成，如图 2-37 所示。

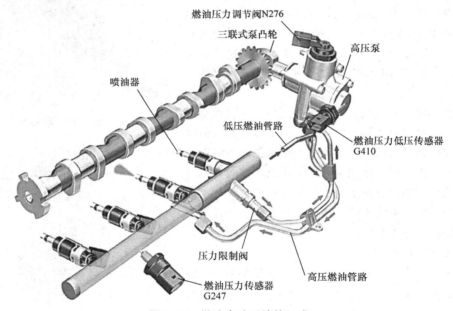

燃油压力调节阀N276
三联式泵凸轮
高压泵
喷油器
低压燃油管路
燃油压力低压传感器
G410
压力限制阀
高压燃油管路
燃油压力传感器
G247

图 2-37　燃油直喷系统的组成

采用缸内直喷技术的电控喷射系统，如图 2-38 所示，喷油器安装在气缸盖上，将燃油直接喷入气缸内，雾化后燃料与空气形成混合气进行燃烧，可实现分层燃烧，并能采用稀燃技术，空燃比可达40∶1，其功率、转矩均高于传统汽油机，降低废气排放，降低燃油消耗。

图 2-38　缸内直喷

2.4 点火控制系统

目前汽车的点火控制系统均为电子控制点火系统。电子控制点火系统由微处理器为控制核心的电子控制单元根据各有关传感器的电信号确定最佳的点火时间并进行实时调整，点燃可燃混合气，使发动机做功。

点火控制系统最基本的功能是点火提前角自动控制，即可根据发动机的运转工况对点火提前角进行适时控制，因而可获得混合气的最佳燃烧，最大限度地提高发动机的高速性能，改善其动力性、经济性和排放性。

这种点火提前角控制方式具有如下优点。

1）可实现最佳点火时间控制，可根据发动机转速与负荷的变化实现非线性控制，使发动机在各种工况下都能处于最佳的点火状态。

2）可针对各种影响因素修正点火时间。电子控制点火系统的控制器可根据发动机温度、进气压力、混合气浓度等传感器的信号，及时对点火提前角进行修正，使发动机在各种情况下都能处于最佳点火工作状态。

3）可与其他电子控制系统实现协调控制。电子点火控制系统可与发动机怠速控制系统、燃油喷射控制系统、自动变速器控制系统等其他电子控制系统进行信息交流，点火控制系统可根据其他电子控制系统的相关信号，迅速改变点火提前角，以使发动机的运转和汽车的运行更加平稳。

2.4.1 点火控制系统的分类

点火控制系统的作用是按发动机点火次序的要求，在规定时刻给火花塞提供足够能量的高电压，使火花塞两电极间产生电火花，点燃可燃混合气使发动机做功。柴油发动机采用压燃式燃烧，因此不需要点火系。

按点火方式的不同，发动机点火系可分为传统点火系、半导体点火系和微机控制点火系。

微课视频
发动机点火
控制系统

1. 传统点火系

传统点火系又称为触点式点火系，如图 2-39 所示，以蓄电池或发电机作为电源，利用分电器的触点产生点火信号，控制点火线圈初级电路的通断，使点火系工作。

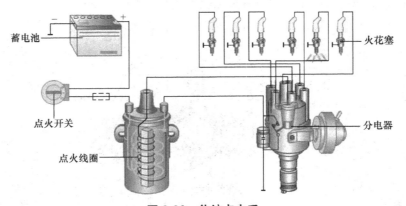

图 2-39 传统点火系

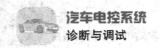

2. 半导体点火系

半导体点火系又称电子点火系，如图 2-40 所示，以蓄电池或发电机作为电源，利用晶体管的开关作用，控制点火线圈初级电路的通断，使点火系工作。半导体点火系可分为有触点半导体点火系和无触点半导体点火系两种类型。

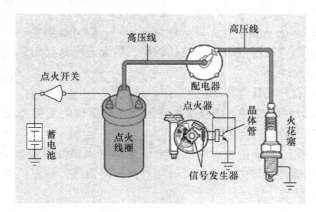

图 2-40　半导体点火系

（1）有触点半导体点火系

有触点半导体点火系是利用晶体管的开关作用，代替断电器触点控制初级电路的通断。断电器的触点串联在晶体管的基极电路中，控制晶体管的导通和截止。流过触点的电流是晶体管的基极电流，是初级电流的 1/10~1/5，使触点分开时的火花大大减小，提高了点火系工作的可靠性，延长了触点的使用寿命。

（2）无触点半导体点火系

无触点半导体点火系是利用传感器代替断电器触点，产生点火信号，控制点火系的工作。无触点半导体点火系根据传感器的不同可分为磁脉冲式、霍尔效应式和光电式。

1）磁脉冲式无触点点火系。磁脉冲式无触点点火系主要由磁脉冲式传感器、点火控制器和点火线圈等组成。

磁脉冲式传感器是一个点火信号发生器，主要由信号转子、永久磁铁、铁心和绕在铁心上的传感器线圈等组成，如图 2-41 所示。信号转子由分电器轴驱动，转子上的凸齿数与发动机气缸数相同。磁脉冲式传感器主要作用是在发动机工作时产生点火信号。

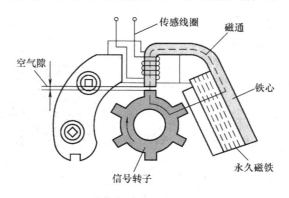

图 2-41　磁脉冲式传感器

发动机工作时，信号转子随分电器轴旋转，其凸齿与线圈铁心之间的空气间隙不断发生变化。当穿过线圈铁心中的磁通量发生变化时，线圈中产生感应电动势。传感器则不断地将这种脉冲型电压信号传递给点火控制器，作为发动机工作时的点火信号。

点火控制器的作用是接收传感器的点火信号，并将点火信号整形、放大后转变为点火控制信号，控制晶体管的导通或截止，从而控制点火线圈初级电路的通断。

2）霍尔效应式无触点点火系。霍尔效应式无触点点火系是利用霍尔效应产生点火信号，通过点火控制器控制点火线圈的通断。主要由霍尔传感器、点火控制器和点火线圈等组成。

霍尔传感器主要由霍尔触发器、永久磁铁和带缺口的转子等组成，转子的缺口数与发动机气缸数相同。如图 2-42 所示。发动机工作时，转子随分电器轴旋转，当叶片处于永久磁铁和霍尔触发器之间时，霍尔元件不产生电压信号。当转子缺口处于永久磁铁和霍尔触发器之间时，霍尔元件产生电压信号，并传递给点火控制器。由点火控制器控制点火线圈初级电路的通断。

图 2-42　霍尔传感器

3）光电式无触点点火系。光电式无触点点火系是利用光电效应产生点火信号，通过点火控制器控制点火线圈的通断。主要由光电传感器、点火控制器和点火线圈等组成。

光电传感器主要由带缺口的遮光盘（信号转子）、光源和光接收器（光电元件）等组成，遮光盘的缺口数与发动机气缸数相同。如图 2-43 所示。发动机工作时遮光盘随分电器轴转动，光源发出的光束被遮光盘交替挡住，光接收器交替导通与截止，形成电脉冲信号。该脉冲信号传递给点火控制器。由点火控制器控制点火线圈初级电路的通断。

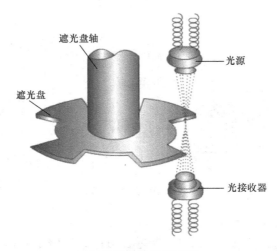

图 2-43　光电传感器

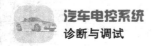

3. 微机控制点火系

微机控制点火系由各种传感器提供信号，经过微机处理后，确定点火时刻，发出点火信号，通过点火控制电路，控制点火线圈初级电路的通断，使点火系工作，如图2-44所示。这种点火方式是汽车点火系统电子化发展的主流趋势。微机控制点火系按高压配电的方式不同可分为单缸独立点火式和双缸同时点火式。

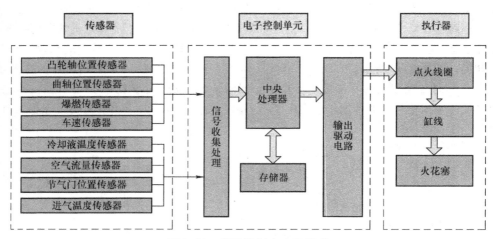

图2-44　微机控制点火系组成

（1）单缸独立点火式

独立点火式是一个气缸的火花塞配一个点火线圈，各个独立的点火线圈直接安装在火花塞上，各缸火花塞直接点火。如图2-45所示。

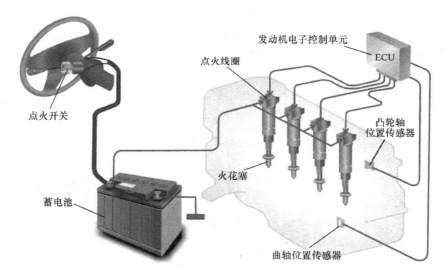

图2-45　单缸独立点火式

（2）双缸同时点火式

双缸同时点火式系统是指两个气缸的火花塞合用一个点火线圈且同时点火，同时点火时只有处于压缩行程气缸的火花塞点火是有效的，而处于排气行程另一个气缸的火花塞点火是无效的。如图 2-46 所示。

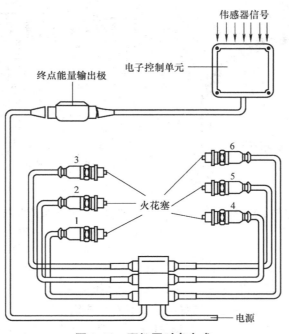

图 2-46　双缸同时点火式

　　ECU 输出的较弱的控制信号被输出驱动电路转化为功率输出，将某一初级绕组电路由接通转为切断时，在对应的次级绕组中感应出高电压，使火花塞放电。两个火花塞因共用一个点火线圈且同时点火，虽然对应的两个气缸的活塞也同时接近上止点，但一个是压缩上止点，另一个是排气上止点。压缩上止点处于高压低温的混合气之中是有效点火，排气上止点处于低压高温的废气中则是无效点火。因此两者的火花塞电极间的电阻完全不一样，产生的能量也不一样，导致有效点火的能量大得多。

2.4.2　点火控制系统的组成

　　我们以主流的微机点火控制系统为例，介绍下点火控制系统的组成结构。

1. 曲轴位置传感器

　　曲轴位置传感器（图 2-47）用于检测发动机转速、曲轴位置（转角）信号以及第一缸的停止信号和每缸压缩行程，是控制喷射和点火时间的主要信号。在微机控制电子点火系统中，利用发动机曲轴转角信号计算具体点火时间，利用速度信号计算和读取基本点火提前角。

微课视频
爆燃传感器的结构、拆装及检测

　　曲轴位置传感器一般采用的是磁感应式与霍尔式两种。其中磁感应式曲轴位置传感器如图 2-48 所示，传感器的软铁心被线圈包围，与脉冲齿圈正对，两者间有小间隙。软铁心与永磁铁相连，磁场延伸至铁磁性的脉冲齿圈，并受其影响。随着曲轴带动齿圈的转动，齿圈的齿尖可能与传感器正对或偏离，引起磁路的变化，从而在线圈中产生感应交流电压，其频率取决于转速，而电压幅值则与转速和空气隙大小有关。在齿圈上加工的"齿环"，不仅可以测量转速，也可获取曲轴的位置信息。

图 2-47　曲轴位置传感器

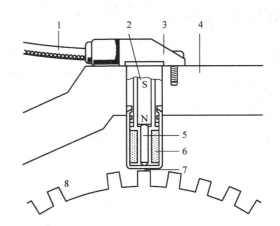

图 2-48　磁感应式曲轴位置传感器结构示意图

1—屏蔽的电缆　2—永久磁铁　3—传感器外壳　4—安装支架
5—软磁铁心　6—线圈　7—空气间隙　8—齿环

　　霍尔式曲轴位置传感器接线部分有三根线与发动机 ECU 相连，分别为负极搭铁线、信号线、电源供电线，霍尔传感器由封装的霍尔芯片和永久磁铁构成。触发叶轮上的缺口数和发动机气缸数相同。如图 2-49 所示，当触发叶轮上的叶片进入永久磁铁与霍尔元件之间，霍尔触发器的磁场被叶片旁路，这时不产生霍尔电压，传感器无输出信号；当触发叶轮上的缺口部分进入永久磁铁和霍尔元件之间时，磁力线进入霍尔元件，霍尔电压升高，传感器输出电压信号。霍尔传感器通过信号线向发动机 ECU 输入一个峰值为 5V、峰谷为 0V 的脉冲电压波形。

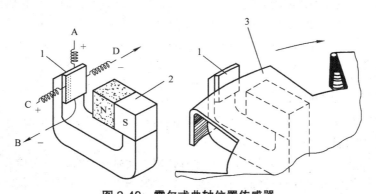

图 2-49　霍尔式曲轴位置传感器

1—霍尔半导体元件　2—永久磁铁　3—叶片

　　检测曲轴位置传感器时，对于磁感应式曲轴位置传感器，首先检测接口端子上的电阻，不同的车型，对应的阻值也会不同，基本上在 400~2500Ω 这个范围之内。然后将万用表拨至蜂鸣档，万用表黑表笔连接车身搭铁，红表笔连接曲轴位置传感器搭铁端子，正常时，万用表发出蜂鸣声并显示数值很小。之后起动发动机，使曲轴转动，由于传感器通过电磁感应产生交变信号，需要将万用表拨至交流档，两支表笔连接传感器信号端子，传感器信号电压在正常范围内连续波动，变动的数值随着发动机的转速的升高而增大。

2. 凸轮轴位置传感器

凸轮轴位置传感器（图 2-50）是一个气缸判别定位装置，向 ECU 输入凸轮轴位置信号，是点火控制的主控信号。

凸轮轴位置传感器采集凸轮轴的位置信号输入 ECU，以便 ECU 识别气缸压缩上止点，从而进行点火时刻控制和爆燃控制。由于凸轮轴位置传感器能够识别是哪一缸活塞即将到达上止点，因此又称其为判缸传感器。如图 2-51 所示，凸轮轴位置传感器由一个霍尔传感器和一个钢板制成的转子组成，转子装在凸轮轴上，霍尔传感器位置固定在其上方。

凸轮轴位置传感器和转速传感器相配合，为 ECU 提供曲轴相位信息，即区分 1 缸的压缩上止点和排气上止点。

检测凸轮轴位置传感器时，我们需要在汽车上电状态下进行检测，将万用表拨至 20V 电压档，万用表黑表笔连接车身搭铁，红表笔连接凸轮轴位置传感器搭铁端子，测量数值应为 0V，之后红表笔连接凸轮轴位置传感器的电源供电端子，测量值为 12V 左右。接下来我们将传感器插头拔出，万用表红表笔连接传感器信号线，黑表笔连接搭铁线，使用铁制的螺钉旋具间歇性接触凸轮轴位置传感器背面，万用表的测量数值从 0V 到 5V 进行变化。

在一部分汽车上，曲轴位置传感器与凸轮轴位置传感器是制作成一体的，统称为曲轴 / 凸轮轴位置传感器。

图 2-50　凸轮轴位置传感器

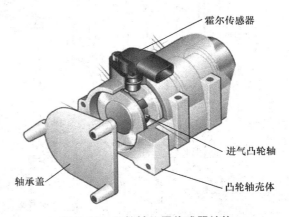

图 2-51　凸轮轴位置传感器结构

（图中标注：霍尔传感器、进气凸轮轴、凸轮轴壳体、轴承盖）

3. 爆燃传感器

爆燃传感器（图 2-52）是电子控制点火系统专用的一个传感器，ECU 可根据爆燃传感器输出的信号来判断发动机是否发生爆燃，从而对点火提前角进行修正，实现点火提前角的闭环控制。

发动机爆燃控制系统（Engine Deflagrate Control System，EDCS）是在点火控制系统的基础上，增设爆燃传感器、带通滤波器、信号放大器、整形滤波电路、比较基准电压形成电路、积分电路和提前角控制电路等组成点火提前角闭环控制系统，如图 2-53 所示。

每台发动机一般安装 1 只或 2 只爆燃传感器。带通滤波器只允许发动机爆燃信号（频率为 6~9 kHz 的信号）或接近爆燃的信号输入 ECU 进行处理，其他频率的信号则被衰减。信号放大器的作用是对输入 ECU 的信号进行放大，以便整形滤波电路进行处理。接近爆燃的

图 2-52　爆燃传感器

信号经过整形滤波和比较基准电路处理后，形成判定是否发生爆燃的基准电压 U_B。爆燃信号经过整形滤波和积分电路处理后，形成的积分信号用于判定爆燃强度。

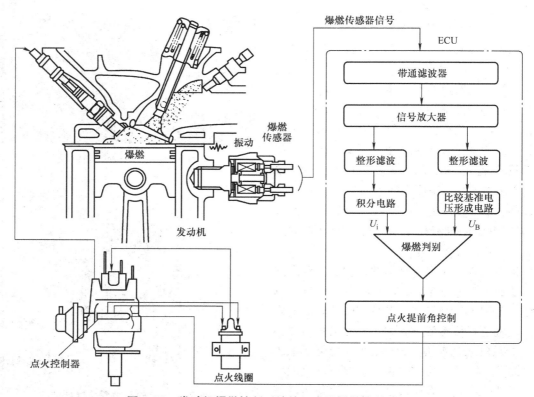

图 2-53　发动机爆燃控制系统的组成及爆燃控制过程

检测爆燃传感器时，将万用表拨至蜂鸣档，万用表黑表笔连接车身搭铁，红表笔连接爆燃传感器搭铁端子，正常时，万用表发出蜂鸣声并显示数值很小。之后将万用表拨至 20V 电压档，两支表笔分别连接传感器信号端子、搭铁端子，传感器信号电压在正常范围内则说明传感器正常。

4. 电子控制单元

现代汽车发动机大多采用集中控制系统，电子控制单元（ECU）既是燃油喷射控制系统的控制核心，也是点火控制系统的控制核心。ECU 的只读存储器（ROM）中不仅存储有监控和自检等程序，还存储有由台架试验测定的该型发动机在各种工况下的最佳点火提前角。随机存储器（RAM）用来存储微机工作时暂时需要存储的数据，如输入/输出数据、单片机运算得出的结果、故障码、点火提前角修正数据等，这些数据根据需要可随时被调用或被新的数据改写。CPU 不断接收上述各种传感器发送的信号，并按预先编制的程序进行计算和判断后，向点火控制器发出最佳点火提前角和点火线圈初级电路导通时间的控制信号。

5. 点火线圈

点火线圈的作用是将蓄电池的低压电转变为高压电，点火线圈主要由铁心、初级绕组和次级绕组等组成，如图 2-54 所示。初级绕组用直径为 0.5~1.0mm 的漆包线绕成 230~370 匝，其外面包有数层绝缘纸。初级绕组绕在次级绕组绝缘层的外面，有利于散热。次级绕组用直径为 0.06~0.10mm 的漆包线绕成 11000~23000 匝，次级绕组各层之间垫有绝缘纸，其外面再包有数层绝缘纸，以加强绝缘。

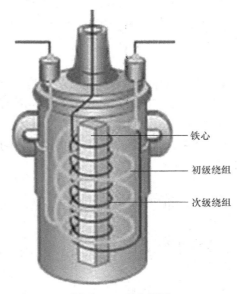

铁心
初级绕组
次级绕组

图 2-54 点火线圈

6. 火花塞

（1）火花塞的结构

火花塞的作用是将点火线圈产生的高压电引入燃烧室，并在两电极之间产生电火花，点燃可燃混合气。其结构如图 2-55 所示。

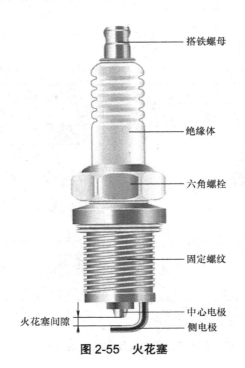

搭铁螺母

绝缘体

六角螺栓

固定螺纹

火花塞间隙 中心电极
侧电极

图 2-55 火花塞

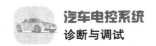
火花塞工作时其绝缘体裙部的温度应保持在 773~973K 以上，这样才能使落在绝缘体上的油滴立即烧掉，防止形成积炭。这个温度称为火花塞的自净温度。

火花塞间隙通常为 0.6~0.8mm。为了满足发动机排放净化的要求和采用了高能电子点火装置后，有的发动机火花塞间隙能达到 1.0~1.2mm。

（2）火花塞的参数

火花塞的重要参数有热值、点火间隙和中心电极材质。其中火花塞的热值代表散热快慢。数值越大则散热越快。火花塞的"间隙"是其主要工作技术指标，间隙过大，点火线圈和分电器产生的高压电难以跳过，致使发动机起动困难，若间隙过小，会导致火花微弱，同时易发生漏电。按照电极材质来分，有镍合金、铱金和铂金等。不同的发动机要求使用的火花塞不同，必须按照维修手册上相应的标准来选择。

（3）火花塞的工作原理

火花塞有一个中心电极和一个侧电极，两电极之间是绝缘的。如图 2-56 所示，当在火花塞两电极间加上直流电压并且电压升高到一定值时，火花塞两电极之间的间隙就会被击穿而产生电火花。

（4）火花塞常见故障

火花塞作为汽车点火起动的必要电子元件，当使用次数达到一定程度时，会出现不同程度的损坏，主要表现为火花塞上有沉淀物，火花塞烧蚀。火花塞的温度与烧伤状态的对应的关系如图 2-57 所示。

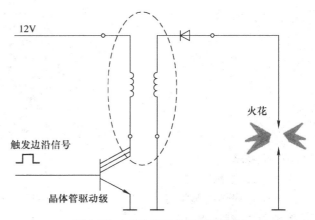

图 2-56　火花塞工作原理示意图

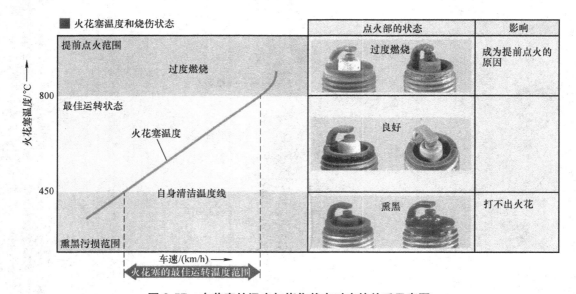

图 2-57　火花塞的温度与烧伤状态对应的关系示意图

2.4.3 点火控制系统的工作原理

点火控制系统的控制原理框图如图 2-58 所示，曲轴位置传感器向 ECU 提供发动机转速、曲轴转角信号，转速信号用于计算确定点火提前角，转角信号用于控制点火时刻（点火提前角）。空气流量传感器和节气门位置传感器向 ECU 提供发动机负荷信号，用于计算确定点火提前角。冷却液温度信号、进气温度信号、车速信号、空调开关信号以及爆燃传感器信号，用于修正点火提前角。

微课视频
曲轴位置传感器的
结构、拆装及检测

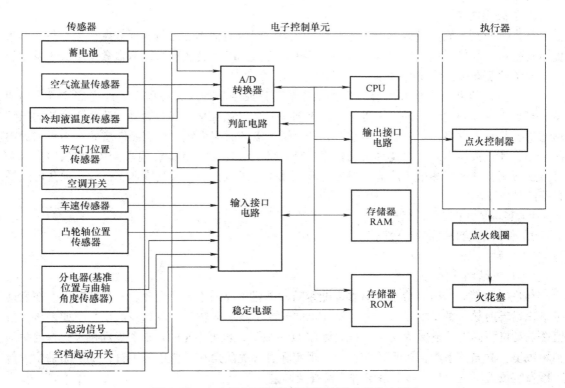

图 2-58　点火控制系统的控制原理图（无分电器）

发动机工作时，ECU 通过上述传感器把发动机的工况信息采集到随机存储器（RAM）中，并不断检测凸轮轴位置传感器信号（即判缸信号），判定是哪一缸即将到达压缩上止点。当接收到标志信号后，ECU 立即开始对曲轴转角信号进行计数，以便控制点火提前角。与此同时，ECU 根据反映发动机工况的转速信号、负荷信号以及与点火提前角有关的传感器信号，从只读存储器中查询出相应工况下的最佳点火提前角。在此期间，ECU 一直在对曲轴转角信号进行计数，判断点火时刻是否到来。当曲轴转角等于最佳点火提前角时，ECU 立即向点火控制器发出控制指令，使大功率晶体管截止，点火线圈初级电流切断，次级绕组产生高压，并按发动机点火顺序分配到各缸，火花塞跳火点着可燃混合气。

上述控制过程是指发动机在正常状态下点火时刻的控制过程。当发动机起动、怠速或汽车滑行工况时，设有专门的控制程序和控制方式进行控制。

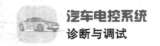

2.4.4 点火控制系统的控制参数

汽车点火控制系统的重要参数为通电时间、点火提前角、爆燃信号。

1. 通电时间

在发动机工作时，必须保证点火线圈的初级电路有足够的通电时间，但如果通电时间过长，点火线圈又会发热并增大电能消耗。

现代点火线圈初级电路的通电时间由 ECU 控制，根据发动机的转速信号和电源电压信号确定最佳的通电时间，并控制点火器输出指令信号，以控制点火器中晶体管的导通时间。

微课视频
凸轮轴位置传感器的
结构、拆装及检测

2. 点火提前角

从点火时刻起到活塞到达压缩上止点，这段时间内曲轴转过的角度称为点火提前角。点火提前角是一个数值参数，变化范围是 −90°~90°。在发动机运转过程中，该参数值取决于发动机的工况条件及有关传感器的信号，一般在 10°~60° 变化。

能使发动机获得最佳动力性、经济性和最佳排放性能的点火提前角，称为最佳点火提前角。当点火提前角过大，即点火过早时，大部分混合气在压缩过程中燃烧，活塞所消耗的压缩功增加，且缸内最高压力升高，末端混合气自燃所需的时间缩短，爆燃倾向增大；当点火提前角过小，即点火过迟时，燃烧延长到膨胀过程，燃烧最高压力和温度下降，传热损失增多，排气温度升高，功率、热效率降低，但爆燃倾向减小，氮氧化物排放量降低。点火提前角的选择必须满足以下准则：

1）实现最大的发动机功率。

2）保持最佳的燃油经济性。

3）发动机无爆燃现象。

4）排气清洁无污染。

在进行数值分析时，应检查该参数能否随发动机工况的不同而变化。一般情况下，在发动机怠速运转时该参数值为 15° 左右；发动机加速或中高速运转时，该参数值增大。如果该参数值在发动机不同工况下保持不变，则说明 ECU 有故障，也可用正时灯检测发动机点火提前角的实际数值，并与该参数值进行比较，若发现实际点火提前角和该参数值不符，说明曲轴位置传感器安装位置不正确，应按照规定进行检查及调整。

3. 爆燃信号

爆燃信号是一个状态参数，其显示内容是 YES 或 NO，用来表示 ECU 是否接收到爆燃传感器送来的爆燃信号。当参数显示 YES 时，则说明 ECU 接收到爆燃信号，ECU 会推迟点火时刻，保证发动机最佳功率的输出；显示 NO 时，则说明 ECU 没有接到爆燃信号，ECU 会提前点火时刻，保证发动机最佳功率的输出。在进行数值分析时，可以在发动机运转过程中急加速，此时该参数应先显示为 YES，然后又显示 NO。若在急加速时该参数没有显示为 YES 或在等速运转时也显示 YES，则说明爆燃传感器或线路有故障。

2.5 排放控制系统

汽车排放尾气中含有碳氢化合物、一氧化碳和氮氧化合物。汽车上专门采用了控制汽车排放的装置或系统，其目的在于减少汽车尾气污染气体的排放。

汽车排放尾气时，排气歧管中的尾气先经过氧传感器，氧传感器检测尾气中的氧含量并将信号发送给 ECU，以便调整下次点火的喷油量。之后尾气经过三元催化转化器，将有害气体净化。净化后的尾气经过消声器减噪，从排气尾管排放到大气中。同时，燃油箱内的汽油蒸气经过活性炭罐的吸附后，送入到炭罐电磁阀中，当汽车开动时，炭罐电磁阀根据 ECU 发出的指令适时打开，将吸收的汽油蒸气重新输入至进气管，达到节约燃油与环保的目的。

微课视频
汽车发动机
排气系统

2.5.1 排气系统的组成

排气系统主要由排气歧管、排气总管、三元催化转化器、氧传感器、活性炭罐、炭罐电磁阀、消声器和排气尾管等组成，如图 2-59 所示。

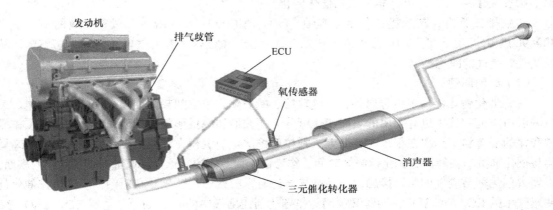

图 2-59 发动机排气系统基本组成

1. 排气歧管

排气歧管是将各缸的排气集中起来导入排气总管。排气歧管应满足尽可能地减少排气阻力，并避免各缸之间相互干扰的要求，如图 2-60 所示。

2. 消声器

消声器的作用是降低发动机的排气噪声，使高温废气能安全有效地排出。消声器作为排气管道的一部分，应保证其排气畅通、阻力小。消声器要经受 500~700℃的高温排气，并且保证在汽车规定的行驶里程内不损坏、不失去消声效果。

汽车消声器按消声原理与结构的不同，可分为抗性消声器、阻性消声器和阻抗复合型消声器三类。

抗性消声器是在内部通过管道和隔板组成扩张

图 2-60 排气歧管

室、共振室等各种消声单元，声波在传播时发生反射和干涉，降低声能量达到消声目的。如图 2-61 所示。抗性消声器消声频带有限，通常对低、中频带噪声消声效果好，高频噪声消声效果差，多用于货车。

阻性消声器是在管道内部填充吸声材料吸收声能量达到消声目的。对中、高频噪声消声效果好，单纯用作汽车排气消声器较少，通常与抗性消声器组合起来使用。

阻抗复合型消声器是分别用抗性消声单元和吸声材料组合构成的消声器，它具有抗性、阻性消声器的共同特点。对低、中、高频噪声都有很好的消声效果。

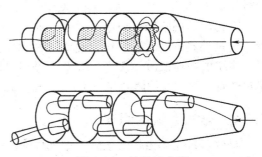

图 2-61　抗性消声器

3.三元催化转化器

为了净化尾气中有害的成分，特别是汽车尾气中排出的 CO、HC 和 NO_x 等有害气体，车辆上都安装了三元催化转化器。三元催化转化器安装在排气管内，其功能是利用含有铂（Pt）、钯（Pd）、铑（Rh）等贵重金属的催化剂在 $300\sim900$℃的温度下将发动机排出废气中的 NO_x、HC、CO 这些有害气体转化为无害气体，从而实现对废气的净化。

（1）结构原理

三元催化转化器一般由金属外壳、绝热层、减振垫、催化剂载体和催化剂涂层等组成。载体一般由陶瓷制造（也有金属的）而成，可分为颗粒形和蜂巢形两种类型，三元催化剂（铂或钯和铑的混合物）涂附在很薄的孔壁上。颗粒形将催化剂沉积在颗粒状氧化铝载体表面，蜂巢形将催化剂沉积在蜂巢状氧化铝载体表面。作为催化剂载体的氧化铝表面都有形状复杂的表面，以增大催化剂与废气的实际接触面积。废气通过时，三元催化转化器利用铂（或钯）作催化剂使尾气中的 CO、HC 氧化，同时又利用铑作催化剂使尾气中的 NO_x 还原，生成 CO_2、H_2O、N_2 等无害气体。其结构原理如图 2-62 所示。

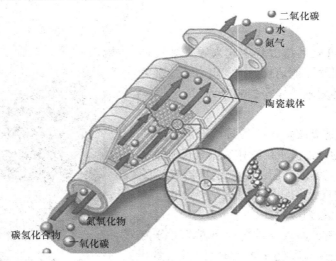

二氧化碳
水
氮气
陶瓷载体
氮氧化物
碳氢化合物
氧化碳

图 2-62　三元催化转化器结构

经特殊工艺处理的蜂窝状陶瓷载体（其上浸渍钯或铂和铑的混合物作为催化剂）可提供极大表面积促使化学反应快速进行。钯或铂是氧化催化剂，铑是还原催化剂。催化剂必须在理论空燃比之下，钯或铂促使 HC 和 CO 氧化，而铑同时使 NO_x 还原。

由于 NO_x 需要 HC 和 CO 作还原剂才能还原，若氧过量，则 HC 和 CO 会首先被氧化，则 NO_x 的还原反应就不能进行；反之，若氧不足，则 HC 和 CO 就不能被完全氧化。故必须严格控制空燃比在理论空燃比附近。

（2）转换效率的影响因素

三元催化转化器将有害气体转变成无害气体的效率受诸多因素的影响，其中影响最大的是排气温度和混合气的浓度。

催化剂的表面活性作用是利用排气本身的热量激发的，其使用温度范围以活化开始温度为下限，以过热引起催化转化器故障的极限温度为上限。一般排气中有害成分开始转化温度需超过 250℃，发动机起动预热 5min 后，才能达到此下限温度。一旦活化开始，催化床便因反应放热而自动地保持高温。保持催化转化器高净化率、高使用寿命的理想运行条件的使用温度约为 400~800℃，使用温度的上限为 1000℃。当发动机的排气温度达到 815℃以上时，三元催化转化器的转化效率将明显下降。

三元催化转化器的转换效率与混合气浓度的关系曲线如图 2-63 所示，只有在理论空燃比 14.7∶1 附近很窄的范围内，对废气中三种有害气体（CO、HC、NO_x）的转换效率均比较高。超出这个范围，就会出现：CO 和 HC 排放正常，而 NO_x 排放大幅度上升；或者 NO_x 排放正常，而 CO 和 HC 排放大幅度上升的情况。为将实际空燃比精确控制在标准的理论空燃比附近，在装用三元催化转化器的汽车上，一般都装有用来检测废气中氧浓度的氧传感器，氧传感器信号输送给 ECU 后，用来对空燃比进行反馈控制，即电子控制燃油喷射系统的闭环控制。

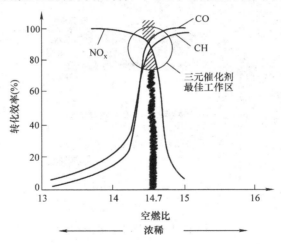

图 2-63　三元催化转化器（TWC）转换效率与混合气浓度的关系

（3）常见的损坏故障

三元催化转化器出现故障时，主要表现为：

1）机械损伤。汽车行驶过程中由于外力冲击导致三元催化转化器机械损伤。

2）载体发生高温烧结。燃油使用不当，使三元催化转化器工作温度超过正常工作温度，再加上高速气流的冲击，就会导致载体高温烧结，载体的通气管路不能流通空气，车辆动力明显下降，甚至无法着车。

3）化学中毒、结焦与堵塞。燃油中的可逆吸附物质或含炭的沉积物导致催化剂发生载体孔堵塞，对车辆动力性能影响较大。

4. 氧传感器

氧传感器是一种用于检测排气管中氧含量的装置，如图 2-64 所示，主要包括：氧化锆管、四根接线（其中一根为信号线，一根为电源进线，一根为搭铁线，一根为加热控制线）、固定螺纹。

氧传感器按检测范围可分为窄频跳跃式氧传感器和宽频型氧传感器；按材料和结构可分为氧化锆式和氧化钛式；按是否有加热可分为加热型和非加热型。国内广泛常见的大众汽车常用的是带加热的氧化锆式氧传感器。

氧化锆式氧传感器的电极外部处于排气气流中，内部和周围空气相通，内核是二氧化锆陶瓷体，内核表面

图 2-64　氧传感器

是一层很薄的、可透气的铂。在铂层的外面是多孔陶瓷层，该陶瓷层既可以透气还可以保护铂层免受排气气流的破坏。如图 2-65 所示，氧传感器利用陶瓷体的多孔特性吸收空气中的氧并将其电解，对应氧传感器内外氧含量的不同就可以产生电势差，通过测量这个电势差就可以得到当前排气中残余的氧含量。

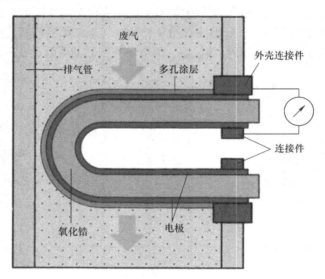

图 2-65　氧化锆式氧传感器结构示意图

检测氧传感器时，将万用表拨至蜂鸣档，红表笔连接氧传感器搭铁端子，黑表笔连接车身搭铁，正常时，万用表发出蜂鸣声并显示数值很小。之后检测氧传感器加热丝电源电压，将万用表拨至 20V 电压档，连接氧传感器电源进线端子与搭铁端子，测量值为 12V 左右。将氧传感器拆下后，如图 2-66 所示，测量氧传感器信号电压，红表笔连接氧传感器信号端子，由于氧传感器内外侧没有氧浓度差，测量值为 0V。当汽车发动后，信号电压数值会根据氧传感器内外侧的氧浓度差进行变化，测量数值为 0~1V，可根据信号电压数值判

图 2-66　检测氧传感器信号电压

断氧传感器有无异常。

2.5.2 排气再循环系统

电子控制排气再循环系统（Electronic Control Exhaust Gas Recirculation System，EGR）的组成与原理如图2-67所示，由各种传感器和控制开关、ECU、EGR电磁阀和EGR阀组成。传感器和控制开关主要有曲轴位置传感器、空气流量传感器、进气压力传感器、节气门位置传感器或加速踏板位置传感器（柴油机）、冷却液温度传感器、点火起动开关等。排气再循环系统的作用是把气缸内的部分废气引入进气系统中，使其与新鲜混合气一起再次进入气缸参与燃烧，排气再循环是净化排气中NO_x的主要方法。

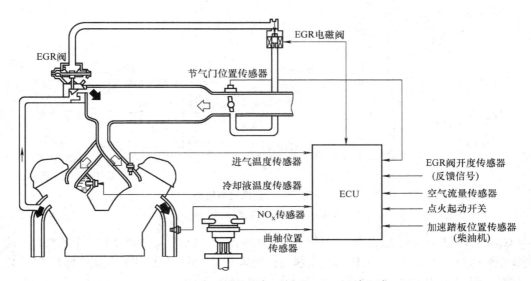

图 2-67　电子控制排气再循环 EGR 系统组成

曲轴位置传感器提供发动机转速信号，空气流量传感器、进气压力传感器、节气门位置传感器或加速踏板位置传感器（柴油机）提供发动机负荷信号，发动机冷却液温度传感器提供发动机温度信号，点火起动开关提供发动机起动信号。

执行器有EGR电磁阀和EGR阀（真空阀）。在部分汽车上，还装配有NO_x传感器或EGR阀开度传感器，用于EGR的反馈控制。有的电子控制EGR系统则取消了EGR阀，采用EGR线性电磁阀直接控制废气循环量。

（1）电子控制EGR系统的结构

电子控制EGR系统大多数传感器都与其他电子控制系统共用，下面主要介绍EGR系统的执行器、EGR阀开度传感器和NO_x传感器的结构原理。

EGR阀又称为EGR控制阀或EGR调节阀，是一种膜片式真空阀。其内部膜片的一侧（图2-67所示EGR阀下部）通大气，装有弹簧的另一侧（图2-67所示EGR阀上部）为真空室，其真空度由EGR电磁阀控制。真空室的真空度增大时，膜片克服弹簧预紧力向上拱曲，阀门开度增大，排气循环流量增加。当上部失去真空度时，膜片在弹簧力作用下复位，其阀门关闭气流通道，使排气循环停止。

EGR阀开度传感器有位移量传感器和电位计式传感器两种，前者精确但结构复杂，后者结

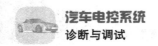
构简单且实用。配装电位计式开度传感器的 EGR 阀结构如图 2-68 所示。阀体连接在阀杆（测量杆）上，阀杆与 EGR 阀的膜片相连接。当 EGR 阀开度变化时，通过膜片带动阀杆移动，电位计（或位移量传感器）输出端就会输出信号电压，经信号处理电路处理后，便可转换为 EGR 阀的开度信号输送到 ECU。

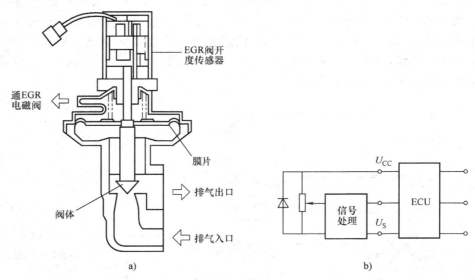

图 2-68　EGR 阀结构与电路

a）EGR 结构　b）检测原理电路

EGR 电磁阀是一个三通电磁阀，结构如图 2-69 所示。EGR 电磁阀设有三个通气口，当电磁阀线圈断电时，弹簧预紧力使阀体向上复位，阀体上端将通大气的阀口关闭，此时 EGR 电磁阀使进气歧管与 EGR 阀真空室相通。

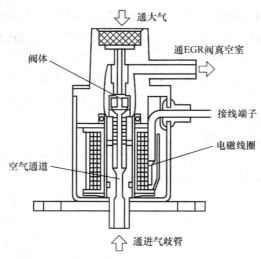

图 2-69　EGR 电磁阀结构

当 EGR 电磁阀通电时，其线圈产生电磁吸力克服复位弹簧力使阀体下移，阀体下端将通进气歧管的真空通道关闭，阀体上端通大气的阀口打开，使 EGR 阀的真空室与大气相通。由此可见，当需要增大排气循环流量时，ECU 将向 EGR 电磁阀发出占空比减小指令，EGR 电磁阀线圈通电时间相对缩短，使 EGR 阀真空室与大气相通的时间相对缩短、其真空室与进气歧管相通的时间相对增长，EGR 阀真空度增大而阀门开度增大，从而达到排气循环流量增加之目的。同理，当减小排气循环流量时，ECU 将发出占空比增大指令，使 EGR 阀阀门开度减小。

当 ECU 输出占空比为 0（持续低电平）时，EGR 电磁阀断电，此时 EGR 阀真空室与进气歧管直接相通，其真空度达到最大（此时 EGR 阀真空室的真空度取决于进气歧管的真空度），EGR 阀开度最大，废气循环流量达到最大值。

在采用 EGR 线性电磁阀直接控制 EGR 的系统中，去掉了 EGR 阀（真空阀）。EGR 线性电磁阀的结构如图 2-70 所示，进气口与排气管相连，出气口与进气歧管相连。在这种电磁阀上，通常都配装有阀门开度传感器提供排气循环量的反馈控制信号。

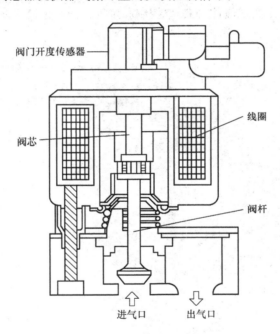

图 2-70　EGR 线性电磁阀的结构

发动机工作时，ECU 根据发动机转速和负荷等信号，通过调节占空比的大小来直接控制阀门开度，从而控制排气循环量。

当占空比增大时，电磁阀线圈平均电流增大，阀芯产生的电磁吸力增大，克服复位弹簧预紧力向上位移量增大，并带动阀杆一同上移使阀门开度增大，排气循环量增大。同理，当占空比减小时，排气循环量减小。

当阀芯位移时，电磁阀开度传感器内部的检测元件（电位计或位移量检测部件）将阀芯位移量转换为电信号，并输入 ECU 作为排气循环量的反馈控制信号，从而实现排气循环量的闭环控制。因此，EGR 量的控制精度比真空阀高，且响应速度比真空阀快得多。目前，采用这种线性电磁阀的 EGR 系统应用越来越广。

NO_x 传感器又称为 NO_x 浓度传感器，是一种吸收型传感器，用于检测排气中所含的 NO_x 浓

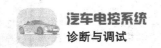
度。其外形结构与加热型氧化锆式氧传感器（EGO）相似，内部结构由碱类化合物薄层、氧化锆薄层和催化剂铂（作为电极）构成。

检测 NO_x 浓度的关键问题是抑制排气中大量的 NO 与氧结合生成有害气体 NO_2。其检测原理是将 NO 作为硝酸化合物吸收到碱类化合物材料中，再利用催化剂铂将其还原成无害的氮气（N_2）和氧气（O_2）排到大气之中。实验表明，当废气中 NO_x 浓度在 0~1‰（千分之一）范围内变化时，NO_x 传感器输出电压在 1~5V 之间线性变化。事实上，NO_x 传感器是由 ZrO_2 式 EGO 改进而成，因此，能够同时检测排气中 NO_x 和 O_2 的含量。但是，NO_x 传感器结构复杂、价格昂贵，信号处理电路复杂，可靠性也有待提高。

（2）电子控制 EGR 系统的控制原理

当发动机工作时，如图 2-71 所示，ECU 首先根据各种传感器信号判定发动机工况，确定是否需要 EGR 以及排气循环流量的大小，然后向 EGR 电磁阀输出占空比可变的控制脉冲信号，通过调节 EGR 阀的开度来实现最佳 EGR 率控制。排气再循环系统只在发动机部分负荷工况下工作，在怠速和全负荷工况不工作。

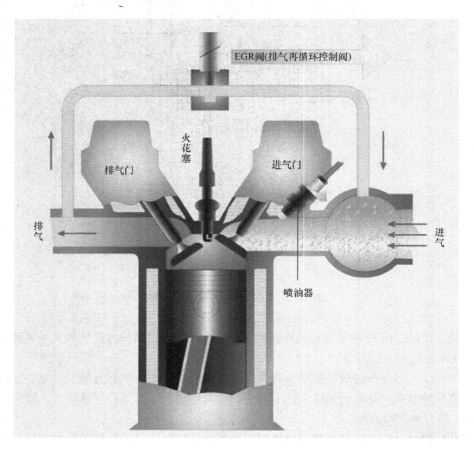

图 2-71　电子控制 EGR 系统的控制原理

电子控制 EGR 系统预先试验测定有各工况下的最佳排气循环流量值，通常以 EGR 电磁阀对应的占空比数据 MAP 形式储存在存储器 ROM 中，如图 2-72 所示。

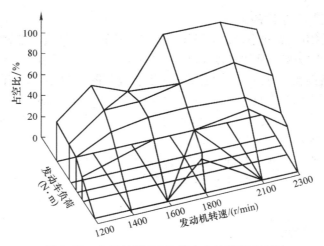

图 2-72 电子控制 EGR 的占空比数据 MAP

发动机运转时，ECU 根据发动机转速与负荷（空气流量、进气压力、节气门开度或加速踏板位置）传感器信号，在占空比数据 MAP 中查询确定最佳的 EGR 电磁阀占空比值，再向电磁阀输出相应的占空比控制信号，从而将排气再循环量控制在最佳值，使 NO_x 排放量降低到规定标准值。电子控制 EGR 系统控制精度高，所控制的 EGR 率可达 25% 左右。

在配置 EGR 阀开度或 NO_x 传感器的系统中，ECU 还要根据该种传感器信号调整 EGR 电磁阀的占空比来调节 EGR 阀的开度，对排气再循环量实现反馈控制，使 NO_x 排放量降低到规定标准值。

（3）排气再循环的实施条件

电子控制 EGR 系统并非在发动机所有工况下都能进行 EGR。在下述情况之一时，电子控制 EGR 系统的 ECU 将停止向 EGR 电磁阀发送控制指令，排气再循环系统将停止排气再循环，保证发动机正常工作。

发动机起动时，一是发动机温度较低，产生 NO_x 气体较少；二是为了保证发动机可靠起动。

发动机怠速时，一是怠速时温度低，产生 NO_x 气体较少；二是保证迅速升温而正常工作，防止出现怠速不稳定现象。

发动机转速低于 900 r/min 或高于 3200 r/min（上、下限值取决于发动机型号）时，转速低时进行 EGR 容易导致转速不稳；转速高时为了保证发动机输出足够动力。

2.5.3 汽油蒸气排放控制系统

汽车汽油是一种挥发性很强的物质，燃油箱、曲轴箱、气门室和燃油管路内部的汽油受热后，表面就会产生蒸气，如不妥善处理，就会散发到大气之中造成环境污染。在汽车的排放污染中，由汽油蒸发造成的污染占总量的 15%~20%。

汽油蒸气排放控制系统（Fuel Evaporative Emission Control System，FEC/FECS）又称为汽油蒸气回收系统。其功用就是防止汽油蒸气排入大气而污染环境，同时还可节约能源。利用活性炭罐吸附燃油箱、曲轴箱、气门室及管路中挥发的汽油蒸气，待发动机起动后，再将活性炭罐中吸附的汽油送入燃烧室燃烧，不仅能使汽油蒸气排放减少（汽油蒸气的排放量降低 95% 以上），而且还能节约能源。

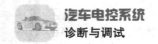

1. 汽油蒸气排放控制系统的组成

各型汽车 FEC 的组成大同小异，桑塔纳 2000GSi 型轿车汽油蒸气排放控制系统主要由活性炭罐、活性炭罐电磁阀 N80、通风管以及电子控制单元（ECU）等组成。

活性炭罐内有活性炭，可以吸附汽油蒸气，其实物如图 2-73 所示。当大量的新鲜空气经过时，其中吸附的汽油蒸气发生脱附现象，被新鲜空气带走，活性炭随之恢复吸附能力。

炭罐内部装有活性炭，活性炭是一种吸附能力极强的物质，用于吸附收集燃油箱、曲轴箱、气门室及管路中挥发的汽油蒸气。

炭罐电磁阀安装在活性炭罐与进气管之间，如图 2-74 所示。其内部由接线端子、线圈、弹簧、阀体等组成，接线端子通过线束与发动机 ECU 相连。

图 2-73　活性炭罐

图 2-74　炭罐电磁阀

桑塔纳 2000GSi 型轿车活性炭罐与电磁阀、通风管的连接情况如图 2-75 所示。活性炭罐电磁阀又称为再生电磁阀或油箱通风阀，简称炭罐电磁阀，安装在活性炭罐与节气门体之间，结构原理与普通电磁阀基本相同。

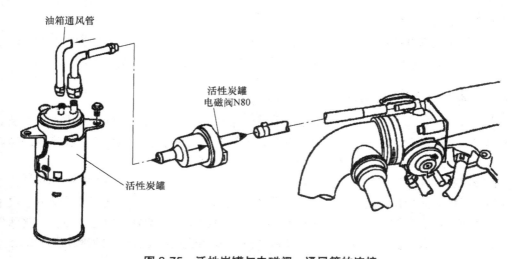

图 2-75　活性炭罐与电磁阀、通风管的连接

炭罐电磁阀受控于电子控制单元（ECU），桑塔纳系列轿车用炭罐电磁阀的工作电压为 9~16V，工作温度为 −30~120℃，汽油蒸气流量为 2~3m³/h（压力为 200kPa），控制频率为 30Hz，最小控制脉冲为 7ms，电磁阀线圈电阻为 26Ω，消耗电流为 0.5A（电压 13.5V 时）。

2. 汽油蒸气排放控制原理

汽油蒸气排放控制系统在发动机温度和转速达到一定值时才能投入工作，工作原理如图 2-76 所示。来自油箱的通风管将汽油蒸气引入活性炭罐，使汽油蒸气被活性炭吸附，直至汽油蒸气饱和为止。

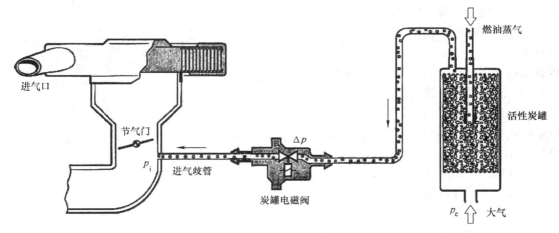

图 2-76　汽油蒸气排放控制系统 FEC 工作原理

（Δp 为环境压力 p_e 与进气歧管压力 p_i 之差）

当发动机运转时，节气门开度（柴油机为加速踏板位置）发生变化，进气歧管内部压力 p_i 将低于大气环境压力 p_e，即产生一个压差 Δp（$\Delta p = p_e − p_i$）。与此同时，ECU 根据发动机转速和压力等信号，向炭罐电磁阀发出占空比控制指令，在输出回路的驱动下，炭罐电磁阀就有电流流过，其平均电流产生的电磁吸力就会克服其复位弹簧预紧力，使其阀门保持一定开度。

炭罐电磁阀开度的大小由 ECU 根据电磁阀两端的压差决定。ECU 改变占空比的大小，即可控制电磁阀阀门开度。占空比越大，平均电流越大，电磁阀阀门开度就越大；反之，占空比越小，阀门开度越小。

当炭罐电磁阀阀门开启时，在压差作用下，活性炭罐内部储存的饱和汽油蒸气便经电磁阀阀门流入进气歧管，并与新鲜空气混合形成再生气流，再被吸入燃烧室燃烧，从而避免汽油蒸气排入大气污染环境。

在发动机运转过程中，ECU 控制炭罐电磁阀周期性的通电与断电，使其流过一定的平均电流来保持阀门的开启程度，此时用手触摸炭罐电磁阀会有振动感觉。因此，可以根据这一现象来判断 FEC 系统与电磁阀工作是否正常。

2.5.4　空燃比反馈控制系统

空燃比反馈控制系统（Air Fuel Ratio Feedback Control System，AFC 或 AFCS）的全称是发动机空燃比（空燃比指实际吸入发动机中的空气质量与燃料质量的比值）反馈控制系统，常用英文缩写字母 AFC 表示。国内外电喷发

微课视频
氧传感器的结构、
拆装及检测

动机汽车都已配装空燃比反馈控制系统，其目的是节约汽油和降低有害物质的排放量。空燃比是发动机运转的一个重要参数，它对尾气排放、发动机动力性和经济性都有很大的影响。

在电喷发动机汽车上，仅仅利用空气流量传感器和发动机转速传感器信号来计算确定喷油量，很难将空燃比控制在理论空燃比（14.7）附近。配装空燃比反馈控制系统后，利用氧传感器反馈的空燃比信号对喷油脉冲宽度进行反馈控制，即可将空燃比控制在理论空燃比（14.7）附近，再利用三元催化转化器将排气中的三种主要有害物质 HC、CO、NO_x 转化为无害成分，从而节约汽油和净化排气，满足油耗法规和排放法规的要求。

试验证明，当发动机混合气的空燃比（$λ=A/F$）控制在理论空燃比（14.7）附近时，三元（HC、CO、NO_x）催化转化器才能使 HC、CO、H_2 的氧化和 NO_x、O_2 的还原同时进行，并将排气中的三种有害气体 HC、CO、NO_x 转化为 CO_2 和 H_2O 等无害物质，净化率曲线如图 2-77 所示。

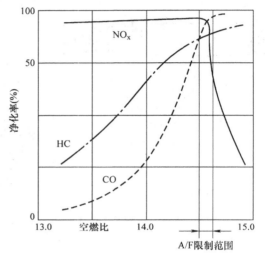

图 2-77　排气净化率曲线

1. 空燃比反馈控制系统组成

空燃比反馈控制系统是在燃油喷射系统的基础上增设氧传感器而构成，如图 2-78 所示。发动机工作时，电子控制单元（ECU）根据氧传感器的信号电压来判断可燃混合气是偏浓还是偏稀，再发出控制指令对喷油量进行修正。

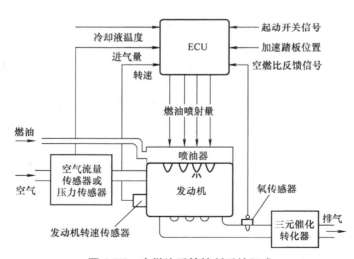

图 2-78　空燃比反馈控制系统组成

氧传感器是实现空燃比反馈控制的关键部件，安装在排气门至三元催化转化器之间的排气管上。如果在同一根排气管上安装两只氧传感器，如雷克萨斯 LS400 型、丰田皇冠 3.0 型轿车，则在三元催化转化器的前端和后端各安装一只氧传感器。

氧传感器通过监测排气中氧离子的含量来获得混合气的空燃比信号，并将空燃比信号转变为电信号输入发动机 ECU。ECU 根据氧传感器信号对喷油时间进行修正，实现空燃比反馈控制（闭环控制），即将空燃比控制在 14.7 左右，使发动机得到最佳浓度的混合气，从而达到降低有害气体的排放量和节约燃油的目的。

汽车发动机燃油喷射系统采用的氧传感器分为氧化锆（ZrO_2）式和氧化钛（TiO_2）式两种类型，氧化锆式又分为加热型与非加热型氧传感器两种，氧化钛式一般都为加热型氧传感器。由于实用的氧化钛式氧传感器价格便宜，且不易受到硅离子的腐蚀，因此越来越多的汽车采用氧化钛式氧传感器。

2. 空燃比反馈控制过程

电喷发动机空燃比的反馈控制过程如图 2-79 所示。氧传感器输出电压的平均值称为限制电平。当 ECU 接收到氧传感器的信号电压高于限制电平（0.5V）时，表明混合气偏浓，空燃比偏小，ECU 首先发出控制指令使空燃比反馈修正系数 K_{AF} 骤然下降一个 P_R 值，使喷油时间 T_B 缩短，喷油量减少，然后逐渐减小修正系数，使混合气逐渐变稀，空燃比逐渐增大。

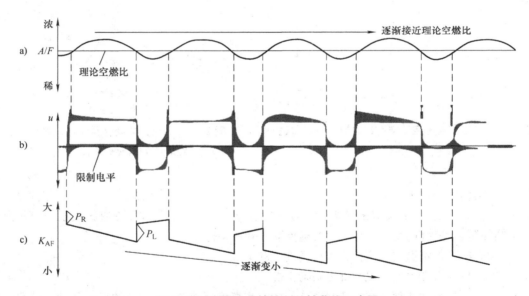

图 2-79 空燃比反馈控制特性曲线示意图

a）实际空燃比　b）氧传感器信号电压　c）空燃比反馈修正系数 K_{AF}

当 ECU 接收到氧传感器的信号电压低于限制电平（0.5V）时，表明混合气偏稀，空燃比偏大，ECU 首先发出控制指令使空燃比反馈修正系数 K_{AF} 急剧上升一个 P_L 值，使喷油时间增长，喷油量增大，然后逐渐增大修正系数，使喷油量逐渐增加，混合气逐渐变浓，空燃比逐渐减小。

在空燃比反馈控制过程中，由于发动机工作循环需要一定的时间（即从喷油器喷油开始到氧传感器检测出氧离子浓度为止，发动机要经过进气、压缩、做功和排气等行程）。因此，要使空燃比收敛于理论空燃比值是不可能的。实际反馈控制只能将空燃比控制在理论空燃比附近的一个狭小范围内，如图 2-79a 所示。

氧传感器输入 ECU 的信号电压在低电平（0.1~0.3V）与高电平（0.7~0.9V）之间的变化频

率为 10 次 /min 以上。如果氧传感器信号电压变化过慢（低于 10 次 /min）或电压保持不变（保持高电平或低电平不变），就说明氧传感器有故障。在使用过程中，当氧传感器失效时，ECU 将对空燃比进行开环控制。由于开环控制不能将空燃比控制在理论空燃比附近，因此，发动机燃油消耗量和有害气体排放量都将大大增加。

当发动机在理论空燃比 14.7 运转时，排气残余的氧含量将有非常明显的变化，导致氧传感器也随之产生一个跳跃性的输出电压变化，如图 2-80 所示。当发动机在空燃比 14.7 运转时，三元催化转化器的转化效率也是最佳，如图 2-81 所示。

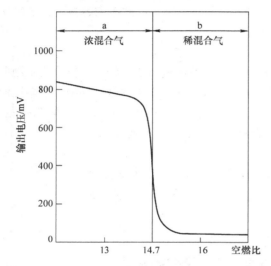

图 2-80　氧传感器电压与空燃比的对应关系曲线

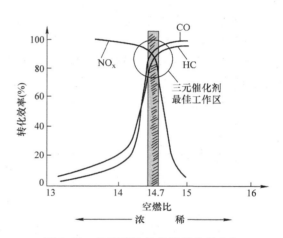

图 2-81　三元催化转化器转化效率与
空燃比的对应关系曲线

3. 空燃比反馈控制条件

为了保证发动机具有良好的动力性、经济性和排放性，空燃比并不是在发动机所有工况都进行反馈控制。发动机 ECU 对空燃比实施反馈控制的条件如下。

1）发动机冷却液温度达到正常工作温度（80℃）。

2）发动机运行在息速工况和部分负荷工况。

3）氧传感器温度达到正常工作温度（氧化锆式氧传感器温度达到 300℃；氧化钛式氧传感器温度达到 600℃时才能输出电压信号）。

4）氧传感器输入 ECU 的信号电压变化频率不低于 10 次 /min。

在下述情况下，发动机 ECU 将对空燃比实施开环控制。

1）发动机起动工况。起动需要浓混合气，以便起动发动机。

2）发动机暖机工况。发动机刚起动的温度低于正常工作温度（80℃），需要迅速升温。

3）发动机大负荷工况。大负荷时需要加浓混合气，使发动机输出较大转矩。

4）加速工况。加速时需要发动机输出较大转矩，以便提高车速。

5）减速工况。此时需要停止喷油，使发动机转速迅速降低。

6）氧传感器温度低于正常工作温度。氧化锆式氧传感器温度达到 300℃、氧化钛式氧传感器温度达到 600℃时才能输出信号。

7）氧传感器输入 ECU 的信号电压持续 10s 以上时间保持不变时。信号电压持续 10s 以上时间不变说明氧传感器失效，ECU 将自动进入开环控制状态。

课程育人

　　汽车上专门采用了控制汽车排放的装置或系统，其目的在于减少汽车尾气污染气体的排放，达到节约燃油与环保的目的。企业有着强烈的环保意识和责任意识，保护环境，人人有责。

2.6　发动机电控系统的检修

　　发动机电控系统结构与原理较为复杂，出现故障时，导致的原因较难判断，检修电控发动机故障前，首先要了解所修电控发动机的工作原理及结构，其次在排除电控发动机的故障时，应能准确掌握故障现象，然后根据故障现象，找出可能出现的故障原因，最后通过检测方法来对故障进行诊断排除。

　　我们以常见的大众车系为参考车型进行深入的故障分析、诊断，如图 2-82 所示，发动机电子控制单元（ECU）J220 为控制核心，各种传感器将各自的电信号传递给 ECU，经过 ECU 的分析运算后，再传递给各个执行器执行相应的动作。

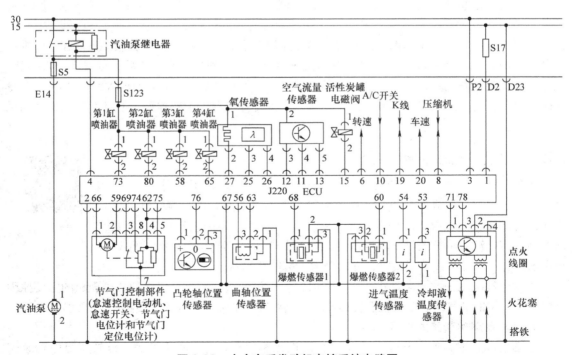

图 2-82　大众车系发动机电控系统电路图

　　汽车发动机无法起动时，最常见的故障原因是蓄电池亏电或起动机自身故障，遇到这种情况时，需要检测蓄电池的电压是否正常，起动机的接线端子是否正常通电。若检测均正常，则

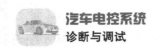

需要检测发动机电控单元某段线路或者电器元件是否损坏，检修时，我们需要根据故障现象结合电路图来进行分析、诊断。这里，我们主讲发动机电控系统的故障检修。

2.6.1　发动机冷起动困难故障检修

当蓄电池电压正常、起动机工作正常时，无法顺利起动发动机。例如车主在第一次点火起动时，发动机无法正常起动，之后继续尝试打火，发动机能够正常起动，则视为发动机冷起动困难。

1. 节气门电压的检测

当踩下加速踏板后，使用万用表测量节气门控制部件 5 脚和 7 脚之间的电压，正常值应为 0.4~4.5V 之间，若电压不正常，则更换节气门电位计、检修相关线路以及调整节气门拉索的安装位置。若电压正常，则证明节气门电位计能够正常工作，我们需要对别的电器元件进行下一步的检测。

2. 怠速开关电阻的检测

使用万用表测量怠速开关两端的电阻值，当刚踩动加速踏板时，电阻值应为无穷大；当松下加速踏板时，电阻值应很小，若电阻值不正常，则更换怠速开关或检修相关线路；若电阻值正常，则证明怠速开关能够正常工作，我们需要对别的电器元件进行下一步的检测。

3. 温度传感器的检测

检查发动机冷却液温度传感器、进气温度传感器，它们的电阻值应随温度升高而减小。温度若不正常，则更换传感器或检查相关线路。我们以大众汽车为例进行介绍，起动发动机时，首先打开点火开关给汽车着车，发动机无法起动，之后进行第二次点火，发动机仍无法起动。进行第三次点火时，由于前两次点火过程已经对汽车进行了预热，发动机能够正常起动。进行诊断维修时，我们使用故障诊断仪读取相关故障码，未发现故障码。之后读取发动机数据流，故障诊断仪显示发动机冷却液温度传感器数据异常，为 −13℃，而外界温度大约为 30℃，在冷车时与进气温度差距很大，导致冷起动困难，更换冷却液温度传感器后，起动发动机，发动机冷起动正常。

2.6.2　发动机无法起动故障检修

当发动机无法起动时，涉及的故障因素较多，一种是发动机电控系统元件的损坏，另一种是发动机电控系统线路存在断路或短路。进行检修时，我们应结合故障诊断仪报出的信息，按照由易到难的逻辑顺序进行排查，常见的原因是蓄电池亏电导致供电电压不足。对于线路方面，当熔丝或熔片断路、继电器损坏、起动机线路虚接时，发动机均无法正常起动。

当蓄电池电压正常、起动机工作正常时，发动机无法起动，出现这种故障现象的主要原因是电控系统中的节气门、曲轴位置传感器、点火线圈、燃油泵或其关联线路出现了故障。

1. 喷油器熔丝断路的检修

起动发动机时，起动机运转正常，发动机无法起动。打开点火开关，能够听见燃油泵工作。使用故障诊断仪进行检测，未发现任何故障码，之后检查火花塞点火状况，火花塞能够正常点火。观察发现火花塞上没有汽油，说明喷油器没有工作。接下来我们再次起动发动机，检测喷油器供电情况，发现喷油器没有供电，由此我们可以确定为喷油器熔丝损坏，更换喷油器

微课视频
发动机电控系统
维修案例 1

微课视频
发动机电控系统
维修案例 2

熔丝后，起动发动机，故障得以解决。

2. 起动机线路虚接故障检修

起动发动机时，磁线圈有"哒哒"声，起动机不运转，使用故障诊断仪进行检测，未发现任何故障码。使用万用表测量蓄电池电压，蓄电池电压为12.56V，之后测量起动机电压降数据，起动机电压降数据为1.4V，说明线路存在虚接，紧固起动机正极螺钉后，起动发动机，发动机能够正常起动，故障得以解决。

3. 主供电继电器的故障检修

起动发动机时，仪表板上EPC灯及发动机故障灯均报警，发动机无法起动。检查发现，发动机起动时，诊断仪有时无法与发动机ECU通信，而和其他系统能正常通信。正常通信时，故障码显示主供电继电器正极短路，供电电压过低，这种情况大多是主供电继电器出现内部接触不良导致。维修时，我们拔下原先的主供电继电器，使用新的主供电继电器进行替换，更换完毕后，起动发动机，发动机正常起动，故障得以解决。

4. 节气门控制部件的检修

打开点火开关给全车上电后，若节气门控制部件无声音发出，则说明节气门控制部件没有上电，可检查发动机ECU的受控电压端1、3脚和中央电器板D2、P2之间的线路，ECU的2脚与搭铁之间及中央电器板与导线间的电阻值，正常情况下万用表测量的阻值很小，导线间处于导通状态。若测得的电阻值显示无穷大，说明线路间存在断路，需要对连接导线进一步的测量；若测出的电阻值很小，说明ECU本身出现故障，应进行检修或更换。例如大众汽车发动机电控系统存在故障，起动发动机时，发动机故障灯长亮，踩下加速踏板时，发动机无反应，使用故障诊断仪进行检测，未发现任何故障码。使用万用表测量节气门体电路，检测节气门位置传感器电阻，电阻为2.2Ω。之后起动发动机，测量节气门体供电及搭铁，节气门体供电为0V，而正常标准为5V，检查线路未发现问题，判断为发动机ECU故障，更换发动机后，检测节气门体供电电压，节气门体供电电压为5V，故障得以解决。

全车上电后，若节气门控制部件无声音发出，可以将点火开关拨至起动档，观察仪表板上的转速表指针是否旋转，若指针旋转，则说明故障原因可能为点火系统或燃油供给系统出现了问题；若指针无动作，则应检查曲轴位置传感器。

5. 曲轴位置传感器的检修

将曲轴位置传感器的插头拔下，测量曲轴位置传感器的电阻值，若电阻值不正常，则应检修或更换传感器。若曲轴位置传感器电阻正常，可分别检查曲轴位置传感器的插头2、3脚和ECU的56、63脚之间的线路以及插头1脚与发动机搭铁点之间的线路。若线路不正常，则检修或更换线路；若线路正常，则检修或更换ECU。

我们以大众汽车为例，起动发动机时，起动机运转正常，发动机无法起动。使用故障诊断仪进行检测，发现发动机转速为0~400r/min，由此我们可以诊断出曲轴位置传感器及其相关线路存在故障，经过观察，曲轴位置传感器插头的安装存在松动现象，对插头进行预紧后，发动机能够正常起动，故障诊断仪上显示的转速为690 r/min，故障得以解决。

6. 点火系统的检修

测量点火线圈时，拔下点火线圈的插头后，测量点火线圈端子4脚与蓄电池正极之间的电压，正常值应为12V左右的电源电压。若测得的电压不正常，则需要对点火线圈端子4脚与搭铁的线路进行检测。

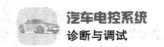

若测得的电压正常，则继续测量点火线圈端子 2 脚与发动机搭铁之间的电压，正常值为 12V 左右。

1）若测得的电压不正常，则检查中央电器板 D23 和点火线圈插头 2 脚之间的电线。

2）若测得的电压正常，则将各缸喷油器的插头拔下，接通起动机数秒后，分别测量点火线圈端子 1 脚、3 脚与发动机搭铁之间的电压，正常应在 0.4V 左右。

7. 燃油泵的检修

将点火开关拨至 I 档，注意倾听燃油喷射电控系统中燃油泵有无工作的声音发出。

若燃油泵无声，说明燃油泵处于不工作的状态，则依次测量燃油泵插头上电源线和搭铁线、燃油泵继电器、熔断器 S5。之后根据检测的结果进行维修：燃油泵连接线路存在断路现象，对断裂的线束进行搭铁修复；燃油泵连接线路正常，则说明燃油泵本身存在故障，应检修或更换燃油泵。

若燃油泵能够发出声音，则依次测量发动机各缸喷油器插头和发动机搭铁点之间的电压，正常情况下电压应为 12V 电源电压。

我们以大众汽车为例，打开点火开关时，未听见燃油泵工作，之后起动发动机，发动机无法起动。使用故障诊断仪进行检测，未发现任何故障码。使用故障诊断仪指令燃油泵继电器，燃油泵没有动作。由此我们可以诊断为燃油泵存在故障。我们使用万用表测试燃油泵供电搭铁，测试正常，确定为燃油泵自身故障。更换燃油泵后，起动发动机，发动机正常起动，故障得以解决。

2.6.3 发动机动力不足故障检修

当踩下加速踏板加速，发动机出现动力不足的故障时，我们应测量燃油分配管的压力，正常值为 0.25~0.3MPa 之间，之后依次检测节气门电位计、清洗或更换喷油器，检测点火线圈及火花塞等部件。

微课视频
发动机电控系统
维修案例 3

另外空气供给系统若出现故障时，如空气滤清器、节气门、空气流量传感器等，燃油燃烧所需的空气不足也会导致发动机动力不足，比如空气流量传感器发生故障时，ECU 无法得到正常电信号，将无法正常地调整气缸的进气量。再比如空气滤清器有异物存在时，也会因进气不足导致发动机动力不足。

若汽车处于怠速状态下，发动机性能良好，而中、高速状态下，发动机动力不足，产生这种故障原因较多。

1. 空气流量传感器的检测

当空气流量传感器发生故障时，发动机 ECU 无法接收到正常的进气量电信号，将无法准确地根据实车运行状况调整进气量，若气缸内的空气变稀薄，发动机气缸内汽油混合物无法充分燃烧，致使发动机出现动力不足、加速无力的现象。检测时，我们可以使用万用表连接空气流量传感器的信号端子，踩下加速踏板，观察信号电压有无异常，正常值应在 0~5V 之间波动，或者使用故障诊断仪读取数据流，观察数据有无异常。

2. 爆燃传感器的检测

检测爆燃传感器有无松动，若有，则使用扳手等工具重新拧紧爆燃传感器，之后将爆燃传感器的插头拔下，检测爆燃传感器的 3 个触点之间是否存在短路现象，最后检测爆燃传感器插头部分与 ECU 之间线路的连接情况。

3. 凸轮轴位置传感器的检测

检测凸轮轴位置传感器时，将凸轮轴位置传感器的插头拔下，测量插头 1 脚与 3 脚之间的供电电压，正常值应为 5V 左右。若测量的电压不正常，则检测该插头与 ECU 之间的线路连接；若测得的电压正常，则对插头 2 脚与 3 脚之间的电压进行检测，正常值应为 12V 电源电压。

2.6.4　发动机排放不良故障检修

微课视频
发动机电控系统
维修案例 4

当发动机排放系统出现故障时，我们可以检测氧传感器，测量燃油分配管的压力，检查燃油分配管的回油管到燃油泵有无堵塞情况，清洗或更换喷油器，检查空气流量传感器，检查冷却液温度传感器，检查三元催化转化器，检查燃油分配管与节气门体之间的真空管连接状况。若发现发动机伴有动力不足的情况，应检查点火系统（包括高压线、火花塞等）。其中发动机排放不良最常见的故障原因是氧传感器出现损坏。

检测氧传感器时，先将其插头拔下，将氧传感器插头拔下，测量氧传感器插头 1 脚与 2 脚间的电阻值，应为 1~5Ω，当温度升高时，此电阻值应迅速升高。若不正常，则检修或更换氧传感器，如正常，则进入下一步检查。

测量氧传感器插头 1 脚与 2 脚间的电压值，应为 12V 电源电压。若测得的电压不正常，则检查或更换氧传感器，检查该插头与 ECU 及电源线之间的线路连接情况。

若测得的电压正常，测量氧传感器插头 3 脚与 4 脚之间的电压，应在 500mV 左右。若电压不正常，则检修或更换氧传感器，检查该插头与 ECU 之间的线路连接情况。

2.6.5　发动机抖动故障检修

微课视频
发动机电控系统
维修案例 5

当发动机在怠速状态下，若出现抖动现象时，我们需要打开发动机舱盖，仔细听发动机进气系统有无泄漏的"嘶嘶"声。如有，则找出泄漏处进行检修；若没有泄漏处，则需要对怠速控制电动机、节气门位置传感器、点火线圈及火花塞、喷油器、曲轴位置传感器等进行检测。

检测怠速控制电动机时，将点火开关拨至 I 档，注意电动机是否有运转的响声发出，当无声音时，说明怠速控制电动机无法正常运转，需要对怠速电动机、ECU 等关联线路进行进一步的检测。检测节气门位置传感器时，使用万用表测量节气门控制部件 7 脚和 8 脚之间的电压，正常值为 4V 左右，若电压不正常，则需要检修或更换节气门位置传感器；若测量的电压正常，则检测节气门位置传感器关联线路。检测并清洗喷油器，测量喷油器的电阻，正常阻值为 15Ω 左右。当怠速抖动现象比较严重时，提高发动机转速也无法满足动力要求，应检查点火系统是否缺火。

我们以大众汽车为例，起动发动机时，发动机出现抖动现象。仪表板上，电子节气门 EPC 灯长亮，使用故障诊断仪进行检测，发现气缸 3 存在失火的故障码。根据故障码显示，首先将二缸的火花塞、点火线圈调到三缸，然后将二缸的火花塞、点火线圈调到三缸，发动机仍然出现抖动现象，并且 EPC 灯长亮，由此我们可以判断，三缸的喷油器可能存在故障。维修时，我们更换三缸的喷油器，更换喷油器后，起动发动机，发动机不再抖动，仪表盘上 EPC 指示灯恢复正常，故障得以解决。

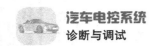
2.6.6 发动机游车故障检修

对于发动机游车，通俗来讲，指的是发动机转速不稳，其症状是发动机稳定节气门开度或巡航行驶时，发动机功率变化，发动机转速忽高忽低。

产生这种故障的原因，大多情况下是因发动机空气供给系统、发动机燃油供给与喷射系统、发动机点火系统出现了故障，导致发动机能够起动，但气缸内无法按照 ECU 的指令稳定做功，在进行检修时，我们可以按照下面几个步骤进行：

1）检查各真空管道是否漏气。

2）检查 EGR 系统的操作是否正常。

3）检查节气门体、空气流量传感器、进气压力传感器是否正常。

4）检查燃油蒸气排放控制系统工作是否正常，检查燃油是否受到污染，燃油中是否放多了添加剂。燃油品质过劣将导致发动机气缸的燃烧不充分且不稳定。

5）检查喷油器喷油量是否一致，喷油器有无堵塞。

6）检查燃油供油系统的压力是否正常。

7）检查点火控制系统工作是否正常，注意检测是否有导线接触不良造成发动机工作期间瞬间断油或断火，检查火花塞、点火线圈及高压线是否正常。

8）检查加热型氧传感器的工作是否正常。

9）检查节气门轴磨损是否过大。

10）检查排气系统是否阻塞。

2.6.7 发动机相关指示灯长亮的故障检修

现代汽车上大都装有故障指示灯，当汽车上电后，汽车 ECU 会根据自身状况进行检测，正常情况下，故障指示灯会点亮数秒，待检测完毕后会自动熄灭。当发现存在故障时，相应的指示灯会长亮不灭，例如 EPC（发动机电子稳定系统）指示灯，在大众车系上极为常见。

图 2-83　EPC 指示灯

1. EPC 指示灯长亮的故障检修

当 EPC 指示灯长亮时，如图 2-83 所示，说明发动机以及电子系统出现了故障，如在点火后或行驶过程中该灯长亮不灭或闪动，则代表管理系统检测到了发动机或是电子系统的故障，一般来说 EPC 指示灯亮有两种可能：一是制动灯不亮，需要检查制动开关以及线路；另一种情况是节气门脏污或损坏，应进行清洗或更换，极少数情况下，当汽车燃油质量过低时，EPC 指示灯也会点亮。

（1）加速踏板位置传感器故障检修

我们以大众汽车为例，起动发动机后，发动机怠速运转正常，当踩下加速踏板时，EPC 指示灯点亮。故障诊断时，连接故障诊断仪，读取发动机系统故障码，故障诊断仪显示加速踏板存在故障码，如图 2-84 所示。

图 2-84　读取加速踏板位置传感器故障码

　　查看发动机相关数据流，选择加速踏板相关数据，将加速踏板慢慢踩到底，该数据没有变化，由此可以诊断出加速踏板相关线路或传感器存在故障。检查加速踏板位置传感器，发现加速踏板位置传感器接触不良，导致加速时无信号输出，确定为线路松动。重新插入加速踏板位置传感器后，查看发动机相关数据流，将加速踏板慢慢踩到底，该数据有变化，故障得以解决。

　　（2）节气门体故障检修

　　我们仍以大众汽车为例，汽车上电后，汽车仪表板上 EPC 指示灯长亮。进行检测时，打开点火开关，发现节气门体不动作，使用故障诊断仪进行检测，发现节气门存在相关故障码，如图 2-85 所示。

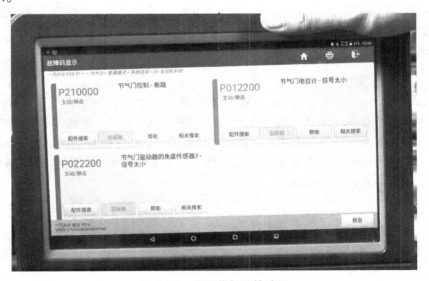

图 2-85　读取节气门故障码

　　查看发动机相关数据流，加速踏板位置信号变化正常，由此我们可以诊断出节气门体存在故障。维修时，我们更换新的节气门体，使用梅花扳手紧固固定螺栓。完成后，打开点火开关，

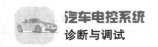
节气门动作及节气门位置传感器数据正常，故障得以解决。

2. 冷却液温度警告灯闪亮的故障检修

汽车仪表板冷却液温度指示灯闪亮，通常是由于发动机降温系统出现故障或者缺水导致。出现这种情况时，我们首先检测发动机冷却液是否充足，如果冷却液液面过低，需要检查散热器是否漏水，之后再添加纯净水或蒸馏水；如果冷却液液面正常，一般情况下为冷却液温度传感器元件本身或关联线路出现了故障，需要进一步的检测。

我们以大众汽车为例，起动发动机时，冷却液温度警告灯闪亮，如图 2-86 所示。首先，检查发动机舱冷却液膨胀罐液位，发现液位正常，冷却液充足。拔插冷却液液位开关数次，冷却液警告灯熄灭。

由于行驶时振动导致冷却液液位传感器松动，警告灯点亮。重新插接冷却液液位传感器后，起动发动机，冷却液温度警告灯熄灭，故障得以解决。

图 2-86　冷却液温度警告灯闪亮

3. 发动机故障指示灯长亮的故障检修

汽车点火的瞬间或汽车行驶时，仪表板上发动机故障指示灯会出现长亮不灭的现象，这是由发动机 ECU 发出的提示信号，用来提醒车主发动机电控系统存在故障。导致发动机故障指示灯长亮的原因有：

1）燃油品质较差。

2）氧传感器存在故障，ECU 无法正常调整喷油量和计算点火时间。

3）发动机点火线圈、火花塞存在故障，导致气缸内的燃烧过程不正常。

4）发动机进气系统故障，节气门体、空气流量传感器、进气压力传感器等存在故障。

5）发动机 ECU 自身故障。

6）发动机使用时间过长，气缸内部不干净、积炭过多。

课程育人

做事先做人，做人先立德。结合央视曝光的汽修行业黑幕，引起同学们的思考，不仅要努力学习汽修理论知识和动手技能，更重要的是要积极培育和践行社会主义核心价值观。敬业、诚信、友善是公民个人层面的价值准则，每个公民都应谨记和遵守，否则就极易产生汽修行业"小病大修"的问题。

项目 3
电控自动变速系统

任务描述

王强的爱车近期出现这种状况：汽车起步与行驶时踩下加速踏板，发动机转速很快提升，但车速升高缓慢。另外，汽车上坡无力，且发动机转速异常高。你能帮他分析一下故障原因吗？

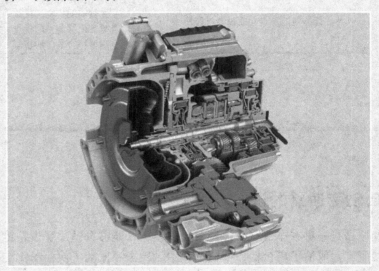

学习目标

1. 能够正确描述电控自动变速器的组成和控制原理。
2. 能够正确描述电控自动变速器的各组成元件的结构及其功用。
3. 能够正确描述无级变速器的结构组成和工作原理。
4. 能够对电控自动变速器进行检修。

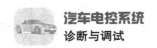

知识与技能点清单

序号	学习目标	知识点	技能点
1	能够正确描述电控自动变速器的组成和控制原理	1. 自动变速器的分类 2. 自动变速器电子控制系统的组成及功用 3. 电控自动变速器的控制原理	能够正确描述电控自动变速器的组成和控制原理
2	能够正确描述电控自动变速器的各组成元件的结构及其功用	1. 液力变矩器 2. 行星齿轮变速机构 3. 换档执行元件 4. 液压控制系统 5. 电子控制系统	能够正确描述电控自动变速器的结构组成及其功用
3	能够正确描述无级变速器的结构组成和工作原理	1. 变速系统 2. 液压控制系统 3. 电子控制系统	能够正确描述无级变速器的结构组成和工作原理
4	能够对电控自动变速器进行检修	1. 自动变速器油位的检查 2. 自动变速器联动机构的检查 3. 自动变速器内部元件的检查 4. 自动变速器综合故障的检修	能够检修电控自动变速器

学习信息

3.1　自动变速器的认知

　　自动变速器是一种在车辆行驶过程中无需换档，能够自动改变齿轮传动比的装置。相对于手动变速器而言，取消了离合器，换档过程中无冲击和振动，换档动作准确、及时，能够更好地适应复杂的交通路况，例如自动档汽车在拥堵的市区前行时，具有极大的便利性。

　　目前使用的自动变速器应用比较广泛的有：液力自动变速器（AT）、无级变速器（CVT）、电控机械式自动变速器（AMT）、双离合自动变速器（DCT 或 DSG）。其中，液力自动变速器根据控制方式可以细分为液压控制式自动变速器和电子控制式液力自动变速器，由于轿车普遍使用的是 AT，因此 AT 几乎成为自动变速器的代名词。

　　随着自动变速器的发展，其结构和性能也在不断完善，特别是近年来随着电子技术和自动控制技术在汽车上的应用，出现了电控自动变速器，它包括电控液力机械传动的自动变速器和电控齿轮式机械传动的自动变速器。

3.1.1　自动变速器的分类

　　汽车自动变速器早在 20 世纪 40 年代就已经应用在美国通用的奥兹莫比尔汽车上，随后，英国、德国、日本等国家生产的汽车也相继装备了自动变速器。不同厂商生产的自动变速器各有差异，按照不同形式具有不同的分类，现总如下：

1. 按变速器换档操作的形式分类

按变速器换档操作是否全自动化分，有半自动变速器和全自动变速器两大类。

（1）半自动变速器

半自动变速器的换档操作仍需手动完成，它有两种类型：一种是自动离合器＋手动换档变速器的组合形式，也被称为自动离合器式变速器。另一种是具有自动变速功能的液力变矩器＋换档离合器＋手动变速器的组合形式，被称为选择式自动变速器。半自动变速器实际上是自动变速器发展过程中的一个过渡形式，目前汽车上已很少采用。

（2）全自动变速器

全自动变速器简称自动变速器，是无需离合器操作和换档（加减档）操作的液力传动变速器。全自动变速器是现代自动变速器普遍采用的结构形式。

2. 按变速方式分类

汽车自动变速器按变速方式的不同，可分为有级变速器和无级变速器两种。有级变速器是具有几个有限的定值传动比（一般有 3~5 个前进档和 1 个倒档）的变速器。无级变速器（CVT）是能使传动比在一定范围内连续变化的变速器，CVT 采用钢带和传动带轮，通过改变传动带轮的直径改变传动比，直径变化时，传动带的位置也在变化，同时改变了传动比。无级变速器目前在汽车上的应用较少。

3. 按自动换档的控制方式分类

按自动换档的控制方式分，有液压控制式自动变速器和电子控制式自动变速器。

（1）液压控制式自动变速器

液压控制式自动变速器换档控制方式是通过机械手段将节气门开度和车速参数转化为压力控制信号，使阀板中各控制阀按照设定的换档规律控制换档执行机构动作，实现自动换档的。

（2）电子控制式自动变速器

电子控制式自动变速器通过各种传感器将发动机转速、节气门开度、车速、发动机温度、自动变速器液压油温度等参数转变为电信号，输入自动变速器计算机，计算机根据这些电信号确定变速器换档控制信号。计算机输出的换档信号控制相应的换档电磁阀，通过换档阀打开相应的液压控制回路，使相关的换档执行机构动作，实现自动换档。

4. 按驱动方式分类

自动变速器按照汽车驱动方式的不同，可分为前驱动自动变速器和后驱动自动变速器两种。这两种自动变速器在结构和布置上有很大的不同。其中后驱动自动变速器的变矩器和齿轮变速器的输入轴及输出轴在同一轴线上，发动机的动力经变矩器、自动变速器、传动轴、后驱动桥的主减速器、差速器和半轴传给左右两个后轮。这种发动机前置，后轮驱动的布置形式，其发动机和自动变速器都是纵置的，因此轴向尺寸较大，在小型客车上布置比较困难。后驱动自动变速器的阀板总成一般布置在齿轮变速器下方的油底壳内。

前驱动自动变速器除了具有与后驱动自动变速器相同的组成部分外，在自动变速器的壳体内还装有差速器。前驱动汽车的发动机有纵置和横置两种。

5. 按前进档的档位数不同分类

早期的自动变速器通常为 2 个前进档或 3 个前进档。这两种自动变速器都没有超速档，其

最高档为直接档。目前轿车装用的自动变速器最多已经有 9 个前进档，并设有超速档（通常称为 O/D 档，在驾驶人的操纵显示器上为圆圈中一个大写的英文字母 D）。

3.1.2 电控自动变速器的组成

汽车电子控制自动变速系统又称为电控自动变速器（ECT），通过节气门位置传感器和车速传感器，把发动机节气门开度和车辆行驶速度转变为各自传感器输出的信号，输送至电子控制单元。然后将输入信号与电子控制单元存储的参数进行比较，由电子控制单元向相应的电磁阀发出指令，接通或切断流向换档阀等的液压，使执行机构各离合器和制动器动作得到控制，从而精确地控制换档时机及锁止离合器的工作，并使自动变速器换档更稳定。换档电磁阀通过开关作用对其开关状态进行调节，使变速器可对换档特性进行精细调整。换档过程完全由电控系统进行控制，以适应车速和不同的发动机状态，电控系统使用由车速传感器和节气门位置传感器发送的电信号进行工作，这使加速性和燃油经济性都有所提高。

电控自动变速器主要由液力变矩器、齿轮变速器、换档执行器、液压控制系统以及电子控制系统五大部分组成，如图 3-1 所示。

1. 液力变矩器

液力变矩器安装在发动机飞轮一端，其主要功用是将发动机输出的动力传递给齿轮变速机构的输入轴。除此之外，液力变矩器还能实现无级变速，且具有一定的减速增矩作用。

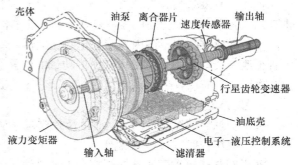

图 3-1　电控自动变速器组成

2. 齿轮变速器

齿轮变速器又称为齿轮变速机构，多数由行星齿轮结构组成，其功用是实现由起步至最高车速范围内的传动比变化。

3. 换档执行器

自动变速器的换档执行器主要是离合器和制动器，采用液压的方式控制行星齿轮机构的运转。

4. 液压控制系统

液压控制系统由液压传动装置（油泵、自动传动液）、阀体（电磁阀、换档阀、锁止阀和调压阀等）以及连接这些液压装置的油道组成。液压控制系统的功用是根据电磁阀的工作状态，控制换档执行元件（换档离合器和换档制动器）和动力传递元件（锁止离合器）的油路，从而改变齿轮变速机构的传动比来实现自动换档和改变液力变矩器的工作状态来实现动力传递。

5. 电子控制系统

自动变速电子控制系统与其他电子控制系统一样，也是由传感器与各种控制开关、电子控制单元（ECU）和执行器三部分组成。主要功能是控制自动换档和动力传递。

3.1.3 电控自动变速器的控制原理

电控自动变速器的控制原理如图 3-2 所示，工作时，车速传感器和节气门位置传感器把信号输入电子控制单元，电子控制单元根据预先编制并存入存储器中的换档程序，进行比较计算，确定换档点和变矩器闭锁离合器时间，然后向电磁阀发出控制指令，以控制电磁阀线圈电流的通断，再由电磁阀控制液压换档阀的移动，切换换档执行机构（换档离合器和制动器）的油路，实现行星齿轮机构的自动换档。

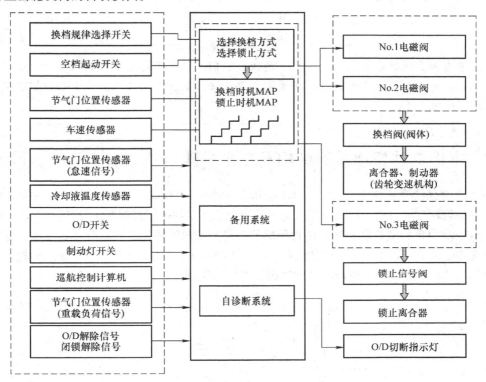

图 3-2　电控自动变速器的控制原理

当发动机起动时，各种传感器（车速传感器、节气门位置传感器等）信号和控制开关信号就不断输入变速器控制单元（TCU），经过输入回路和模-数转换电路转换成 CPU 能够识别的电信号，CPU 按照一定频率对其进行采样，并将采样信号与预先存储在只读存储器（ROM）中的换档规律进气压力传感器（MAP）和变矩器锁止时机 MAP 进行比较运算或逻辑判断，从而确定是否换档、锁止液力变矩器。当变速杆拨到前进档位置时，TCU 首先根据换档规律选择开关的状态在换档规律 MAP 中选择相应的换档规律；然后根据节气门开度信号、车速信号和控制开关信号在换档规律 MAP 中查询确定变速机构的换档时机、在变矩器锁止时机 MAP 中查询确定液力变矩器的锁止时机。当确定为换档（或变矩器锁止）时，CPU 立即向相应的电磁阀发出控制指令，电磁阀再控制换档阀（或锁止阀）动作，换档阀（或锁止阀）阀芯移动改变了换档离合器和制动器（或锁止离合器）的控制油路，使离合器或制动器的工作状态（接合或分离）发生改变，从而实现自动换档（或液力变矩器锁止）。

现代汽车自动变速器普遍采用的是液力变矩器与行星齿轮式变速器组合而成的液力全自动变速器，换档自动控制形式有纯液压式和电子控制式两种。相比于传统的手动机械式变速器，自动变速器具有如下优点：操作简化，提高了行车的安全性；提高了发动机、传动系统的寿命和驾乘舒适性，自动变速器在自动换档过程中无动力中断，换档平稳，减小了发动机和传动系统零部件的冲击；液力变矩器可以吸收动力传递过程中的冲击和振动；提高了汽车的动力性和

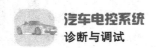

通过性能。自动变速器在起步时，由于液力变矩器可连续传递转矩，同时可以在一定的范围内自动适应汽车行驶阻力的变化，又使驱动轮上的牵引力逐渐增加，换档时动力不中断，发动机能够维持在一稳定的转速，因此，显著提高了汽车的通过性能，使汽车起步、加速更快。

课程育人

　　汽车自动变速器最早应用于美国、英国、德国、日本等国家生产的汽车上，我国汽车上使用自动变速器相对来说较晚，同学们需要认清差距，努力奋斗，学习如何实现赶超国外技术，为国家建设添砖加瓦。

3.2　电控自动变速器的结构及工作原理

　　电控液力自动变速器（Electronic-controlled Automatic Transmission，EAT），主要由液力变矩器、行星齿轮变速机构、换档执行机构、液压控制系统与电子控制系统等部分组成。如图 3-3 所示，电控液力自动变速器是通过各种传感器，将发动机转速、节气门开度、车速、发动机冷却液温度和自动变速器油温等信号传递给 ECU，ECU 经过计算分析后，按照设定的规律给换档电磁阀发出控制信号，换档电磁阀根据控制信号控制换档执行元件，实现自动换档。

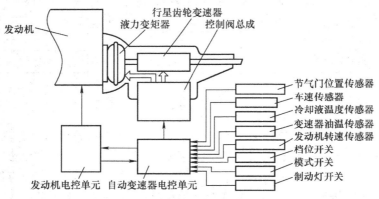

图 3-3　电子控制式自动变速器控制原理图

　　目前大多数自动变速器车型都采用电子控制方式，其结构如图 3-4 所示。

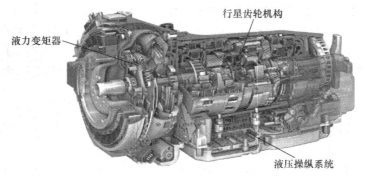

图 3-4　电控自动变速器结构图

　　液力变矩器多采用带锁止离合器的综合式结构，可以自动调节传递转矩的大小。液力变矩器安装在发动机与变速器之间，将发动机转矩传给变速器输入轴。它相当于普通汽车上的离合器，但在传递转矩的方式上又不同于普通离合器。普通汽车离合器是靠摩擦传递转矩，而液力变矩器是靠液力来传递转矩，而且液力变矩器可改变发动机转矩，并能实现无级变速。

　　行星齿轮变速机构采用行星齿轮传动，用来扩大液力变矩器的传动比范围并实现倒档传动。行星齿轮变速机构可形成不同的传动比，组合成电控自动变速器不同的档位。

　　液压控制系统主要控制换档执行机构的工作，由油泵（或称为液压泵）及各种液压控制阀和液压管路等组成。

　　电子控制系统与液压控制系统配合使用，通常把它们合称为电液控制系统。电子控制系统主要包括电子控制单元、各类传感器及执行器等。电子控制系统中的传感器及各种控制开关将发动机工况、车速等信号传递给电子控制单元，电子控制单元发出指令给执行器，执行器和液压系统按一定的规律控制换档执行机构，实现电控自动变速器自动换档。

3.2.1 液力变矩器

　　液力变矩器位于发动机和机械变速器之间。以自动变速器油（ATF）为工作介质，动力传递柔和，且能防止传动系过载。自动变速器与发动机的连接依靠液力变矩器，它取代了手动档汽车上的离合器。

微课视频
液力变矩器的
结构及原理

　　1. 液力变矩器的组成

　　汽车上使用的变矩器主要由泵轮、涡轮和导轮组成的，称三元件变矩器，如图 3-5 所示，此外，一些液力变矩器上还装有锁止离合器，其作用是将泵轮与涡轮刚性连接，消除液力传动中的能量损失。

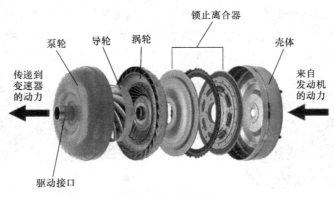

图 3-5　液力变矩器

　　（1）泵轮

　　泵轮与变矩器壳体连成一体，其内部径向装有许多扭曲的叶片，叶片内缘则装有让变速器油液平滑流过的导环。变矩器壳体与曲轴后端的驱动盘相连接。有的汽车发动机后端无飞轮，起动齿圈直接装在变矩器上。

　　（2）涡轮

　　同泵轮一样，涡轮也装有许多扭曲叶片。但涡轮叶片的扭曲方向与泵轮叶片扭曲的方向相反。涡轮中心有花键孔与变速器输入轴相联。泵轮叶片和涡轮叶片相对安装，中间有 3~4mm

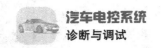

的间隙。

（3）导轮

导轮位于泵轮和涡轮之间，通过单向离合器安装在与变速器壳体连接的固定轴上。导轮上也有许多扭曲叶片。

（4）自动变速器油液（Automatic Transmission Fluid，ATF）

液力变矩器依靠液力传递动力，因此其内部总是充满了 ATF。为了防止温度过高，液力变矩器工作时 ATF 一直在不断循环。

2. 液力变矩器的作用

1）将发动机转矩传递给液压控制系统的油泵，带动油泵运转。

2）起到离合器的作用，传递或切断发动机与自动变速器传动机构之间的动力传递。液力变矩器采用 ATF 传递动力，当踩下制动踏板时，发动机不会熄火，相当于离合器分离；当抬起制动踏板时，汽车可以起步，相当于离合器接合。

3）发动机的转矩通过液力变矩器的主动元件，再通过 ATF 传给液力变矩器的从动元件，最后传给变速器。

4）在一定范围内无级变速、变矩，可将发动机的转矩增大 2~4 倍输出。

3. 液力变矩器的工作原理

泵轮（主动部分）与液力变矩器外壳一体由发动机直接带动，发动机转动时液力变矩器充满一定油压的变速器油液。当泵轮转动时，离心力将发动机动力变成油液动能，使油液从中心向外甩，撞击在涡轮（输出部分）叶片上，引起涡轮旋转，带动齿轮箱输入轴，油液离开涡轮叶片后流入导轮（反作用元件）（图 3-6）。

当汽车行驶阻力大时，涡轮转速低于泵轮转速，从涡轮流入导轮的油液方向与泵轮（发动机）旋转方向相反，此时导轮通过单向离合器与变速器壳体固定，对油液流起反作用。如图 3-7 所示，其特殊的曲线叶片改变油液流入泵轮的角度，帮助发动机驱动泵轮，达到增矩的作用，克服增大的阻力，改善动力性。当涡轮转速接近零时，增矩作用达到最大（2 倍左右）。

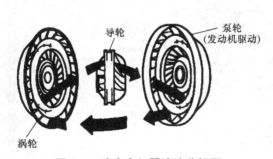

图 3-6　液力变矩器液流分解图

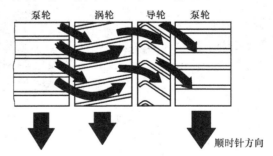

图 3-7　液力变矩器的转矩放大原理

（1）环流的产生

当发动机带动液力变矩器的泵轮旋转时，液力变矩器内的 ATF 随泵轮一起做圆周运动，形成环流。

（2）涡流的产生

ATF 作环流运动时会产生离心力，在离心力的作用下 ATF 将从液力变矩器的内侧流向外侧，由于液力变矩器在传递动力时泵轮转速总是高于涡轮转速，因此泵轮内 ATF 产生的离心力大于涡轮内 ATF 的离心力，所以泵轮内油液在离心力的作用下将进入涡轮，形成绕循环圆流动的涡流。

（3）螺旋流的产生

液力变矩器工作时，环流和涡流同时存在，ATF 流动的实际方向是两种油液流的合成，形成一个首尾相接的螺旋形传力油流，即螺旋流。螺旋流由泵轮进入涡轮时，又回到泵轮（图 3-8），如此不断循环，这就是液力变矩器传递动力的原理。

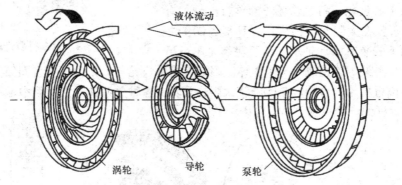

图 3-8　ATF 在液力变矩器中的循环流动

当汽车起步时，涡轮转速为零，泵轮与涡轮的转速差最大，传递转矩最大；当涡轮转速与泵轮转速相等时，涡流消失，液力变矩器不再传递转矩。

（4）导轮的作用

如果液力变矩器没有导轮，则从涡轮回流的液流方向就与泵轮的旋转方向相反，会阻止泵轮的旋转，造成能量损失。为此，需要安装导轮，改变液流方向，使回流的液流方向与泵轮的旋转方向相同。

3.2.2　行星齿轮变速机构

汽车上液力变矩器需要与机械变速机构配合使用，而自动变速器的机械变速机构一般采用内啮合的行星齿轮变速机构。行星齿轮变速机构有辛普森（Simpson）式、拉维奈尔赫（Ravigneaux，又译为拉维娜）式和阿里森（Arnoldson）式等。

汽车自动变速器采用的行星齿轮机构大都是由辛普森式双排行星齿轮机构或拉维奈尔赫式复合行星齿轮机构组成。辛普森式行星齿轮变速机构的显著特点：前后两个行星排的太阳轮连成一体，即"前后行星排共用一个太阳轮"。辛普森式行星齿轮变速器举世闻名，是以其设计者霍华德·辛普森（Howard Simpson）的名字命名而来，能够提供三个前进档（即三速或三档）和一个倒档的行星齿轮变速器。

1. 行星齿轮机构的结构

行星齿轮机构是自动变速器的变速机构，行星齿轮机构通常由多个行星齿轮排组成。行星齿轮排的数目根据变速器的档位数而设定。一般的三档自动变速器有两个行星齿轮排，具有超速档的四档自动变速器有三个行星齿轮排。每个行星齿轮排的结构和工作原理基本相同。单排行星齿轮的结构主要由太阳轮、行星齿轮、行星齿轮架和齿圈等组成，如图 3-9 所示。

微课视频
行星齿轮变速机构
的结构及原理

行星齿轮机构是指在齿轮机构中，至少有一个轴线可以绕共同的固定轴线转动的齿轮机构。自动变速器是由多个行星齿轮排组成，行星齿轮排多少取决于排档数量。最简单的行星齿轮机构称为单排行星齿轮机构，其结构如图3-10所示，由太阳轮、内齿圈、行星齿轮架、行星齿轮和行星齿轮轴组成。

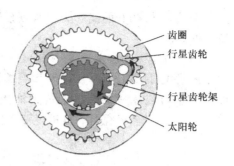

太阳轮为中心齿轮；行星齿轮（简称行星轮）有3~6个，对称布置在太阳轮与内齿圈（环形齿圈）之间，行星轮轴上安装有滚针轴承。各行星齿轮用行星

图3-9　单排行星齿轮机构

齿轮架（简称行星架）连接成为一个整体。因为各行星齿轮与太阳轮和内齿圈保持啮合，所以行星齿轮既能绕行星轮轴自转，又能围绕太阳轮公转，这种关系如同太阳系中地球与太阳的关系，因此，将这样的齿轮机构称为行星齿轮机构。

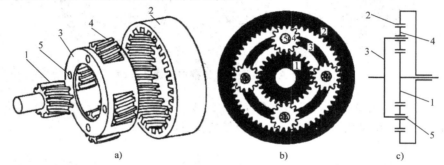

图3-10　单排行星齿轮机构的结构

a）零部件组成　b）结构简图　c）传动关系
1—太阳轮　2—内齿圈　3—行星齿轮架　4—行星齿轮　5—行星齿轮轴

2. 行星齿轮机构的运动规律

在行星齿轮机构中，将不是齿轮的行星齿轮架虚拟成一个具有明确齿数的齿轮（齿数＝太阳轮齿数＋内齿圈齿数）之后，其传动比也可按平行轴式齿轮变速机构传动比的计算公式来计算。但是，由于行星齿轮的轴线是转动的，且虚拟齿轮及其齿数来源不便于理解，因此，需要利用行星齿轮机构的运动规律方程式来计算其传动比。此外，通过分析单排行星齿轮机构的运动规律，便可了解双排、多排或其他形式组合而成的行星齿轮变速器的变速原理。

根据单排行星齿轮机构的受力情况建立力矩平衡方程式后，再根据能量守恒定律可得太阳轮、内齿圈和行星齿轮架三个部件上输入与输出功率的代数和等于零的方程式，即可得到单排行星齿轮机构的运动规律方程式，即

$$n_1 + an_2 - (1 + a)\, n_3 = 0$$

式中，n_1、n_2、n_3 为太阳轮、内齿圈和行星齿轮架的转速；a 为内齿圈齿数 Z_2 与太阳轮齿数 Z_1 之比。

3. 行星齿轮机构的变速原理

行星齿轮机构工作时，将太阳轮、行星齿轮架、齿圈三个元件中任意一个作为主动件，与输入轴相连；另外一个作为被动件，与输出轴相连；再将最后一个元件加以约束、制动，使其固定。行星齿轮机构就可以以一定的传动比传递力矩。另外，在太阳轮、内齿圈和行星齿轮架

三个元件中，如果所有元件都不受约束，任何两个元件也没有连锁成一体，则各元件将自动转动，即当输入轴转动时，输出轴可以不动，行星齿轮机构将不传递动力，此时行星齿轮的状态对应空档。三个元件可以形成 8 种不同的传动方案，如表 3-1 所示。

表 3-1　行星齿轮机构的传动方案

序号	主动件	被动件	固定件	传动比	传动方式	备注
1	太阳轮	行星齿轮架	内齿圈	$1+\alpha$	低	降速增矩传动
2	内齿圈	行星齿轮架	太阳轮	$\dfrac{1+\alpha}{\alpha}$	高	
3	太阳轮	内齿圈	行星齿轮架	$-\alpha$	倒档	
4	行星齿轮架	内齿圈	太阳轮	$\dfrac{\alpha}{1+\alpha}$	低	增速降矩传动
5	行星齿轮架	太阳轮	内齿圈	$\dfrac{1}{1+\alpha}$	高	
6	内齿圈	太阳轮	行星齿轮架	$-\dfrac{1}{\alpha}$	不用	
7	任意两个元件连成一体			1	直接档	直接传动
8	无任何元件固定，也无两个元件连成一体			三元件自由转动	空档	不传递力矩

　　由运动规律方程式可见，将太阳轮、内齿圈和行星齿轮架三者中的任意元件与主动轴相连作为输入主动件，第二元件与被动轴相连作为输出从动件，再将第三元件强制固定（称为制动）使其转速为零或约束其运动使其转速为某一定值，则整个轮系就能以一定的传动比传递动力，实现不同档位和速度的变化。

3.2.3　换档执行元件

微课视频
换档执行元件的
结构及原理

　　自动变速器换档执行元件主要由离合器（区别于手动档轿车上使用的脚制动离合器）、制动器和单向离合器组成，离合器和制动器是以液压的方式控制行星齿轮机构元件的旋转，单向离合器以机械的方式对行星齿轮结构元件进行锁止，即只允许单方向转动。

1. 离合器

　　离合器的作用是使行星齿轮机构中各元件能按不同组合方式连接，形成不同类型的动力传递。

　　多片摩擦式离合器的作用是将行星齿轮机构中某一元件与主动部件连接，使该部件成为主动部件，或者将行星齿轮机构中某两个元件连成一体，使行星齿轮机构连成一个整体，实现直接传动。主要由油缸、活塞、钢片、摩擦片、复位弹簧和离合器壳体等组成。如图 3-11 所示。

　　多片摩擦式离合器的壳体为主动件，与它连接的另一元件为从动件。当油缸中没有油压时，活塞在复位弹簧的作用下移向左端，钢片和摩擦片处于分离状态；当液压操纵系统使油缸中油压升高时，活塞在油

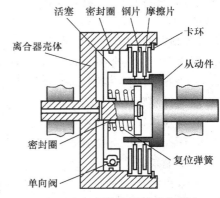

图 3-11　多片摩擦式离合器

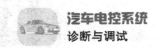

压作用下向右移动，使钢片和摩擦片压紧，离合器结合。

2. 制动器

制动器的作用是制动和约束行星齿轮机构中某一元件，使其成为固定件。常用的制动器有片式和带式两种。

（1）片式制动器

片式制动器与多片摩擦式离合器结构类似，其固定支架上有许多槽，通过螺钉与变速器壳体连接，固定架上有控制油道孔，钢片外圆上有花键，与固定架上的槽或变速器壳体上的花键槽连接，为不动件；摩擦片内圆上有花键，与行星齿轮的某元件连接，制动器活塞安装在活塞缸内，复位弹簧作用在活塞上。片式制动器接合平顺性好，应用广泛，但轴向尺寸较大。

当需要制定行星架时，油压进入活塞缸，推动活塞压缩复位弹簧，将摩擦片压紧，由于摩擦片与自动变速器壳体连接，所以行星架制动不转；当控制油排出油缸时，活塞在复位弹簧的作用下，复到原来位置，此时，制动器不起作用。

（2）带式制动器

带式制动器轴向间隙小，工作平顺性差，油路中配有缓冲阀，如图 3-12 所示。

由于制动带的另一端固定在变速器壳体上，当活塞在油压作用下向左移动时，推杆推动制动带的一端使制动带直径变小，箍紧在转鼓上，在制动带与转鼓间产生很大的摩擦力，使转鼓固定。

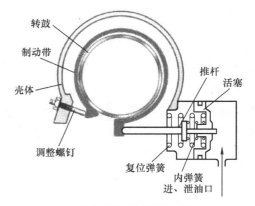

图 3-12　带式制动器

3.2.4　液压控制系统

液压控制系统是在电子控制单元的控制下，控制离合器的接合与分离，制动器的制动与释放，以改变动力传递路线，实现自动换档。另外，还向液力变矩器的润滑油路供油，并根据车辆的运行情况调节作用于液力变矩器的油压。

1. 液压控制系统的基本组成

液压控制系统的基本组成包括动力源、执行机构和控制机构三大部分，如图 3-13 所示。

1）动力源。液压控制系统的动力源是油泵，它是整个液压控制系统的工作基础。各种阀体的动作、换档执行元件的工作等都需要一定压力的 ATF。油泵的基本功能就是提供满足需求的 ATF 油量和油压。

2）执行机构。执行机构主要由离合器、制动器油缸等组成。其功用是在控制油压的作用下实现离合器的接合和分离、制动器的制动和松开动作，以便得到相应的档位。

3）控制机构。控制机构由阀体和各种阀组成，主要包括主调压阀、手动阀、换档阀等。

液压控制系统还包括一些辅助装置，如用于防止换档冲击的蓄压器、单向阀等。

2. 液压控制系统的主要元件

液压控制系统主要由油泵、阀体和电磁阀等组成。

（1）油泵

油泵是液压控制系统的动力源，其功用是产生一定压力和流量的 ATF，供给液力变矩器、行星齿轮机构和液压控制系统。

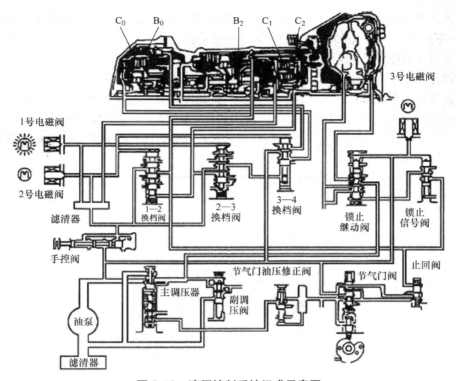

图 3-13　液压控制系统组成示意图

油泵一般位于液力变矩器和行星齿轮机构之间,由液力变矩器泵轮驱动。其类型主要有齿轮泵、转子泵和叶片泵。三种泵的共同特点是:内部元件(转子)由液力变矩器花键毂或驱动轴驱动,外部元件与内部元件之间有一定的偏心距。

图 3-14 所示为内啮合齿轮泵的结构及原理。它主要由主动齿轮、从动齿轮、月牙板和壳体等组成。主动齿轮为外齿轮,从动齿轮为内齿轮,在壳体上有一个月牙板,把主、从动齿轮不啮合的部分隔开,并形成两个工作腔,分别为进油腔和出油腔。进油腔与泵体上的进油口相通,出油腔与泵体上的出油口相通。主动齿轮内径上有两个对称的凸键或平面,与液力变矩器后端油泵驱动毂的键槽或平面相配合。因此,只要发动机转动,油泵便转动并开始供油。

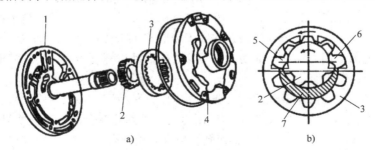

图 3-14　内啮合齿轮泵的结构及原理

a)结构　b)原理

1—泵盖　2—主动齿轮　3—从动齿轮　4—壳体　5—进油腔　6—出油腔　7—月牙板

油泵在工作过程中,主动齿轮带动从动齿轮转动,在齿轮脱离啮合的一端(进油腔),容

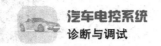

积不断变大，产生真空吸力，把 ATF 从油底壳经滤网吸入油泵；在齿轮进入啮合的一端（出油腔），容积不断减小，油压升高，把 ATF 从出油腔挤压出去。这样，油泵不断地运转，就形成了具有一定压力的油液，供给自动变速器工作。

（2）调压阀

液压油从油泵输出后，进入主油路系统，油泵是由发动机直接驱动的，输出流量和压力均受发动机运转状况的影响，变化很大。当主油路压力过高时，会引起换档冲击和增加功率消耗；而主油路压力过低时，又会使离合器、制动器等执行元件打滑，因此在油路系统中必须设置油路调压阀，如图 3-15 所示。

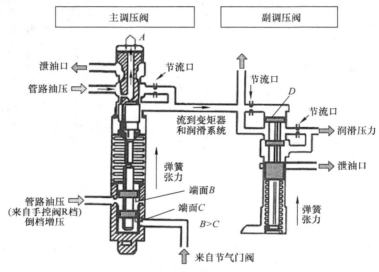

图 3-15　调压阀的结构

主调压阀根据变速杆的位置和节气门开度，将油泵输入到管路的油压调节至规定数值。管路油压是操纵换档离合器、制动器以及液压控制装置的动力源。如果主调压阀工作异常，就会导致管路油压不稳定。管路油压过高会导致换档产生冲击现象和发动机功率损失；管路油压过低会导致离合器、制动器打滑磨损或烧蚀而缩短变速器使用寿命。

油泵油液从主调压阀入口经阀芯内部油道作用到阀芯上部端面 A，主调压阀阀芯上部端面 A 受管路油压作用，阀芯下部受三个力作用：一个是弹簧张力；一个是来自手控阀并作用于端面 B 的液体压力；一个是来自节气门阀并作用于端面 C 的液体压力。当油泵压力升高时，管路油压升高，阀芯上部作用力增大，推动阀芯下移，使泄油口开度增大，传动液泄流量增大，从而使管路油压稳定在规定值。

当踩下加速踏板时，随着节气门开度增大，发动机负荷以及输出转矩增大。此时来自节气门阀的传动液压力升高，阀芯端面 C 上的作用力增大，阀芯就会向上移动使泄油口开度减小，从而使管路油压升高，变矩器可传递的额定转矩增大，用以满足传递发动机输出转矩的要求。

当变速杆拨到 R 位置时，来自手控阀的传动液压力作用于阀芯端面 B。由于端面 B 的面积大于端面 C，所以在阀芯上将增加一个向上的推力（该推力等于管路油压对端面 B 的作用力减去对端面 C 的作用力），使阀芯向上移动，管路油压进一步升高，从而使管路油压在 R 位时比其他任何档位都高。

副调压阀把主调压阀泄出的油压调节成变矩器油压和各摩擦副的润滑油压。其阀芯受到两个力的作用：一个是弹簧向上的张力；另一个是来自主调压阀并流到液力变矩器和润滑系统传动液向下的压力，当供给液力变矩器的传动液压力升高时，阀芯上端面 D 受到向下的液体作用力增大，阀芯将向下移动，部分传动液从泄油口泄流，使供给液力变矩器的液体压力保持不变。其中液力变矩器和润滑系统的传动液压力是由副调压阀弹簧预紧力决定的。

（3）手动阀

手动阀又称为手控阀或手动换档阀，与驾驶室内的变速杆相连，其功用是控制各档位油路的转换。变速杆只改变自动变速器阀体总成中手动阀的位置，而变速器所处档位是由手动阀和换档执行元件（离合器、制动器）的工作状态决定的，不仅取决于手动阀的位置，而且还取决于汽车车速、节气门开度等因素。变速杆一般有 P 位（停车档）、R 位（倒车档）、N 位（空档）、D 位（前进档）、2 位（高速发动机制动档位置）、L 位或 1 位（低速发动机制动档位置）。

如图 3-16 所示，当驾驶人操纵变速杆时，手动阀会移动，使主油压通往不同的油道。如当变速杆置于 P 位时，主油压会通往 P 位、R 位和 L 位油道；当变速杆置于 R 位时，主油压会同时通往 P 位、R 位和 L 位油道与 R 位油道；当变速杆置于 N 位时，手动阀会将主油压进油道切断，便不会有主油压通往各换档阀；当变速杆置于 D 位时，主油压会通往 D 位、2 位和 L 位油道；当变速杆置于 2 位时，主油压会同时通往 D 位、2 位和 L 位油道与 2 位和 L 位油道；当变速杆置于 L 位时，主油压会同时通往 D 位、2 位和 L 位油道与 2 位和 L 位油道及 P 位、R 位和 L 位油道。

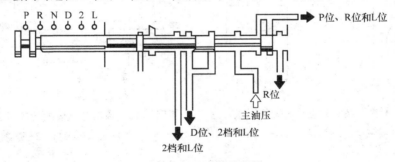

图 3-16　手动阀的结构

（4）电磁阀

电控自动变速器换档阀的工作由换档电磁阀控制（图 3-17），其控制方式有两种：一种是泄压控制，即通过开启或关闭换档阀控制油路泄油孔来控制换档阀的工作；另一种是加压控制，即通过开启或关闭换档阀控制油路进油孔来控制换档阀的工作。

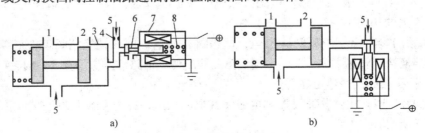

图 3-17　电磁阀的工作原理

a）泄压控制　b）加压控制

1—高档油路　2—低档油路　3—换档控制阀　4—节流孔　5—主油路　6—油阀　7—换档电磁阀　8—弹簧

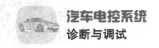

（5）节流控制阀

在自动变速器内，为改善换档质量，减轻换档冲击和延长离合器和制动器的使用寿命，在通往离合器或制动器的油路中加装了许多节流控制阀。

节流控制阀的作用有两个：一是使作用在离合器和制动器上的油压缓慢上升，以减轻接合时的冲击；二是使作用在离合器和制动器的油压泄油时尽快泄出，使分离迅速彻底，防止摩擦片分离不彻底造成的磨损。

如图 3-18 所示，当工作油液从进、排液口 1 流入进、排液口 3 时，油压使防松球 2 压靠在一个节流孔上，因此工作油液仅能流经一个节流孔 4，使流至进、排液口 3 的工作油液压力上升比较缓慢，减小了离合器和制动器接合时的冲击；当工作油液反转流动时，工作油液将防松球从受阻的节流孔处推开，泄油迅速，使离合器和制动器片能够快速分离。

（6）蓄能减振器

蓄能减振器通常用于防止离合器和制动器在接合时的冲击。

如图 3-19 所示，油压从进、排液口 1 将活塞 A 推至右端，同时将活塞 B 向下推。用此方式可减小活塞 A 上的油压冲击，防止离合器或制动器片快速接合时引起冲击；推下活塞 B 压缩弹簧时又储存了能量。

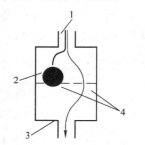

图 3-18　节流控制阀的结构与工作原理

1、3—进、排液口　2—防松球　4—节流孔

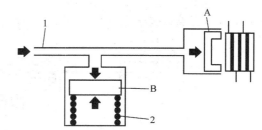

图 3-19　蓄能减振器的结构与工作原理

1—进、排液口　2—弹簧

A、B—活塞

3. 液压控制系统的工作原理

液压控制系统由两个电磁阀操纵三个换档阀实现四个档位的变换。它采用泄压控制方式。由图 3-20 可知，1—2 档换档阀和 3—4 档换档阀由电磁阀 A 控制，2—3 档换档阀由电磁阀 B 控制。电磁阀不通电时关闭泄油孔，来自手动阀的主油路压力油通过节流孔后作用在各换档阀右端，使阀芯克服弹簧力左移。电磁阀通电时泄油孔开启，换档阀右端压力油被泄空，阀芯在左端弹簧力的作用下右移。

图 3-20a 为 1 档，此时电磁阀 A 断电，电磁阀 B 通电，1—2 档换档阀阀芯左移，关闭 2 档油路；2—3 档换档阀阀芯右移，关闭 3 档油路。同时使主油路油压作用在 3—4 档换档阀阀芯右端，使 3—4 档换档阀阀芯停留在右位。

图 3-20b 为 2 档，此时电磁阀 A 和电磁阀 B 同时通电，1—2 档换档阀右端油压下降，阀芯右移，打开 2 档油路。

图 3-20c 为 3 档，此时电磁阀 A 通电，电磁阀 B 断电，2—3 档换档阀右端油压上升，阀芯左移，打开 3 档油路。同时使主油路油压作用在 1—2 档换档阀左端，并由 3—4 档换档阀阀芯左端控制油压泄空。

图 3-20d 为 4 档，此时电磁阀 A 和电磁阀 B 均不通电，3—4 档换档阀阀芯右端控制压力上升，阀芯左移，关闭直接档离合器油路，接通超速档制动器油路，由于 1—2 档换档阀阀芯左端作用着主油路油压，虽然右端有压力油作用，但阀芯仍然保持在右端不能左移。

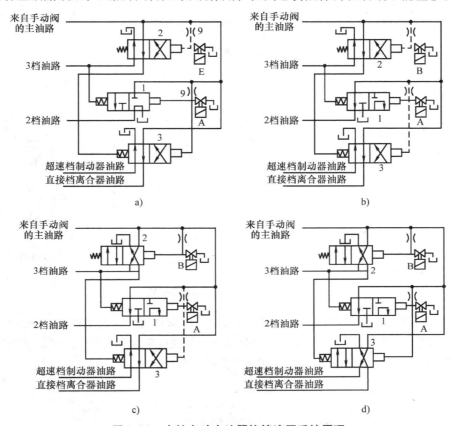

图 3-20　电控自动变速器换档液压系统原理

a）1 档　b）2 档　c）3 档　d）4 档

A、B—电磁阀　1—1、2 档换档阀　2—2、3 档换档阀　3—3、4 档换档阀

3.2.5　电子控制系统

液力自动变速器中的电子控制系统与液压控制系统配合使用，通常把它们合称为电液控制系统。

1. 电子控制系统的组成及工作原理

电子控制系统主要包括电子控制单元、各类传感器及执行器等。电子控制系统中的传感器及各种控制开关将发动机工况、车速等信号传递给电子控制单元，电子控制单元发出指令给执行器，执行器和液压系统按一定的规律控制换档执行机构，实现电控自动变速器自动换档。电子控制系统的组成如图 3-21 所示。

传感器包括节气门位置传感器（TPS）、车速传感器（VSS）、冷却液温度传感器（CTS）等；控制开关包括换档规律选择开关（或驱动模式选择开关）、超速行驶 O/D（Over-Drive）开关、空档起动开关、制动灯开关等。

微课视频
自动变速器电子 -
液压控制系统

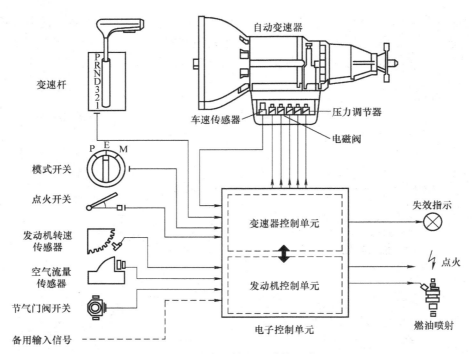

图 3-21　电子控制系统的组成

执行器包括换档电磁阀和锁止电磁阀。除此之外，液压控制系统的换档阀和锁止阀，变速系统的液力变矩器、换档离合器、换档制动器以及齿轮变速机构都是电子控制系统的执行元件。

图 3-22 给出了自动变速器电子控制系统的控制流程。

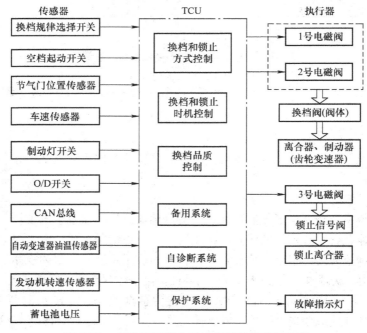

图 3-22　自动变速器电子控制系统的控制流程

（1）传感器及开关

传感器提供车速、节气门开度等信号。电子控制单元（ECU）以此为根据确定换档或锁止时机，然后将相应的控制信号输送至换档电磁阀。电磁阀既作为电子控制系统的执行元件，同时也作为液压换档系统的起始信号发生元件，用以控制液压换档阀的动作，从而完成自动变速器控制单元（TCU）下达的换档、锁止等指令。电子控制系统还带有自诊断功能，并且具有在发生故障时使车辆继续行驶的失效保护功能。

各传感器及开关的功能如下：

1）车速传感器。车速传感器用于检测自动变速器输出轴的转速。

2）节气门位置传感器和怠速开关。节气门位置传感器用于检测节气门开度，计算发动机负荷。当自动变速器控制单元（TCU）检测出怠速工况时，自动变速器控制单元（TCU）接合二档，这样可以减小作用在自动变速器上的转矩载荷，以避免交通堵塞时汽车爬行；当自动变速器控制单元（TCU）检测到踩下加速踏板时，自动变速器立即换为一档。

3）档位开关。档位开关用于向自动变速器控制单元（TCU）报告驾驶人变速杆的位置，SAE 推荐的变速杆档是 P 位、R 位、N 位、D 位、3 位、2 位、1 位，它们的含义分别如下：

> P 位（驻车档）。当变速杆挂入 P 位（驻车档）时，自动变速器在空档且其输出轴由驻车棘爪锁住。

> R 位（倒档）。选择并保持单速倒档，发动机制动有效。

> N 位（空档）。N 位（空档）与 P 位（驻车档）相同，自动变速器也在空档但其输出轴不锁止。

> D 位（前进档）。D 位（前进档）是汽车向前行驶的正常档位选择。根据估算的车速和发动机负荷，通过自动升、降档，汽车可以从停止一直加速到最高车速。当要超车时，驾驶人将加速踏板踩到底，迅速将变速杆挂入到较低的档位。

> 3 位（3 档）。3 位（3 档）与 D 位（前进档）相同，但会防止自动变速器升入 4 档。

> 2 位（2 档）。当变速杆挂入 2 位（2 档）时，自动变速器只工作在 1 档或 2 档，在下坡时提供发动机制动或者牵引时提供牵引力。

> 1 位（1 档）。当变速杆挂入 1 位（1 档）时，自动变速器工作在 1 档，以提供有力的发动机制动，在下陡坡和牵引时采用。

4）制动灯开关。制动灯开关用于检测是否进行制动。当液力变矩器锁止时进行制动，自动变速器控制单元（TCU）则取消锁止，从而实现平顺减速。

5）O/D 开关。O/D 开关即超速档开关，用于设置是否可以进入超速档。

6）自动变速器油温传感器。自动变速器油温传感器是用于检测变速器油温的传感器。自动变速器控制单元（TCU）用这一信息监视并调节极端温度下的管路油压，以便考虑在低温时的高粘度和温度过高的危险。自动变速器控制单元（TCU）跟外界进行信息交换和共享的通道是 CAN 总线，另外，还有大气压力传感器信号，它用于检测大气压力。当汽车在海拔 1500m 以上行驶时，发动机动力减小，必须修改换档点的数据。

7）冷却液温度传感器。冷却液温度传感器安装在汽车的水道上和散热器上，电子控制单元根据这一变化测得发动机冷却液的温度，温度越低，电阻越大，反之电阻越小，作为燃油喷射和点火正时的修正号。如果冷却液温度传感器检测到冷却液温度低于设定温度，发动机 ECU 会发送一个信号到 TCU 的 OD_1 端子，以防止变速器换入超速档，并防止锁止离合器工作。

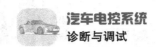

总结一下，自动变速器的输入信号通常有以下几种：

1）车速信号（转速信号）。该信号由变速器输出轴上的车速传感器产生，多用电磁型传感器，用来检测输出轴的转速。

计算机根据车速传感器的信号计算车速，并根据车速信号控制换档。如果该传感器发生故障，则变速器档位将保持在发生故障前的档位。

2）涡轮转速信号。该信号反映液力变矩器涡轮转速的大小，以便 TCU 对液力变矩器的锁止离合器进行锁止控制。

3）档位选择信号（档位传感器）。该信号由选档控制器产生，通过传感器将驾驶人选择的变速杆位置以电信号的形式传给 TCU，在发动机起动时只能选择在空档位置。由前进档转换到倒档，或者由倒档转换到前进档时，必须先经过空档位置。

此外，若发动机转速高于怠速转速，或是加速踏板被踩下，或是发动机点火开关处于 OFF 位置时，变速器不能从空档换入其他档位。

4）节气门位置信号（加速踏板位置信号）。由节气门位置传感器产生，反映发动机节气门开度的大小，该信号影响换档点。

节气门位置传感器一方面用来检测节气门的开度，作为发动机负荷大小的参考信号；另一方面反映节气门开度的变化速度，以便反映驾驶人的操作意图。

5）制动信号。制动灯开关用于判断制动踏板是否被踩下。当制动踏板被踩下时，制动灯开关输送信号给 TCU，TCU 便取消锁止离合器的锁止，确保车辆无冲击地平稳减速；同时确保变速器不能进行升档操作。

6）行驶模式选择开关信号。行驶模式选择开关一般位于变速杆上或其附近，由驾驶人操作。

（2）自动变速器控制单元（TCU）

自动变速器控制单元（TCU）对自动变速器最基本的控制功能为换档控制以及必要的自诊断和安全保护功能。随着电子控制技术的发展，对于自动变速器的控制逐渐增加了模式转换功能、液力变矩器的锁止控制以及主油路压力控制等内容，以改善自动变速器的工作性能，充分发挥汽车的动力性和燃料经济性。

1）换档时刻控制。换档时刻控制是自动变速器控制单元（TCU）最重要的控制内容之一。汽车在每一特定的行驶工况下，都应该有一个与之相对应的最佳换档时刻。自动变速器控制单元（TCU）可以让自动变速器在任何行驶条件下都按最佳换档时刻进行换档，从而使汽车的动力性和燃料经济性等指标综合起来达到最优。汽车在行驶的过程中，自动变速器控制单元（TCU）根据模式开关信号从存储器中选出相应的自动换档规律，再将由车速传感器、节气门位置传感器所测得的车速和节气门位置信号与所选择的自动换档规律进行比较，如果达到相对应的换档时机，则自动变速器控制单元（TCU）将向换档电磁阀发出电信号，由电磁阀的动作决定液压油路通往各换档阀元件中相应的换档离合器、制动器等执行元件，最终实现档位的自动变换。

图 3-23 所示为常见 4 档自动变速器的自动换档规律，具有如下特点：

① 随着节气门开度的增加，升档或降档车速增加。以 2 档升 3 档为例，当节气门开度为 2/8 时，升档车速为 35km/h，降档车速为 12km/h；当节气门开度为 4/8 时，升档车速为 50km/h，降档车速为 25km/h。在实际的换档操作过程中，一般采用缓慢松开加速踏板的方法来快速升档。

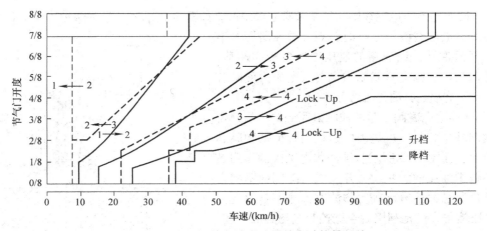

图 3-23　常见 4 档自动变速器的自动换档规律

② 升档车速高于降档车速，以免自动变速器在某一车速附近频繁升、降档而加速自动变速器的磨损。

2）换档品质控制。换档品质是指换档过程的平顺性，即换档过程能平稳而无颠簸或无冲击地进行。换档品质控制也是自动变速器控制单元（TCU）功能的基本组成部分之一。对换档过程的具体要求有两个：一个是换档过程应尽量迅速地完成，以减少由于换档时间过长而使摩擦元件的磨损增加和因换档期间输入功率低或中断而引起的速度损失；另一个是换档过程应尽量缓慢地平稳过渡，以使车速过渡圆滑，没有过高的瞬时加速度或瞬时的减速度，避免颠簸和冲击，以提高乘坐舒适性，减小传动系统的冲击载荷，延长机件的使用寿命。

3）液力变矩器锁止控制。在自动变速器控制单元（TCU）中预存着不同模式下的液力变矩器锁止程序，当车速与节气门开度信号数值达到某一预定点时，即可触发控制程序发出的指令，使相关的电磁阀工作；在液力变矩器锁止控制油路中建立油压，使锁止离合器工作；将液力变矩器转换为刚性直接传动以提高机械效率。

4）其他控制。除了前述控制换档品质控制方法外，当自动变速器控制单元（TCU）判别需要换档时，自动变速器控制单元（TCU）判别需要换档时，自动变速器控制单元（TCU）会使点火时间延时少许，用以控制发动机输出转矩，从而可以使换档的动作更加平稳。

5）自诊断与失效保护控制。当自动变速器电子控制系统中各传感器、电磁阀或有关开关发生故障时，自动变速器控制单元（TCU）通过故障指示灯提醒驾驶人，并记录相应的故障码。同时启用失效保护功能仍然可以使汽车继续行驶，例如 1 号电磁阀或者 2 号电磁阀出现故障，自动变速器控制单元（TCU）可以通过控制剩下的电磁阀使汽车仍然能够继续行驶。即使自诊断与失效保护控制都出现了故障，也仍然可以通过手动变速器使汽车行驶。

（3）电子控制系统中的执行元件

在电控液力自动变速器中，电磁阀既作为电子控制系统的执行元件，也作为液压控制系统的信号发生元件。电磁阀装于阀体，换档电磁阀的动作可控制液压控制系统中换档油路的接通位置，以使相应的换档离合器、制动器等执行元件工作，从而实现自动换档、调节主油路压力及液力变矩器锁止等功能。自动变速器上应用的电磁阀有开关式电磁阀和脉冲式电磁阀两种。

1）开关式电磁阀。开关式电磁阀主要用于开启和关闭自动变速器油路，以及控制换档阀。

开关式电磁阀通常由电磁线圈、衔铁及阀芯等组成，如图 3-24 所示。它有两种工作状态：全开或全关。当电磁线圈不通电时，阀芯被油路压力推开，打开泄油孔，该油路的液压油经电磁阀卸荷，油路压力为零；当电磁线圈通电时，电磁力使阀芯左移，关闭泄油孔，油路压力上升。

2）脉冲式电磁阀。脉冲式电磁阀的结构与开关式电磁阀基本相似，也是由电磁线圈、衔铁和阀芯等组成的，如图 3-25 所示。脉冲式电磁阀的作用是控制油路中油压的大小，与开关式电磁阀的不同之处在于控制脉冲式电磁阀工作的电信号不是恒定不变的电压信号，而是利用占空比控制电磁阀的开度，占空比越大，经电磁阀泄出的液压油就越多，油路压力也就越低；反之，占空比越小，油路压力就越高。脉冲式电磁阀一般安装在主油路或减振器背压油路中，通过自动变速器控制单元（TCU）进行控制，在自动变速器自动升、降档的瞬间或闭锁离合器闭锁及解锁动作开始时使油路压力下降，以减小换档和闭锁冲击，从而使车辆行驶更平稳。

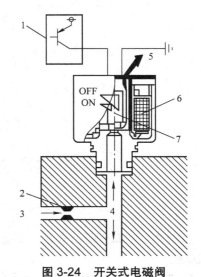

图 3-24 开关式电磁阀

1—自动变速器控制单元（TCU） 2—节流口
3—主油路 4—控制油路 5—泄油口
6—电磁线圈 7—衔铁和阀芯

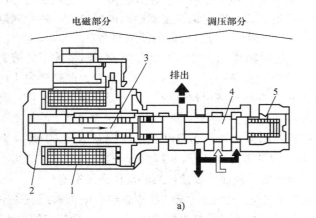

a)

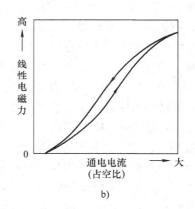

b)

图 3-25 脉冲式电磁阀

a）结构示意 b）占空比调节曲线
1—电磁线圈 2—滑阀 3—滑阀轴 4—控制阀 5—弹簧

2. 电子控制系统的主要作用

电控变速器的 TCU 具有如下功能：换档时机控制、锁止离合器控制、巡航控制信号自诊断和失效保护等。

（1）换档时机控制

电控自动变速器的 TCU 将变速杆在各个位置（D 位、2 位或 L 位）及每个行驶模式（常规或动力）下的最佳换档模式编程存入存储器中。

TCU 根据适当的换档模式以及来自车速传感器的车速信号和来自节气门位置传感器的节气

门开度信号等打开或关闭换档电磁阀。这样，TCU 通过操纵各电磁阀可以打开或关闭通往离合器及制动器的液压通道，使变速器得以换高档或低档。

（2）锁止离合器控制

TCU 将各种行驶模式下锁止离合器的工作方式编程存入存储器中，根据该锁止方式，TCU 按照车速信号及节气门开度信号等打开或关闭锁止电磁阀，锁止电磁阀改变作用于变矩器的液压通道，以接合或分离锁止离合器。

（3）巡航控制信号

如果实际车速降至设定的循环控制车速以下（大约 10km/h），则巡航控制 ECU 传递一个信号至电控变速器 TCU，命令锁止离合器分离，同时不能换入超速档。

课程育人

自动变速器最早是由美国通用汽车公司发明的，创新意识是决定一个国家、民族创新能力最直接的精神力量。亨利·福特说："不创新，就灭亡。"在今天，创新能力实际就是国家、民族发展能力的代名词。

3.3 无级变速器

20 世纪 90 年代以来，世界著名的博世、通用、福特、菲亚特、日产、富士重工、三菱、ZF 等公司先后开发成功了汽车电子控制连续可变传动比自动变速系统（Electronic Controlled Continuously Variable Transmission System，CVT），又称为电子控制无级自动变速系统或电子控制无级自动变速器，简称电子控制无级变速系统或电子控制无级变速器。国产奥迪 A4、A6、A8 等轿车都已采用电子控制无级变速系统。

无级变速器和普通自动变速器的最大区别，是它省去了复杂的齿轮组合变速传动，变速机构的核心组件是两组带轮，通过改变驱动轮与从动轮的接触半径进行变速。无级变速器的传动效率高且稳定，变速范围可达 5~6，传动效率可高达 95%，而采用液力变矩器的自动变速器传动效率只有 87% 左右，因为无级变速只需要 1 组两个带轮及金属带便可改变传动比，而不像 4 档或 5 档的变速器需要有 4~5 组齿轮。

无级变速器具有以下特点：

1）通过在发动机燃烧效率的高领域行驶，来达到提高燃油经济性。

2）变速时无冲击感，使驾驶变得很顺畅。

3）因为减少了变速时的动力损失，在行驶中可使发动机进行连续不间断的驱动力输出。

3.3.1 无级变速系统的组成

无级变速系统的组成与电子控制逐级变速系统基本相同，也是由变速系统、液压控制系统和无级变速电子控制系统三大部分组成，国产奥迪轿车电子控制无级变速系统的结构简图如图 3-26 所示。其中，液压控制系统和无级变速电子控制系统的功能、组成和结构原理与电控自动变速器大同小异，但变速系统的结构组成和变速原理却大不相同。

微课视频
无级变速系统的
组成及原理

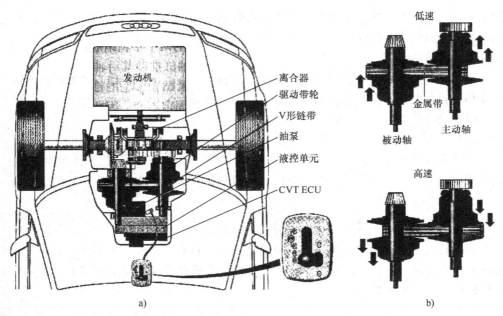

图 3-26 奥迪轿车电子控制无级变速系统结构组成简图

a）CVT 组成　b）变速传动机构

1. 无级变速系统的结构组成

无级变速器的变速系统主要由电磁离合器、齿轮传动机构、换档执行机构和变速传动机构四部分组成。

电磁离合器的功用是将发动机输出的动力直接传递到齿轮传动机构，结构原理与空调系统的电磁离合器基本相同。该功能相当于电子控制逐级变速系统的液力变矩器，因为是直接传递动力，所以必须采用锁止式液力变矩器，如图 3-27 所示。电磁离合器结构简单、控制方便，因此无级变速器采用这种结构较多。

齿轮传动机构的功用是将发动机输出的动力由电磁离合器传递到机械变速机构，并在液压控制系统和电子控制系统的控制下，配合换档执行机构（换档离合器和换档制动器）实现汽车前进和倒车的档位变换。

变速传动机构由主动带轮、从动带轮和 V 形驱动带组成，如图 3-28 所示。

（1）主动带轮与从动带轮

变速传动机构的主动带轮和从动带轮都是由制有锥面的两个半轮组成。其中，一个半轮是固

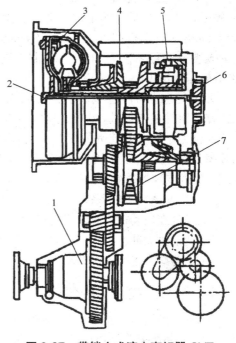

图 3-27 带锁止式液力变矩器 CVT

1—差速器　2—输入轴　3—锁止式液力变矩器
4—主动轮　5—正倒转机构　6—油泵　7—从动轮

定的（即固定半轮），另一个半轮可以通过伺服液压缸推动其沿轴向移动（即滑动半轮）。每对半轮之间构成的槽为 V 形槽，V 形驱动带能够紧贴在带轮的锥面上。主动带轮轴（输入轴）轴线与从动带轮轴（输出轴）轴线之间的距离固定不变，因此，主动轮与从动轮之间的传动比取决于驱动带与主动轮和从动轮的传动半径（即接触半径）。当液压控制机构推动滑动半轮轴向移动时，滑动半轮与固定半轮之间的轴向相对位置发生改变，主动轮与从动轮的传动半径发生变化，从而改变主动轮与从动轮之间的传动比。

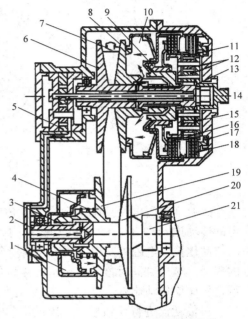

（2）V 形驱动带

V 形驱动带是无级变速器的关键部件。V 形驱动带简称 V 形带，主要由多条柔性钢带和多块金属片组成，结构与连接关系如图 3-29 所示。

一条 V 形带由 2~11 条柔性钢带和 300 片左右金属块组成，总长约 600mm。其中，每条柔性钢带厚约 0.18mm；每块金属片厚约 2mm，宽约 25mm，高约 12mm。

金属片为"工"字形，夹紧在两侧钢带之间，如图 3-29b 所示。"工"字下横部分（钢带下面）的金属片侧面为斜面，该斜面与带轮的锥面相接触，如图 3-29c 所示。金属片加在滑动半轮与固定半轮之间，并利用金属片斜面与带轮锥面之间的摩擦力传递动力。柔性钢带起到连接与保持作用。

图 3-28 无级变速传动机构的结构

1—从动轮伺服液压缸　2—从动轮轴　3—花键和滚珠
4—复位弹簧　5—齿轮泵　6—主动轮固定半轮
7—金属带　8—主动轮滑动半轮
9—前进档离合器活塞　10—主动轮伺服液压缸
11—齿圈　12—行星齿轮　13—太阳轮　14—输入轴
15—行星齿轮架　16—前进档离合器
17—倒档制动器活塞　18—倒档制动器
19—从动轮滑动半轮　20—从动轮固定半轮
21—输出轴小齿轮

（3）变速传动机构无级变速原理

汽车电子控制无级变速器的传动比是连续变化的，传动比变化曲线为连续平滑的曲线，其无级变速原理是：电子控制系统的执行元件（控制传动比的电磁阀），通过逐渐改变 V 形带滑动半轮伺服液压缸的压力，使滑动半轮移动的位移量逐渐改变，从而使主动带轮和从动带轮的传动半径逐渐改变来实现无级变速，原理如图 3-30 所示。

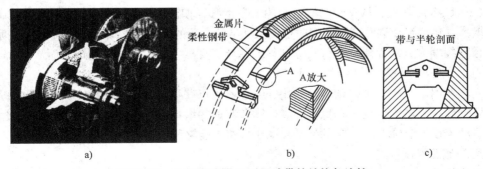

a)　　　　　　　　　　　　　　b)　　　　　　　　　　　　　　c)

图 3-29 无级变速器 V 形驱动带的结构与连接

a）带与半轮的连接　b）V 形带的结构　c）带与半轮的接触面

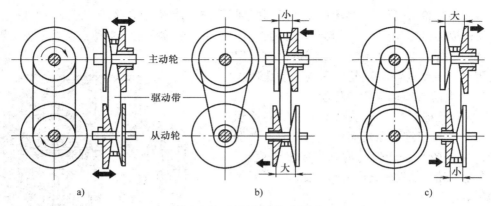

图 3-30 无级变速传动原理

a）$i = 1$　b）$i = 0.385$　c）$i = 2.47$

当无级变速器电子控制单元（CVT ECU）根据各种传感器信号从传动比数据 MAP 中查询确定的传动比 $i = 1$ 时，CVT ECU 分别向主动轮滑动半轮的传动比控制电磁阀和从动轮滑动半轮的传动比控制电磁阀发出占空比控制指令，电磁阀再控制液压阀调节两个滑动半轮伺服液压缸的压力，液压缸同时推动两个滑动半轮位移到主、从动轮传动半径相等的位置，如图 3-30a 所示，从而使传动比 $i = 1$。CVT ECU 还可根据变速器输出轴转速传感器信号（即车速传感器信号）对传动比进行反馈控制，通过调节电磁阀控制信号的占空比，修正滑动半轮的位移量，使传动比精确控制在 CVT ECU 查询确定的数值。

当 CVT ECU 根据各种传感器信号从传动比数据 MAP 中查询确定的传动比 $i < 1$ 时，CVT ECU 将控制主、从动轮的滑动半轮向左滑移，如图 3-30b 所示，使主动半轮之间的距离减小、传动半径增大；同时也使从动半轮之间的距离增大、传动半径减小，从而使汽车行驶速度升高。在 CVT ECU 改变占空比大小控制电磁阀时，电磁阀电流连续变化，电磁阀控制伺服液压缸的压力也连续变化，使滑动半轮连续向左滑移，主动轮和从动轮的传动半径亦连续变化。当主动轮传动半径逐渐增大，因为主动轮轴（输入轴）轴线与从动轮轴（输出轴）轴线之间的距离固定不变，所以从动轮传动半径逐渐减小，使传动比逐渐减小。由于主、从动轮半径连续变化，因此，所形成的传动比也连续无级的减小，直到主动轮半径达到最大而从动轮半径达到最小为止，相当于汽车处于高档加速行驶。

同理可知，当 CVT ECU 根据各种传感器信号从传动比数据 MAP 中查询确定的传动比 $i > 1$，CVT ECU 将控制主、从动轮的滑动半轮向右滑移，如图 3-30c 所示，使主动半轮之间的距离逐渐增大、传动半径逐渐减小；同时也使从动半轮之间的距离逐渐减小、传动半径逐渐增大，传动比也连续增大，从而使汽车行驶速度逐渐降低，直到主动轮半径达到最小而从动轮半径达到最大为止，相当于汽车处于低档减速行驶。

汽车起步时，主动轮的传动半径较小，变速器可以获得较大的传动比，保证驱动桥具有足够大的驱动转矩，从而保证汽车稳定起步。随着车速的增加，主动轮的传动半径逐渐增大，从动轮的传动半径逐渐减小，CVT 的传动比减小，汽车能够稳步加速行驶。

2. 无级液压控制系统

以本田飞度汽车无级变速器为例，液压控制系统由油泵、控制阀体、主阀体和手动阀体等组成。

（1）油泵

油泵由螺栓固定在主阀体上，为转子泵，内转子由变速器输入轴驱动旋转，内转子带动外转子转动向外泵油，为变速器提供工作油压。

（2）控制阀体

控制阀体由主动带轮压力控制阀、从动带轮压力控制阀、主动带轮电磁阀、从动带轮电磁阀和起步离合器电磁阀等组成，如图3-31所示。主动带轮电磁阀调节主动带轮压力控制阀的控制油压，使主动带轮压力控制阀输出不同的油压，改变主动带轮的有效直径。从动带轮电磁阀调节从动带轮压力控制阀的控制油压，使从动带轮压力控制阀输出不同的油压，改变从动带轮的有效直径，从而使变速器的传动比连续变化。起步离合器电磁阀直接调节起步离合器的油压，使起步离合器在汽车起步时逐渐接合。

（3）主阀体

主阀体内由PH调节阀、PH控制换档阀、离合器减压阀、换档锁止阀、起步离合器蓄压阀、起步离合器换档阀、起步离合器后备阀和润滑阀等组成，如图3-32所示。PH调节阀即主油路压力调节阀，它依据PH控制换档阀提供的PH控制压力进行调节。

主油路控制油压阀根据带轮电磁阀提供的油压，调节主油路调压阀的控制油压，使主油路调压阀输出主油路油压，主油路油压通过带轮压力调节器调节后进入带轮，同时也分别进入润滑阀、离合器减压阀、起步离合器后备阀等。离合器减压阀降低输入油压，为离合器、制动器及带轮电磁阀提供工作油压。润滑阀降低输入油压，为带轮、离合器、钢带等提供润滑油压。起步离合器蓄压阀缓冲起步离合器油压，使起步离合器接合柔和。换档限止阀、起步离合器换档阀、起步离合器后备阀等的作用是为了当电子控制系统出现故障时，对起步离合器进行液压控制。

（4）手动阀体

手动阀体由手动阀、倒档限止阀等组成，如图3-33所示。手动阀有P位、R位、N位、

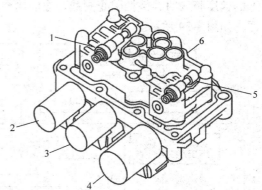

图3-31　控制阀体

1—主动带轮控制阀　2—主动带轮压力控制阀
3—从动带轮压力控制阀　4—起步离合器压力控制阀
5—从动带轮控制阀　6—阀体

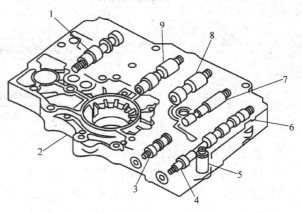

图3-32　主阀体

1—润滑阀　2—主阀体　3—PH控制换档阀
4—起步离合器后备阀　5—起步离合器蓄压阀
6—换档锁止阀　7—离合器减压阀
8—起步离合器换档阀　9—PH调节阀

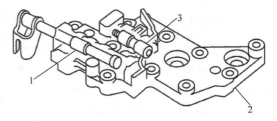

图3-33　手动阀体

1—手动阀　2—阀体　3—倒档锁止阀

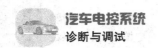

D位、S位、L位位置，它主要切换进入前进离合器和倒档制动器的油路，使前进档离合器或倒档制动器工作。倒档限止阀由倒档限止电磁阀提供的倒档锁止压力进行控制，当车辆以10km/h以上的速度行驶时，倒档限止阀截止通向倒档制动器的液压回路，以防止误挂倒档。其液压控制框图如图3-34所示。

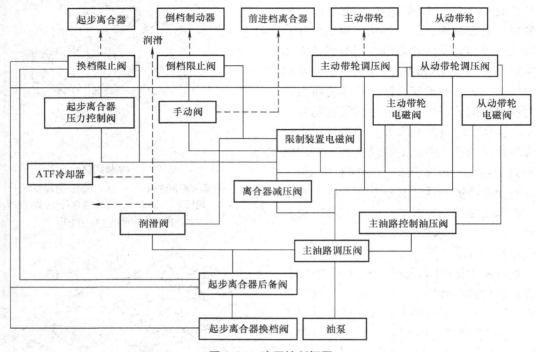

图3-34　液压控制框图

3. 无级电子控制系统

图3-35所示为电液控制无级变速器的电子控制系统。系统中包括电磁离合器的控制和带轮无级变速控制。传动比由发动机节气门信号和主动带轮转速决定，TCU根据发动机的转速、车速、节气门位置、换档控制器信号控制电磁离合器，以及控制带轮上伺服液压缸的压力，实现无级变速。

3.3.2　无级变速系统的控制原理

无级变速系统的控制项目主要有控制电磁离合器、带轮油压和传动比。传动比控制流程为传感器→CVT ECU→电磁阀→液压控制阀→滑动半轮位移→传动半径改变→传动比连续变化。

目前，确定无级变速器传动比（即变速比或速比）的方法有两种，一种是由曲轴位置传感

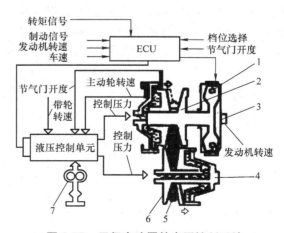

图3-35　无级变速器的电子控制系统

1—电磁离合器　2—主动带轮　3—输入轴　4—输出轴
5—钢带　6—从动带轮　7—油泵

器提供的发动机转速信号（或主动带轮转速传感器信号）和反映发动机负荷大小的加速踏板位置信号（柴油机或汽油机）或节气门位置传感器信号（汽油机）、空调开关信号等决定；另一种是由主、从动轮转速信号和加速踏板位置信号决定。后者引入主、从动轮转速信号直接控制传动比，主、从动轮的滑动半轮分别进行控制，其控制方法更加灵活，控制原理如图 3-36 所示。

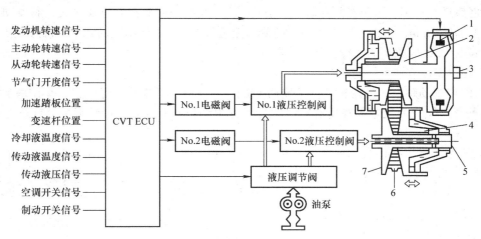

图 3-36 电子控制无级变速系统 CVT 的控制原理

1—电磁离合器 2—主动轮固定半轮 3—输入轴 4—从动轮滑动半轮 5—输出轴 6—驱动带 7—从动轮固定半轮

在电子控制无级变速系统 CVT 中，传动比数据 MAP 预先试验测定并存储在 CVT ECU 的 ROM 之中。发动机起动后，CVT ECU 首先根据变速杆位置（一般 CVT 只设有 P 位、R 位、N 位、D 位四个位置）信号判定是否控制变速。

当 CVT ECU 接收到变速杆 P 位和 R 位位置信号时，立即控制电磁离合器接合，然后根据各种传感器信号从传动比数据 MAP 中查询确定传动比，再向电磁阀发出占空比控制指令，电磁阀控制液压控制阀动作，通过调节滑动半轮伺服液压缸的压力，改变滑动半轮移动的位移量，使主带轮和从带轮的传动半径改变，将传动比控制在最佳数值。

3.4 电控自动变速器的检修

自动变速器的检修是一项非常复杂的工作，需要按照一定的操作顺序进行。在拆卸自动变速器时，需要注意将各个机械结构进行清洗、液压管路提前放油，检查电子元件时，需要先将蓄电池负极接线柱取下，防止电子元件损坏。

自动变速器的检测、试验应从诊断故障和确定修理部位的目的出发，先进行性能试验，以确定其故障范围，为进一步的修理提供依据。自动变速器在修理完毕后，也应进行全面的性能检查。修后检查是为了鉴定修理质量，检验自动变速器的各项性能指标是否达到标准要求。

3.4.1 自动变速器油位的检查

自动变速器的油量不足、油质不佳、联动机构调节不当以及发动机怠速不正常，是引起自动变速器产生故障的最常见原因。通常把对这些部件的检查与重新调整，叫做自动变速器的基本检查。基本检查项目包括：油面检查、油质检查、液压控制系统漏油检查、节气门拉索检查

和调整、变速杆位置检查和调整、空档起动开关和怠速检查。

1. 油量检查

在对变速器进行检查前或故障诊断前，首先要对变速器油面高度进行检查，一般在车辆行驶 1 万 km 后检查油液面。需要注意的是，在拉出油尺之前，应将护罩及手柄上的脏东西都擦干净。之后进行热车，汽车必须停放在水平路面上，把变速杆放在 P 位或 N 位，将发动机在怠速时至少运转 1min，这样才能确保在差速器和变速器之间的油面高度的稳定。检查应在油液正常工作温度（50~90℃）时进行。检测步骤为：

1）将汽车停放在水平地面上。

2）踩住制动踏板，将变速杆拨至倒档（R 位）、前进档（D 位）等位置，并在每个档位上停留几秒钟，使液力变矩器和所有换档执行元件中都充满液压油。最后将变速杆拨至驻车档（P 位）。

3）从加油管内拔出自动变速器油尺，液面应在 COOL 的范围之内，如图 3-37 的 A 区域所示。

4）发动机怠速运转 1min 以上，重复步骤 2），之后抽出油尺，液面应在 HOT 的范围之内，如图 3-37 的 B 区域所示。

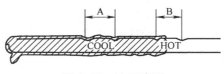

图 3-37　油尺液面

2. 油质检查

检查油位的同时要注意检查油液品质，判断油液品质可以从颜色、气味和是否含有杂质等方面入手。变速器在正常工作温度下一般能行驶约 5 万 km 或 24 个月，影响油液和变速器使用寿命的最重要因素之一是油液的温度，而影响油液温度的主要因素是液力变矩器有故障，离合器、制动器滑转或分离不彻底，单向离合器滑转和油冷却器堵塞等，所以油液温度过高或急剧上升是十分重要和危险的信号，说明自动变速器内部有故障或油量不够。若发现温度过高，应当立即停车检查。

1）颜色。不同厂家、不同品牌的自动变速器油的颜色不尽相同，若液压油呈棕色，说明已变质。

2）气味与状态。从油尺上嗅一嗅油液的气味，在手指上点少许油液，用手指互相摩擦看是否有渣粒。若变速器油有焦味，说明油液已变质，需要立即更换。

3. 油压检查

我们以大众车系为例，检测油压时，首先需要使用 VAS 系列工具检查汽车无故障，ATF 液面正常，油温为 60℃左右，之后使用 VAG1702 油压表检测自动变速器主油管的油压。当变速杆处于 D 位时，怠速状态下测量的主油压正常值为 3.4~3.8bar（1bar≈0.1MPa）之间；当变速杆处于 R 位时，怠速状态下测量的主油压正常值为 5~6bar 之间。

3.4.2　自动变速器联动机构的检查

自动变速器联动机构若调节不当，将会使自动变速器无法正常运行，主要的检查有：

1. 节气门拉索的检查

若节气门拉索（图 3-38）调整不当，对于液力控制自动变速器来说，会导致换档时刻不正常，造成过早或过迟换档，使汽车加速性能变差，并且产生换档冲击；对于电子控制自动变速器，将导致主油路压力异常，造成油压过高或过低，使换档执行元件打滑。

节气门的开度会影响自动变速器的换档时间，当完全踩下加速踏板时，节气门应全开；当发动机熄火后，节气门应完全关闭。节气门拉索的索芯不应松弛，如图 3-39 所示，索芯上限位与索套之间的距离应在 0~1mm 之间。

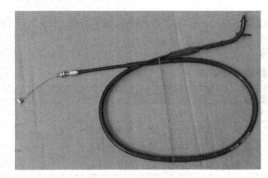

图 3-38　节气门拉索

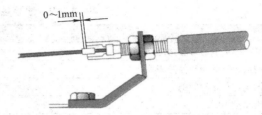

图 3-39　索芯上限位与索套之间的距离示意

节气门拉索的调整步骤为：

1）推动加速踏板连杆，检查节气门是否全开，如节气门不全开，则应调加速踏板连杆，确定无误后将加速踏板踩到底。

2）拧松调整螺母。

3）调整节气门拉索。

4）拧松调整螺母，使橡皮套与拉索止动器间的距离为 0~1mm。

5）拧紧调整螺母，重新检查调整情况。

2. 变速杆的检查

变速杆调整不当，会使变速杆的位置与自动变速器阀板中手动阀的实际位置不符，造成挂不进停车档或前进低档，或变速杆的位置与仪表板上档位指示灯的显示不符，甚至造成在空档或停车档时无法起动发动机。调整步骤为：

1）拆下变速杆与自动变速器手动阀摇臂之间的连接杆。

2）将变速杆拨至空档位置。

3）将手动阀摇臂向后拨至极限位置（停车档位置），然后再退回 2 格，使手动阀摇臂处于空档位。

4）稍微用力将变速杆靠向 R 位方向，然后连接并固定变速杆与手动阀摇臂之间的连杆。

3. 档位开关的检查

将变速杆拨至各个档位，检查档位指示灯与变速杆位置是否一致、P 位和 N 位时发动机能否起动，R 位时倒档灯是否亮起。发动机应只能在空档（N 位）和驻车档（P 位）起动，其他档位不能起动，若有异常，应调节空档起动开关螺栓和开关电路。

1）松开档位开关的固定螺钉，将变速杆放到 N 位。

2）将槽口对准空档基准线。有些自动变速器的档位开关外壳上刻有一条基准线，调整时应将基准线和手动阀摇臂轴上的槽口对齐，另外一些自动变速的档位开关上有一个定位孔，调整时应使摇臂上的定位孔和档位开关上的定位孔对准。

3）档位开关的位置调整完毕后重新进行固定。

3.4.3　自动变速器内部结构的检查

自动变速器内部的检查主要是油泵、阀体、离合器以及制动器的检查。

1. 油泵的检查

油泵检修项目主要有油泵内齿轮外圈与壳体间隙、齿顶与月牙板间隙、齿轮端间隙、壳体衬套内径、转子轴套前端直径、转子轴套后端直径，相关参数参考标准如表3-2所示。

表 3-2　油泵各项参数参考标准

参　数	标　准
油泵固定螺钉拧紧力矩	8N·m
内齿轮外圈与壳体的间隙	一般为 0.07~0.15mm，最大间隙 0.3mm
齿顶与月牙板间隙	一般为 0.11~0.14mm，最大间隙 0.3mm
齿轮端间隙	一般为 0.02~0.05mm，最大间隙 0.1mm

2. 阀体的检查

如图 3-40 所示，检查电磁阀是否工作正常，是否有偏磨泄漏，各滑阀是否卡滞、磨损等，并清洗干净，装配完好。

3. 检查离合器

检查离合器是否泄漏，密封良好。检查摩擦片是否烧焦、颜色发黑、是否弯曲变形，摩擦片上是否有数字记号，记号磨掉后也必须更换。检查钢片是否磨损、变形以及烧蚀等。

图 3-40　自动变速器阀体

3.4.4　自动变速器综合故障的检修

自动变速器在使用过程中，随着技术状况的不断下降会出现一系列故障。常见的故障会通过一定的现象特征表现出来，由于不同车型的结构有所不同，其故障原因会有所差异，但故障产生的常见原因和诊断排除方法是基本相同的。

1. 自动变速器打滑故障的检修

（1）故障现象

起步时踩下加速踏板，发动机转速很快升高但车速升高缓慢。行驶中踩下加速踏板加速时，发动机转速升高但车速没有很快提高。平路行驶基本正常，但上坡无力，且发动机转速很高。

（2）故障原因

1）自动变速器液压油不足。

2）离合器摩擦片、制动带磨损或烧焦。

3）油泵损坏，不工作。

4）单向离合器打滑。

5）离合器活塞密封圈损坏，导致漏油。

（3）故障诊断与检修

1）检查其液压油的油面高度和品质。若油面过低或过高，应先调整至正常后再做检查。

若油面调整正常后自动变速器不再打滑，可不必拆修自动变速器。若液压油呈棕黑色或有烧焦味，说明离合器或制动器的摩擦片或制动带有烧焦，应拆修自动变速器。

2）道路试验，检查出现打滑的档位和打滑的程度。将变速杆拨入不同的位置，让汽车行驶。若自动变速器升至某一档位时发动机转速突然升高，但车速没有相应地提高，即说明该档位有打滑。

3）拆卸分解之前，应先检查自动变速器的主油路油压，若主油路油压正常，则只要更换磨损或烧焦的摩擦元件。若主油路油压不正常，相应地对油泵或阀板进行检修，并更换自动变速器的所有密封圈和密封环。

2.汽车不能行驶故障的检修

（1）故障现象

无论变速杆位于倒档、前进档或前进低档，汽车都不能行驶或冷车能行驶一小段路程，但热车不能行驶。

（2）故障原因

1）自动变速器液压油不足。

2）主油路堵塞或严重泄漏。

3）油泵损坏，不工作。

4）手动阀保持在空档或停车档位置。

（3）故障诊断与检修

1）检查自动变速器内有无液压油。其方法是：拔出自动变速器的油尺，观察油尺上有无液压油。若油尺上没有液压油，说明自动变速器内的液压油已漏光，应检查是否油底壳、液压油散热器、油管等处有破损而导致漏油。如有严重漏油处，应修复后重新加油。

2）检查自动变速器变速杆与手动阀摇臂之间的连杆或拉索有无松脱。如有松脱，应予以装复，并重新调整好变速杆的位置。

3）拆下主油路测压孔上的螺塞，起动发动机，将变速杆拨至前进档或倒档位置，检查测压孔内有无液压油流出。若测压孔内有大量液压油喷出，说明主油路油压正常，故障出在自动变速器中的输入轴、行星齿轮排或输出轴，应拆检自动变速器。

3.换档冲击过大故障的检修

（1）故障现象

在起步时，由停车档或空档挂入倒档或前进档时，汽车振动较严重。行驶中，在自动变速器升档的瞬间，汽车有较明显的闯动。

（2）故障原因

1）节气门拉索或节气门位置传感器调整不当，使主油路油压过高。

2）真空式节气门阀的真空软管破裂或松脱。

3）主油路调压阀有故障，使主油路油压过高。

4）电子控制系统故障，油压电磁阀不工作。

（3）故障诊断与检修

1）检查发动机怠速，一般为850r/min左右。检查节气门拉索或节气门位置传感器的调整情况。检查真空式节气门阀的真空软管。如有破裂，应更换；如有松脱，应重新连接。

2）道路试验，如果有升档过迟的现象，则说明换档冲击大的故障是升档过迟所致。如果在升档之前发动机转速异常升高，导致在升档的瞬间有较大的换档冲击，则说明离合器或制动器打滑，应分解自动变速器，予以修理。

3）检测主油路油压，根据测量结果进行检修。检查阀板，检查油压电磁阀的线路以及油压电磁阀工作是否正常、TCU是否在换档的瞬间向油压电磁阀发出控制信号。

4. 升档过迟故障的检修

（1）故障现象

汽车行驶中，升档车速明显高于标准值。升档前发动机转速偏高，必须采用松加速踏板提前升档的操作方法，才能使自动变速器升入高档或超速档。

（2）故障原因

1）节气门拉索或节气门位置传感器调整不当，使主油路油压过高。

2）调速器卡滞。调速器壳体螺栓松动或输出轴上的调速器进出油孔处的密封环磨损，导致调速器油路泄漏。

3）主油路调压阀有故障，使主油路油压过高。

4）强制降档开关短路、TCU或传感器有故障。

（3）故障诊断与检修

1）先进行故障自诊断。如有故障码，则按所显示的故障码查找故障原因。

2）检查节气门拉索或节气门位置传感器的调整情况。测量节气门位置传感器的电阻。检查强制降档开关。如有短路，应予以修复或更换。

3）测量怠速时的主油路油压，并与标准值进行比较。若油压太高，应通过节气门拉索或节气门位置传感器予以调整。采用真空式节气门阀的自动变速器，应采用减少节气门阀推杆长度的方法予以调整。若调整无效，应拆检主油路调压阀或节气门阀。

4）把驱动轮架空，然后起动发动机，挂上前进档，让自动变速器运用举升器将汽车升转，同时测量调速器油压。调速器油压应能随车速的升高而增大。将不同转速下测得的调速器油压与标准值进行比较。若油压值低于标准值，说明调速器有故障或调速器油路有泄漏。若调速器油压正常，则升档过迟的故障原因为换档阀工作不良。对此，应拆检或更换阀板。

5. 电子控制系统的检修

自动变速器的电子控制系统如果出现了故障，需要使用专业的故障诊断仪来进行检测。其诊断检修步骤如下：

1）关闭点火开关，找到仪表板下方的自诊断接口，将故障诊断仪的插头连接诊断插座。

2）汽车上电但不起动发动机，检查仪表板上的故障指示灯是否点亮。

3）根据被检测汽车选择车型、类别等信息，进入"自动变速器系统"，之后读取相关故障码，根据故障码信息进行诊断维修，排除故障后，需要消除故障码。

4）读取相关数据流，实时监测电控单元的工作状态，例如变速器油温度、离合器机油、转矩、压力值等信息，并与标准值对比。

5）诊断某一执行元件及其控制线路故障时，可用"动作测试"来检查，点击"执行元件测试"，在动作测试单元内选择要检查的项目，在选择的项目内点击"开始"，正常情况下，被检测的元件会动作。如果被检查元件未动作，则表明故障原因可能是执行器本身或者其控制线路。

项目 4
安全行驶电控系统

任务描述

　　李先生的爱车是奔驰品牌的，装配 W220 底盘，某天该车仪表板灯光系统报警，中央控制面板的悬架升高按键上的 LED 灯不停闪烁。请你帮他诊断故障原因并清除故障。

学习目标

1. 能正确描述防抱死制动系统（ABS）的结构组成和工作原理。
2. 能正确描述 ASR 的结构组成和工作原理。
3. 能正确描述 ESP 的结构组成和工作原理。
4. 能正确描述 EBD 的特点和组成原理。
5. 能正确描述 EPS 的结构组成和工作原理。
6. 能正确描述 CCS 的组成和工作原理。
7. 能正确描述汽车雷达防碰撞系统的工作原理。
8. 能正确描述电控空气悬架系统的功能、分类、结构和工作原理。

 知识与技能点清单

序号	学习目标	知识点	技能点
1	能正确描述 ABS 的结构组成和工作原理	1.ABS 的结构组成 2.ABS 的工作原理	能正确描述 ABS 的结构组成和工作原理
2	能正确描述 ASR 的结构组成和工作原理	1.ASR 的结构组成 2.ASR 的工作原理	能正确描述 ASR 的结构组成和工作原理
3	能正确描述 ESP 的结构组成和工作原理	1.ESP 的结构组成 2.ESP 的控制原理	能正确描述 ESP 的结构组成和工作原理
4	能正确描述 EBD 的特点和组成原理	1. 能正确描述 EBD 的特点 2. 能正确描述 EBD 的组成原理	能正确描述 EBD 的特点和组成原理
5	能正确描述 EPS 的结构组成和工作原理	1.EPS 的结构组成 2.EPS 的控制原理	能正确描述 EPS 的结构组成和工作原理
6	能正确描述 CCS 的组成和工作原理	1. 能正确描述 CCS 的组成 2. 能正确描述 CCS 的工作原理	能正确描述 CCS 的组成和工作原理
7	能正确描述汽车雷达防碰撞系统的工作原理	1. 能正确描述汽车电磁波雷达防碰撞系统的工作原理 2. 能正确描述汽车激光扫描雷达防碰撞系统的工作原理 3. 能正确描述汽车超声波雷达倒车防碰撞系统的工作原理	能正确描述汽车雷达防碰撞系统的工作原理
8	能正确描述电控空气悬架系统的功能、分类、结构和工作原理	1. 能正确描述电子控制空气悬架系统的功能 2. 能正确描述电子控制悬架系统的分类 3. 能正确描述电子控制空气悬架系统的结构和工作原理	能正确描述电控空气悬架系统的功能、分类、结构和工作原理

学习信息

4.1 防抱死制动系统

防抱死制动系统的英文名称是 Anti-lock Braking System 或 Anti-skid Braking System，缩写均为 ABS。ABS 作为汽车制动的重要系统，能够在汽车高速行驶的状况下依然保持良好的制动性能，通过 ECU 控制制动压力调节器的方式来对车轮实施点制动，防止车轮抱死，极大地提升了汽车行驶的安全性能。

ABS 是在常规制动系统（液压制动系统或气压制动系统）的基础上，增设一个电子控制系统而构成，即防抱死制动系统是由制动压力调节系统和防抱死制动电子控制系统两个子系统组成。

4.1.1　ABS 的结构组成

防抱死制动电子控制系统由传感器、防抱死制动电子控制单元（ABS ECU）、制动总泵、制动压力调节器、ABS 指示灯和制动灯开关等组成，如图 4-1 所示，控制部件的安装位置如图 4-2 所示。ABS 采用的传感器有轮速传感器与减速度传感器两种。此外，制动压力调节器既是电子控制系统的执行元件，也是制动压力调节系统的始控元件。

微课视频
防抱死
制动系统

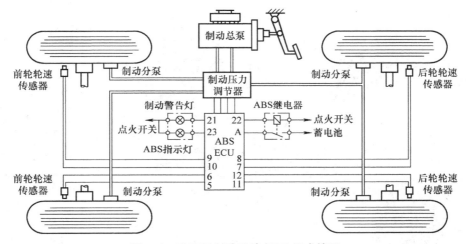

图 4-1　防抱死制动系统 ABS 组成简图

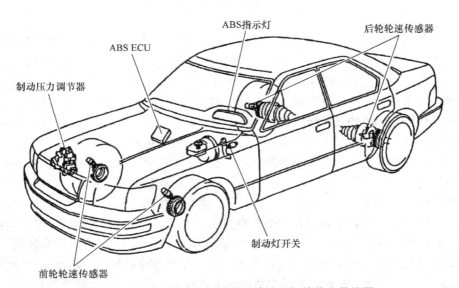

图 4-2　防抱死制动电子控制系统控制部件的安装位置

1. 传感器

（1）轮速传感器

车轮速度传感器简称轮速传感器。轮速传感器是 ABS 必需的传感器，其功能是检测车轮运动状态，将车轮转速变换为电信号输入 ABS ECU，以便 ABS ECU 计算车轮速度。一个防抱死制动系统设有 2~4 只轮速传感器，如图 4-3 所示，轿车一般采用 4 只，载货汽车一般采用 2 只。

轮速传感器一般安装在车轮附近的静止部件（如转向节、半轴套管、悬架构件、主减速器、变速器等）上，如图 4-4 所示，不随车轮转动。

图 4-3　轮速传感器

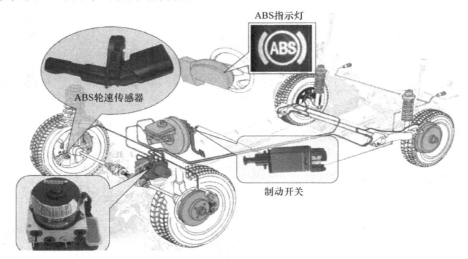

图 4-4　轮速传感器安装位置

根据极轴形状的不同分为凿式、菱形、柱式三种类型，不同形状的传感器头相对于齿圈的安装方式也不同。凿式极轴车速传感器头轴向相切于齿圈安装（图 4-5）；菱形极轴车速传感器头一般径向垂直于齿圈安装（图 4-6）；柱式极轴车速传感器头轴向垂直于齿圈安装。磁感应式轮速传感器是由永磁铁心和线圈组成。磁力线从磁芯的一极出来，穿过齿圈和空气，返回到磁芯的另一极。由于传感器的线圈围绕在磁芯上，因此，这些磁力线也会穿过线圈。当车轮旋转时，与车轮同步的齿圈（转子）随之旋转，齿圈上的齿和间隙依次快速经过传感器的磁场，其结果是改变了磁路的磁阻，从而导致线圈中感应电势发生变化，产生一定幅值、频率的电势脉冲。其中脉冲的频率，即每秒钟产生的脉冲个数，反映了车轮旋转的快慢。

轮速传感器主要有光电式、电磁式、霍尔式，电磁式轮速传感器的工作原理与曲轴位置传感器相同，其输出信号的幅值随着转速变化而变化。如图 4-7 所示，车速较低时，其输出信号电压较低，并且频率响应不高，当转速较高时，其输出信号电压升高，并且频率较快。

霍尔式轮速传感器由霍尔元件和齿圈组成，其工作原理与霍尔式凸轮轴位置传感器相同，如图 4-8 所示，主要利用齿圈旋转过程中间隙的不断变化，测量出一个脉冲信号，通过频率的快慢即可辨别出车轮的转速。

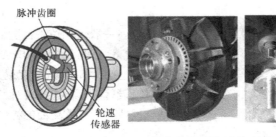

图 4-5 轮速传感器的轴向安装

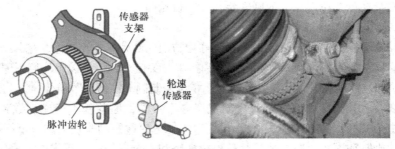

图 4-6 轮速传感器的径向安装

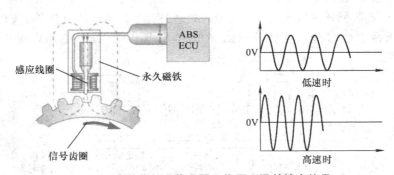

图 4-7 电磁式轮速传感器工作原理及其输出信号

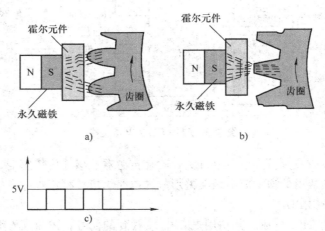

图 4-8 霍尔式轮速传感器工作原理及其输出信号

a）霍尔元件磁场较弱 b）霍尔元件磁场较强 c）输出信号

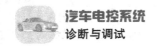

（2）减速度传感器

减速度传感器分为纵向减速传感器和横向减速传感器。一般仅在控制精度较高的 ABS 中采用，功能是检测汽车的减速度大小，并且转换为电信号输入 ABS ECU，以供 ABS ECU 判别路面状况并采取相应的控制措施。当汽车在高附着系数路面上制动时，减速度很大；在低附着系数路面上制动时，减速度很小，ABS ECU 根据减速度传感器信号就可判断路面状况。例如，当判定汽车是在附着系数很小的冰雪路面上行驶时，就会按低附着系数路面的控制方式进行控制，以使制动性能提高。

减速度传感器的结构形式有光电式、水银式、差动变压器式以及半导体式等。安装位置依车而异，有的安装在行李舱内，有的则安装在发动机舱内。

2. 防抱死制动电子控制单元（ABS ECU）

防抱死制动电子控制单元（ABS ECU）又称为防抱死制动电子控制器，是 ABS 的控制中枢。其主要功用是接收轮速传感器、减速度传感器和控制开关信号，根据设定的控制逻辑，计算汽车的轮速、车速、加减速度和滑移率，并输出控制指令控制制动压力调节器等执行元件工作。

不同车系的 ABS ECU 内部电路及控制程序各不相同，但其基本组成大致相同，如图 4-9 所示，主要由主控 CPU、辅控 CPU、稳压模块电路、电磁阀驱动模块电路、电磁阀电源模块电路、回油泵电动机驱动模块电路、信号处理模块电路和安全保护电路等组成。ABS ECU 采用了两个微处理器（CPU），其中一个为主控 CPU，另一个为辅控 CPU，主要目的是保证 ABS 的安全性。两个 CPU 接收同样的输入信号，在运算处理过程中，通过信号对两个 CPU 的处理结果进行比较。如果两个 CPU 处理结果不一致，CPU 立即发出控制指令使 ABS 退出工作，防止系统发生逻辑错误。

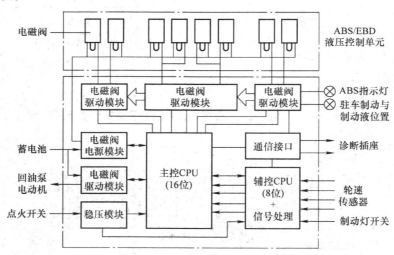

图 4-9　ABS ECU 电路组成

信号处理电路接收点火开关、制动开关、轮速传感器、减速度传感器、液位开关等传来的电信号，信号处理模块由低通滤波电路与整形放大电路组成，将接收的电信号进行处理后，传递给主控 CPU 和辅控 CPU。

计算电路主要由 CPU 构成。其功用是 CPU 接收到的信号，按照预先编制的程序进行数学计算和逻辑判断，形成相应的控制指令。例如：计算电路按照设定的程序，根据轮速传感器输入的轮速信号，计算出车轮瞬时速度，然后得出加（减）速度、初始速度、参考车速和滑移率，最后根据加、减速度和滑移率形成相应的控制指令，再向电磁阀控制电路输出制动压力"降低"、"保持"或"升高"的控制信号。计算电路不仅能够监测自己内部的工作过程，而且还能监测系统控制部件的工作状况，如轮速传感器、回油泵电动机工作电路，电磁阀工作电路等，当监测到相应的传感器或开关元件传递的电信号异常时，ABS 会停止工作。

驱动电路主要起到功率放大的作用，将 CPU 输出的信号进行放大后驱动执行元件（电磁阀、电动机等）工作。

安全保护电路主要是监测电源电压是否稳定在 12V 左右，同时，将电源电压转换成 ABS ECU 工作所需的 5V 电压。

ABS ECU 具有失效保护和故障自诊断功能，一旦发现故障，ABS ECU 就会终止电子控制系统工作，恢复到常规制动状态。与此同时，还将控制 ABS 故障指示灯（或 Anti-Lock 故障指示灯）发亮指示，警告驾驶人系统发生故障，及时对 ABS 进行维修。

3. 制动压力调节器

制动压力调节器是 ABS 的执行器，又称为液压调节器，其功能是接受 ABS ECU 的控制指令，驱动制动压力调节器中的电磁阀动作，同时驱动回油泵电动机转动等，使制动压力"升高"、"保持"或"降低"，从而实现制动压力自动调节，实现防抱死制动的目的。

制动压力调节器由电磁阀、蓄压器和电动回油泵组成，如图 4-10 所示。

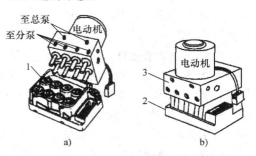

图 4-10　ABS ECU 和制动压力调节器

a）分解图　b）整体图

1—电磁阀　2—ECU　3—制动压力调节器

4.1.2　ABS 的工作原理

电子控制防抱死制动系统的工作原理是：根据车轮减速度和滑移率是否达到某一设定值来判定车轮是工作在附着系数 - 滑移率曲线的稳定区域还是工作在非稳定区域，并通过调节制动分泵的制动液压力，充分利用轮胎 - 道路附着力将车轮滑移率控制在 10%~30% 的稳定区域范围内，从而获得最佳制动效能。

需要注意的是，ABS 是在常规制动系统的基础上增设一套电子控制系统而构成，控制过程也是在常规制动过程的基础上进行。在制动过程中，当车轮尚未抱死时，制动过程与常规制动完全相同。只有当车轮趋于抱死时，ABS 才对制动压力进行调节。因此，当 ABS 发生故障时，如果常规制动装置正常，那么常规制动系统照样具有制动功能。但是，如果常规制动装置发生故障，那么 ABS 将随之失效。

汽车行驶前，当驾驶人接通点火开关时，ABS 就会自动进入自检状态，并持续到汽车行驶过程中，因为某些已经存在的故障只有在行驶时才能被识别出来。在自检过程中，仪表板上的ABS 指示灯发亮约 2s 后自动熄灭，同时能够听到继电器触点断开与闭合的响声以及回液（油）泵电动机起动时的响声，在制动踏板上也能感觉到轻微的振动。当 ABS 在汽车行驶过程中发生故障时，ABS 将自动关闭，同时控制仪表板上的 ABS 指示灯发亮，此时常规制动系统将继续保持正常工作状态。

当控制系统的电源电压低于允许的最低电压值 10.5V 时，ABS 将自动关闭，此时 ABS 指示灯将发亮提示故障，当控制系统的电源电压恢复正常时，再次进行点火，自诊断系统完成自检后，ABS 指示灯会自动熄灭。

1. 制动控制原理

轮胎 - 道路接触面之间的附着系数和滑移率是影响制动效果的重要参数。现有 ABS 实用技术还不能直接测量轮胎 - 道路附着系数和滑移率，这是因为测量轮胎 - 道路附着系数需要使用五轮仪，测量汽车实际速度需要使用价格昂贵的多普勒雷达或加速度传感器。因此，防抱死制动普遍采用自适应控制方式来实现近似理想的控制过程。控制方法是预先设定车轮加、减速度以及滑移率阈值，通过检测车轮的角速度来计算车轮速度和加、减速度，再利用车轮速度和存储在存储器中的制动开始时的汽车速度计算车轮的参考滑移率。ABS 工作时，将这些控制参数与预先设定的阈值（又称为门限值）进行比较，根据比较结果控制制动压力调节器的电磁阀动作来改变制动液压力大小，并在控制过程中记录前一控制周期（在制动过程中，从制动降压、保压到升压为一个控制周期）的各个控制参数，再根据这些参数值确定下一个控制周期的控制条件。

在汽车行驶过程中，车轮速度传感器不断向 ABS ECU 输入车轮速度信号。ABS ECU 根据轮速信号计算车轮圆周速度，再对车轮圆周速度进行微分计算即可得到车轮的加、减速度。

当踩下制动踏板时，制动灯开关接通，并向 ABS ECU 输入一个高电平（电源电压）信号，ABS 开始投入工作。因为在制动条件相同的情况下，轮胎 - 道路附着系数不同，制动效果也不相同，所以 ABS 一般都将制动控制过程分为高附着系数、低附着系数和附着系数由高到低三种情况分别进行控制。ABS 工作时，ABS ECU 首先根据减速度信号判定路面状况，减速度大于一定值为高附着系数路面，减速度小于一定值为低附着系数路面，然后根据判定结果调用相应的控制程序，通过控制电磁阀阀门打开与关闭，使电磁阀处于"降压"、"保压"或"升压"状态来改变车轮制动分泵的压力，从而实现防抱死制动。下面以图 4-11 所示高附着系数路面的制动控制原理为例说明。

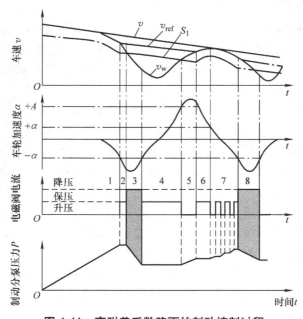

图 4-11　高附着系数路面的制动控制过程

v—车速　S_1—滑移率阈值　v_{ref}—参考车速　v_w—车轮圆周速度　$+A$、$+\alpha$—车轮加速度阈值　$-\alpha$—车轮减速度阈值在制动初始阶段，车轮制动分泵的制动液压力随制动踏板力升高而升高，车轮滚动的圆周速度 v_w 降低、减速度增加，如图 4-11 第 1 阶段曲线所示。

当减速度增加到设定阈值（$-\alpha$）时，ABS ECU 发出指令使相应的电磁阀转换到"保持压力"状态，控制过程进入第 2 阶段，此时制动分泵压力保持不变。因为减速度刚刚超过设定阈值时，车轮还工作在 ψ_B-S 曲线的稳定区域，所以滑移率较小，且小于设定阈值（S_1）。滑移率利用参考车速 v_{ref} 计算求得，称为参考滑移率。参考车速由 ABS ECU 根据存储器中存储的制动开始时的车轮速度确定，并按设定的斜率（该斜率略大于纵向附着系数最大值所对应的汽车减速度值）下降。

在制动过程中，任一时刻的参考滑移率可由参考车速计算得出。在保压过程中，参考滑移率会增大，当参考滑移率大于滑移率阈值时，ABS ECU 发出指令使相应的电磁阀转换到"压力降低"状态，控制过程进入第 3 阶段。

制动压力降低后，在汽车惯性力作用下车轮减速度开始回升。当减速度回升到高于减速度阈值（$-\alpha$）时，ABS ECU 发出指令使相应的电磁阀转换到"压力保持"状态，控制过程进入第 4 阶段。在制动部件以及制动液的惯性作用下，车轮开始加速，减速度由负值迅速增加到正值，直到超过加速度阈值（$+\alpha$）。

在制动压力保持过程中，加速度继续升高。当加速度超过更大的加速度阈值（$+A$）时，ABS ECU 发出指令使相应的电磁阀转换到"压力升高"状态，控制过程进入第 5 阶段。

制动压力升高后，车轮加速度降低，当加速度降低到低于加速度阈值（$+A$）时，ABS ECU 发出指令使相应的电磁阀转换到"压力保持"状态，控制过程进入第 6 阶段。因为此时车轮加速度高于设定阈值（$+\alpha$），说明车轮工作在附着系数 - 滑移率曲线的稳定区域，且制动力不足，所以当加速度降低到加速度阈值（$+\alpha$）时，ABS ECU 将发出指令使相应的电磁阀在"压力升高"和"压力保持"状态之间交替转换，控制过程进入第 7 阶段，使车轮速度降低，加速度减小。当加速度降低到减速度阈值（$-\alpha$）时，控制过程进入第 8 阶段，ABS 进入第二个控制周期，控制过程与上述相同。

在车轮加速度从设定阈值（$+A$）减小到（$-\alpha$）期间，即在第 6、7 控制阶段，因为制动压力已经降低，所以 ABS ECU 不再考虑滑移率的变化情况。

在 ABS ECU 的控制下，制动压力调节器以（2~10）次 /s 的频率调节制动分泵压力，将各车轮的滑移率控制在理想滑移率附近，不仅能够缩短制动距离，而且还能最大限度地保证制动时汽车的稳定性和安全性。

2. 液压控制原理

汽车在行驶过程中，如果踩下制动踏板，ABS 将投入工作，其工作状态分为常规制动、保压、减压、增压四个阶段，进油阀、出油阀、回油泵电动机对应的工作状态如表 4-1 所示。

表 4-1　ABS 制动压力调节器的工作状态

执行元件	常规制动	保压	减压	增压
进油阀	打开	关闭	关闭	间歇开闭
出油阀	关闭	关闭	间歇开闭	关闭
回油泵电动机	不转动	运转	运转	运转

（1）常规制动

汽车在常规制动时，电子控制系统不进行工作，进油阀开启、出油阀关闭（两电磁阀均不

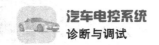
通电）、回油泵电动机不通电，如图4-12所示，制动主缸内的高压制动液通过进油阀进入制动轮缸。在这个阶段，ABS没有投入工作，其执行元件处于初始状态，ABS随时监测轮速传感器的信号，判定是否需要进入防抱死制动状态。

（2）保压

当驾驶人踩下制动踏板的行程较大，使得制动轮缸的制动力大于车轮与地面的附着力时，ABS ECU给进油电磁阀通上电流，如图4-13所示，进油电磁阀开启，进油阀关断；出油电磁阀仍保持关闭，相应地，出油阀继续保持关闭，制动主缸与制动轮缸的油液压力开始隔绝，制动轮缸中保持一定的压力。回油泵电动机运转，将蓄压器（储液器）中剩余的制动液压回制动总泵，ABS液压系统处于保压状态，此时，车轮速度迅速降低，直到ABS ECU通过转速传感器传递的信号，识别出车轮有抱死的倾向为止。

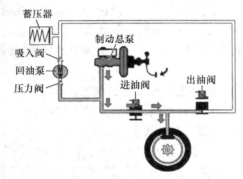

图4-12　常规制动时ABS工作状态

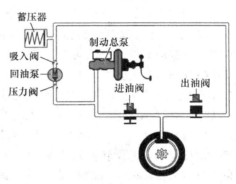

图4-13　保压时ABS工作状态

（3）减压

在ABS进入保压状态后，如果ABS ECU根据轮速传感器的输入信号分析出车辆滑移率达到设定阈值时，将会控制制动压力调节器进入减压状态。此时，如图4-14所示，ABS ECU给进油电磁阀、出油电磁阀通上电流，进油阀关闭，出油阀开启，制动轮缸内的制动液经出油阀流至蓄压器、制动总泵，制动轮缸中的制动压力下降，制动踏板出现抖动，车轮抱死程度降低。

（4）增压

ABS进入减压状态后，车轮的制动力越来越小，车轮的加速度越来越大，为了得到最佳制动效果，ABS ECU会再次命令进油阀开启、出油阀关闭，如图4-15所示，制动总泵中、蓄压器（储液器）中的高压制动液通过进油阀进入制动轮缸，车轮的制动力增高，车轮速度迅速下降。

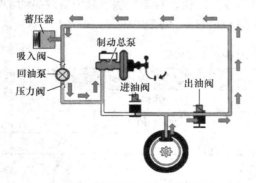

图4-14　减压时ABS工作状态

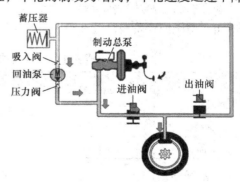

图4-15　增压时ABS工作状态

综上所述，当驾驶人踩下制动踏板时，ABS 不断重复升压→保压→降压→升压的循环过程，从而将车轮的滑移率控制在设定阈值范围内，防止车轮被抱死。

3. 电子控制原理

ABS 电子控制系统主要由车轮速度传感器、减速度传感器、各种控制开关、ABS ECU、ABS 指示灯、制动压力调节器组成，如图 4-16 所示，为 MK20-Ⅰ型 ABS 电子控制系统电路图，不同车系的控制方式不尽相同，ABS 电子控制过程大致上为汽车行驶过程中，轮速传感器、减速度传感器等向 ECU 输入信号，达到一定车速后，当驾驶人踩下制动踏板时，ECU 会根据传感器信号与开关元件的状态进行分析，之后向电磁阀通电或断电，进油阀、出油阀在电磁阀的控制下进行开启或关断，高压制动液根据液压控制系统的油道流入或流出制动轮缸。在整个制动过程中，ECU 作为核心，控制着整个流程。

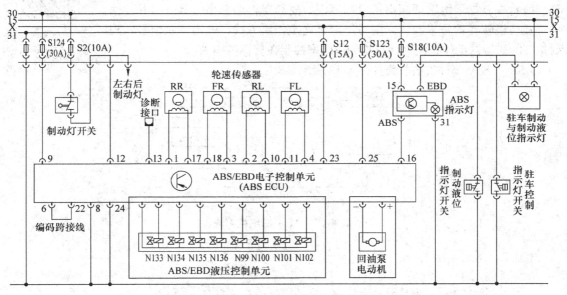

图 4-16 MK20-Ⅰ型 ABS 电子控制系统电路图

 **课程育人**

"安全第一"是做好一切工作的试金石，是落实"以人为本"的根本措施。坚持安全第一，就是对国家负责，对企业负责，对人的生命负责。

4.2 驱动防滑转系统

驱动防滑转系统（Anti-Slip Regulation System 或 Acceleration Slip Regulation System，ASR）是通过调节驱动车轮的驱动力来防止驱动车轮滑转，主要目的是限制和控制驱动车轮在加速时的打滑现象，又称为驱动力控制系统（TRC）或牵引力控制系统（Traction Force Control System，TCS）。

ASR 与 ABS 都是汽车的主动安全装置，在汽车上，通常将它们结合在一起使用，构成行驶安全系统，ABS 的功能是防止汽车制动过程中车轮抱死，将车轮的滑移率控制在理想滑移率附近范围内，以缩短制动距离，提高汽车制动时的方向稳定性与转向操纵性，从而大大提高汽车行驶的安全性。而 ASR 的作用是防止汽车起步、加速以及转弯过程中驱动轮打滑，尤其是防止汽车在非对称路面或转弯时驱动轮空转，使汽车在行驶过程中的方向稳定性、转向操纵能力以及加速性能等也都得到提高。ASR 与 ABS 的不同之处在于：ABS 对所有车轮起作用，控制车轮滑移率，ASR 只对驱动车轮起制动控制作用，防止驱动车轮原地不动而不停滑转；ABS 是在制动时，车轮出现抱死情况下起控制作用，在车速很低时不起作用，ASR 在整个行驶过程中都工作，车轮出现滑转时起作用，但车速过高（80~160km/h）时起不到作用。

4.2.1　ASR 的结构组成

图 4-17 所示为 ASR 的基本组成。ECU 根据各种传感器的信号计算驱动车轮滑转率，如果滑转率超出了目标范围，控制器再综合参考节气门开度信号、发动机转速信号以及转向信号等因素确定控制方式，输出控制信号，控制相应的执行器动作，把驱动车轮的滑转率控制在目标范围内。

ASR 的控制部件安装位置如图 4-18 所示。

微课视频
驱动防滑转
制动系统

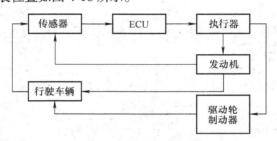

图 4-17　ASR 的结构组成

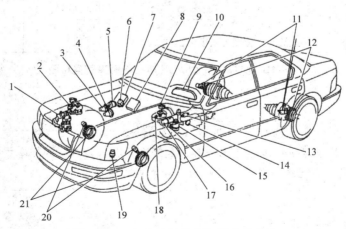

图 4-18　ABS/ASR 控制部件安装位置

1—ABS 液压调节器　2—ASR 液压调节器　3—副节气门位置传感器　4—主节气门位置传感器
5—副节气门位置控制步进电动机　6—副节气门步进电动机继电器　7—防抱死制动与防滑转调节电子控制单元 ABS/ASR ECU
8—发动机与自动变速电子控制单元 ECU　9—防滑转调节系统关闭开关
10—防滑转调节指示灯与防滑转调节系统关闭指示灯　11—后轮速传感器　12—后轮速传感器信号转子
13—停车灯开关　14—空档起动开关　15—防滑转调节液压泵　16—防滑转调节液压泵继电器
17—防滑转调节蓄压器　18—制动液位警告灯开关　19—防滑转调节主继电器
20—前轮速传感器　21—前轮速传感器信号转子

ASR 的传感器主要是轮速传感器和节气门开度传感器。轮速传感器与 ABS 系统共享，而节气门开度传感器则与发动机电控系统共享。

ASR 专用的信号输入装置是 ASR 选择开关，关闭 ASR 选择开关，ASR 就不起作用。例如，在需要把汽车驱动车轮悬空转动来检查汽车传动系统或其他系统故障时，ASR 就可能对驱动车轮施以制动，影响故障的检查。这时，将 ASR 开关关闭，中止 ASR 的作用，就可避免这种影响。

ASR 的 ECU 与 ABS 的 ECU 共用，其控制原理与 ABS 类似。

ASR 在 ABS 的基础上增设的执行器有副节气门位置控制步进电动机、主制动液压缸关断电磁阀、回油泵、回油泵电动机、蓄压器关断电磁阀、储液罐关断电磁阀、防滑转调节指示灯、防滑转调节系统关闭指示灯等。

4.2.2 ASR 的工作原理

ASR 能完全调节发动机输出转矩和作用于驱动车轮的驱动转矩和转动转矩，从而依据路面情况获得最佳滑移率和最佳驱动力。因为 ASR 和 ABS 之间有许多共同之处，如都是对车轮滑移率进行控制、都需要轮速传感器信号等，因而通常把它们组合在一起，构成具有制动防抱死及驱动防滑转功能的防滑控制系统（ABS/ASR）。

具有代表性的 ABS/ASR 的工作原理如图 4-19 所示。可以看出，4 个轮速传感器为 ABS 和 ASR 所共有，ABS 的 ECU 和 ASR 的 ECU 组合为一体，称为 ABS/ASR ECU。另外，增设了一些 ASR 的有关装置，主要包括 ASR 制动执行器、由步进电动机控制的发动机副节气门装置以及一些 ASR 的控制开关及警告灯等。此系统不但能完成 ABS 的任务，而且能够实现 ASR 的控制功能。ABS/ASR ECU 根据轮速传感器产生的车轮转速信号，确定驱动车轮的滑移率及汽车参考车速等。当 ABS/ASR ECU 判定驱动车轮的滑移率超过设定的限值时，就使控制副节气门

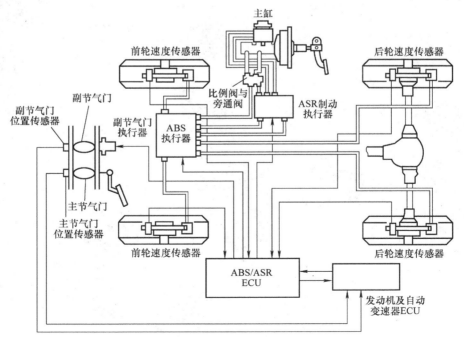

图 4-19 ABS/ASR 工作原理

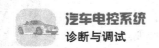

的步进电动机转动，减小节气门的开度。此时，即使主节气门的开度不变，发动机的进气量也会由于副节气门开度的减小而减小，使发动机输出转矩减小，驱动车轮的驱动力就会随之下降。若驱动车轮的滑移率仍未降到设定控制范围内，ABS/ASR ECU 又会控制 ABS 与 ASR 的制动压力调节装置，对驱动车轮施加一定的制动力，进一步降低驱动车轮的滑移率，使之满足要求，以达到防止驱动车轮滑转的目的。

4.3　电子控制稳定系统

电子控制稳定性程序（Electronically Controlled Stability Program，ESP）又称为车身稳定性控制系统（Vehicle Stability Control System，VSC）或车身动态稳定性控制系统（Dynamic Stability Control System，DSC），是在 ABS/ASR 的基础上发展起来的，所以大部分元件与 ABS/ASR 共用，也是由传感器、ECU 及执行器三部分组成的。

ESP 的主要作用是：当汽车在湿滑的路面上行驶时其前轮或后轮发生侧滑时，自动调节各车轮的驱动力和制动力，确保车辆稳定行驶。

ESP 与 ABS 最大的区别是，ESP 能够实时监控驾驶人的操控动作、路面反应、汽车行驶状态，在行车过程中可以对车辆行驶状态进行主动干预，通过对车辆行驶状态的修正，保证车辆的行驶安全。当车轮出现滑转时，ESP 会用故障指示灯警告驾驶人，提示驾驶人不要猛踩加速踏板，控制好转向盘。

4.3.1　ESP 的结构组成

ESP 系统组成的典型代表为博世 ESP 系统组成，如图 4-20 所示。

微课视频
电子稳定
系统

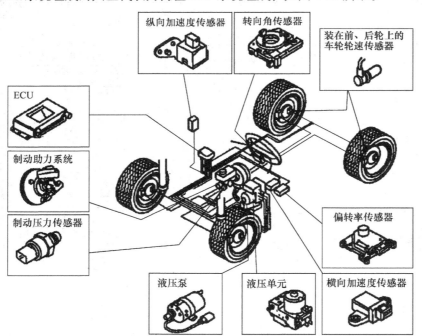

图 4-20　博世 ESP 系统组成

1. 传感器

ESP 作为确保行车安全的一个重要电控系统，其各个传感器的正常工作是进行有效控制的基础。博世 ESP 在 ABS/ASR 基础上增加了偏转率传感器、转向角传感器、纵向及横向加速度传感器等。

偏转率传感器（也称横摆角速度传感器）用于检测汽车翻转的信号，监测汽车的准确姿态，并且记录下汽车每个可能的翻转运动，如图 4-21 所示。

转向角传感器用于检测转向盘的转角信号（包括转角的大小及转动速率），此信号反映了驾驶人的操作意图。进行拆卸时，将转向盘打到中央位置，即车轮保持直行状态，然后卸下转向盘组件，卸下转向角传感器；进行安装时，拿出新的转向角传感器，安装前确认传感器底部检查孔内的黄点，如图 4-22 所示，若黄点清晰可见，则表明传感器在零点位置，可以直接安装。若观察不到黄点，则应转动传感器内圈，调整传感器的零点位置。

图 4-21　偏转率传感器

图 4-22　转向角传感器

加速度传感器有沿汽车前进方向的纵向加速度传感器（用于四轮驱动车辆）及垂直于前进方向的横向加速度传感器，其基本原理相同，只是呈 90° 夹角进行安装。横向加速度传感器的主要作用是检测车辆是否有侧向力，以及侧向力的大小。横向加速度传感器多采用霍尔式，利用霍尔元件来检测车辆的侧向力，如图 4-23 所示，一些车辆上的横向加速度传感器和偏摆率传感器被设计成组合传感器。

制动压力传感器的主要作用是检测制动时系统的实际压力，控制单元根据此信号计算出作用在车轮上的制动力和整车的纵向力大小。制动压力传感器一般采用电容式，如图 4-24 所示。进行拆卸时，先松开转向储液罐的六角螺栓，将储液罐取下；然后松开制动压力传感器插头，将制动压力传感器取下。

图 4-23　横向加速度传感器

图 4-24　制动压力传感器

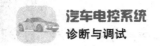

2. ECU

ESP 的 ECU 通常与 ABS/ASR 共用，它是把 ABS/ASR 的 ECU 功能进行扩展后再进行 ABS/ASR/ESP 控制。该系统包括输入信号放大电路、运算电路、执行器控制电路、电磁屏蔽电路以及稳压电源电路等。

3. 执行器

ESP 的大部分执行器安装于液压控制单元上，如图 4-25 所示，它是在 ABS/ASR 执行器的基础上，改进了通往各车轮的液压通道，增加了行驶动力调节液压泵、分配阀、高压阀、ESP 警告灯以及 ESP 蜂鸣器等。液压调节器四根油管分别通向四个制动分泵，使系统能够对四个车轮进行独立控制，也就是四通道结构。

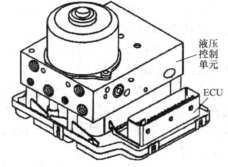

图 4-25 液压控制单元

4.3.2 ESP 的控制原理

ESP 通过各种传感器实时地检测驾驶人的行驶意图及车辆的实际行驶情况。ECU 根据各传感器的信号计算出车辆的实际运动轨迹，如实际运动轨迹同理论运动轨迹（驾驶人意图）有偏差，或检测出某个车轮打滑，ECU 就会首先通知执行元件（副节气门控制机构或电子节气门）减小开度，同时借助制动系统对某个车轮进行制动，来修正运动轨迹。图 4-26 所示为 ESP 控制原理。当实际运动轨迹与理论运动轨迹一致时，ESP 自动解除控制。

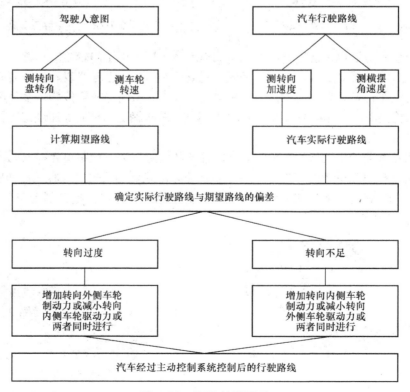

图 4-26 ESP 控制原理

ESP 的基础是 ABS 制动防抱死功能,该系统在汽车制动情况下轮胎即将抱死时,一秒内连续制动上百次,有点类似于机械式"点刹"。如此一来,在车辆全力制动时,轮胎依然可以保证滚动,滚动摩擦的效果比抱死后的滑动摩擦效果好,且可以控制车辆行驶方向。另一方面,ESP 与发动机控制单元协同工作,当驱动轮打滑时通过对比各个车轮的转速,电子系统判断出驱动轮是否打滑,立刻自动减少节气门进气量,降低发动机转速从而减少动力输出,对打滑的驱动轮进行制动。这样便可以减少车轮打滑并保持轮胎与地面抓地力之间最合适的动力输出,此时无论怎么加速,驱动轮都不会发生打滑现象,如图 4-27 所示,当汽车转弯时,ESP 时刻监视汽车的实际运行轨迹并做出调整。

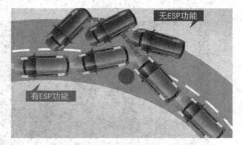

图 4-27 ESP 的轨迹调整

1. ESP 电子系统控制原理

当 ESP 控制开关打开时,ESP 电子系统开始启用,如图 4-28 所示,通过四个车轮上的转向角度传感器、横摆率传感器的数据分析,ECU 判定是否转向过度或不足;通过对轮速传感器、制动压力传感器的数据分析,ECU 判定制动是否有效;通过对离合器开关、制动踏板开关的状态,ECU 搜集车辆即时行驶的状态,当 ECU 对这些数据进行分析运算后,会向液压系统的电磁阀发送信号,从而控制制动液的流动,另一方面,ESP ECU 会向发动机 ECU 发出信号,控制节气门的开度。

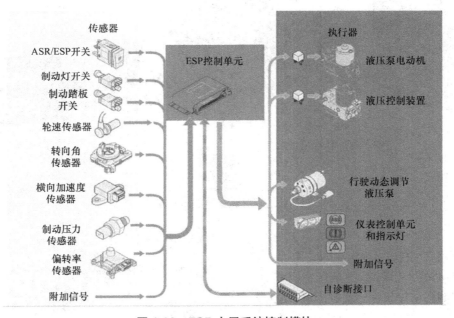

图 4-28 ESP 电子系统控制模块

需要注意的是,ESP 并不是万能的,在一些特殊情况下需要关闭 ESP 控制开关(图 4-29),例如汽车在雪地或松软地面上艰难行进时,需要借助车轮打滑产生的动力驶出松软区域,同理车辆带防滑链行驶时,也需要关闭 ESP 控制开关;当汽车在功率检测仪上进行检测时,为确保测量数据的准确,需要人为关闭 ESP 控制开关。

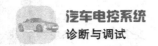

2. ESP 液压系统控制原理

为了能够实现不踩制动踏板时对车轮进行制动，ESP 系统的液压控制装置是在 ABS 系统的基础之上增加了一个行驶动态调节液压泵（图 4-30），使 ESP 系统在进行工作前，可以快速地建立起预油压，预油压的大小由节流阀进行调节。

图 4-29　ESP 开关控制按钮

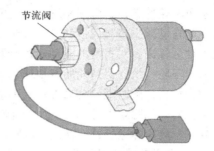

图 4-30　行驶动态调节液压泵

此外还在液压控制装置内部增加了一对转换阀和一对吸液阀，如图 4-31 所示，其中吸液阀用于接通和断开动态调节液压泵与系统的油路，转换阀用于控制 ESP 系统在制动和正常行驶时系统油路的转换。

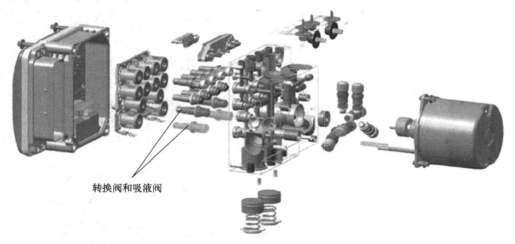

图 4-31　转换阀和吸液阀

ESP 液压控制与 ABS 的液压控制原理基本类似，如图 4-32 所示，同样有保压、减压、增压三个控制阶段，制动液在 ECU 的控制下进行循环流动，通过改变制动分泵的制动力大小实现对车辆四个轮胎的控制。

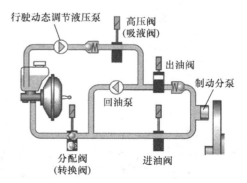

图 4-32　ESP 液压控制原理

课程育人

> 　　责任无处不在，存在于每一个角色。在未来的工作中，我们需要有职业责任和社会责任。医学专家钟南山在抗击新冠肺炎这场没有硝烟的战场中敢医敢言，桥吊工人许振超在普通岗位上创出世界一流的"振超效率"，公安卫士任长霞以炽热情怀书写执法为民的人生壮歌，我们无不感受到一种品格、一种境界，这就是对国家、对人民、对事业的责任。

4.4　电子制动力分配系统

　　电子控制制动力分配系统（Electronic Control Brakeforce Distribution System，EBD），简称电子制动力分配系统，功用是根据制动减速度和车轮载荷的变化，自动改变车轮制动器制动力的分配比例，从而缩短制动距离和提高行驶稳定性。

4.4.1　电子制动力分配系统的特点

　　电子制动力分配系统是在 ABS 的基础上开发出来的，配置 EBD 的 ABS 能较大地减少工作时的振噪感，提高车辆紧急制动时的舒适性，并能在很大程度上提高车辆制动时的安全性和稳定性。

微课视频
制动力
分配系统

　　EBD 采用电子技术替代传统的比例阀，根据汽车制动时产生轴荷转移的不同，自动调节前、后桥的制动力分配比例，不需要增加任何硬件配置，通过改进 ABS 软件的控制逻辑即可实现。

　　电子制动力分配系统的特点主要有：

　　1）EBD 是一个闭环系统，适用于所有可能的制动情况和车辆条件。

　　2）EBD 只采用滑移率进行控制，不采用车轮减速度检测车轮的抱死趋势。

　　3）制动液消耗少，由于电磁阀工作少，液压泵不工作，因而噪声小，制动舒适性好。

　　4）前、后摩擦制动片磨损均匀。

　　5）降低前轮制动器的热负荷。

　　6）在相同的制动踏板作用力时，有较大的汽车减速度。

　　7）后桥附着系数利用率高，不受载荷分布变化、温度和制动钳及制动盘磨损的影响和限制。

　　8）在各种载荷状况，弯道、上山和下山，以及动力传动系统变化时，如离合器接合、离合器分离、自动变速等情况发生时，都能得到最佳的汽车行驶稳定性。

　　9）在汽车寿命期内制动力分配不变。

　　10）可以失效报警。

4.4.2　电子制动力分配系统的组成及原理

　　EBD 系统主要是解决 ABS 中的缺陷，ABS 制动过程中，由于惯性，直行制动时汽车前、后轮或转弯制动时汽车左、右轮上的垂直载荷已经转移，导致四个车轮达到最佳滑移率的时间不同，所以路面附着条件的利用率不能达到最大，EBD 系统则有能力解决这一问题。

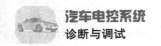

1. 电子制动力分配系统的组成

EBD 是由减速度传感器（制动减速度也可由轮速传感器提供的轮速变化率求得）、ECU 和制动压力调节器组成。因为 EBD 都是在 ABS 的基础上拓展开发的主动安全控制系统，其减速度传感器（或轮速传感器）、ECU 和制动压力调节器均可与 ABS 共用，在汽车已经装备 ABS 的基础上，无须增加任何硬件，只需增设与编制制动力分配软件程序，就能实现制动力分配控制功能，相应的电子控制单元称为防抱死与制动力分配电子控制单元（即 ABS/EBD ECU），执行器是 ABS 制动压力调节器的电磁阀。

2. 电子制动力分配系统的原理

在现有汽车前、后轮制动器制动力固定比值的制动系统中，实际制动力分配曲线与理想的制动力分配曲线相差很大，如图 4-33 所示，其制动力不可能按照轻载或重载时的理想分配曲线进行分配。因此，制动效能较低，前轮可能因抱死而丧失转向控制能力，后轮也可能抱死而发生"甩尾"现象。

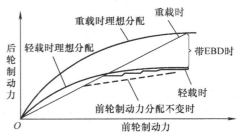

图 4-33　EBD 控制的数据 MAP

实际制动力分配曲线兼顾制动稳定性和最短制动距离并优先考虑制动稳定性的原则进行控制。各型汽车不同制动减速度时的制动力数据预先经过试验测得，并以制动力数据 MAP 形式存储在 ROM 之中。

当汽车制动时，ABS/EBD ECU 首先会采集制动减速度、车轮阻力及车轮载荷等信息，从 ROM 存储的制动力数据 MAP 中查询得到前、后车轮制动力的分配数值，然后向 ABS 的制动压力调节器（电磁阀）发出"升压"或"保压"控制指令，从而实现前、后车轮制动力的最佳分配。

EBD 和 ABS 等主动安全技术是一个控制功能相互融合、工作时机相互协调的有机整体。当 EBD 分配给车轮的制动力大于轮胎附着力时，车轮就会抱死滑移，此时 ABS 就会投入工作，通过调节（减小）车轮的制动力将滑移率控制在 10%~30%，从而提高制动效能。

汽车直行制动时，由于存在惯性，导致车轮上的垂直载荷会从汽车后轮向前轮转移。此时，如果汽车没有安装 EBD 系统，后轮将先抱死拖滑，其滑移率将先达到 ABS 的控制范围。而装有 EBD 系统的汽车，会根据汽车的运动学参数和制动强度，实时计算出理想的值。然后根据这个值合理地分配制动力给每个车轮来实施制动，并控制每个车轮的滑移率，使其保持在最佳滑移率范围之内，保证后轮不先于前轮抱死。这样，可平衡每个车轮的制动力，缩短制动距离并保持制动时的方向稳定性。

当汽车在弯道制动时，整车轴荷向外侧移动，内侧车轮的轴荷减小，外侧车轮的轴荷增大。因此，外侧车轮需要增大制动力来充分利用其附着力。为此，增设一只转向盘转角传感器（也可与车身稳定性控制系统公用），用其检测出转向盘的转动方向与转动角速度，ABS/EBD ECU 即可实现弯道制动时内、外侧车轮制动力的最佳分配。为了保证汽车在弯道行驶时的制动稳定性，ABS/EBD ECU 分配给外侧车轮的制动力大于内侧车轮的制动力，从而保证汽车沿弯道稳定行驶。

另外，当汽车出现失稳趋势时，EBD 系统还可通过调节某车轮的制动压力，来主动遏制此失稳状态，从而避免汽车发生倾斜甚至侧翻。基于车轮滑移率的 EBD 系统，无论车轮垂直载荷和路面附着条件怎样变化，都可以迅速、合理地分配制动力。

4.5 电控助力转向系统

电控助力转向系统依靠电动机提供辅助转矩的动力转向系统，可使汽车在停车或低速行驶时转向操纵力减小，在高速行驶时适当增大转动操纵力，从而提高整车行驶过程中的转向力。具有以下优点：

1）能有效减小操纵力，特别是低速行驶或停车时转向操纵力。

2）具有直线行驶的稳定性，转向结束后转向盘可自动回正。

3）转向灵敏性好，在转向器的操纵下，转向助力器产生的助力越快，转向越灵敏。

4）具有随动作用，转向车轮的偏转角和驾驶人转向盘的转角保持一定的关系，并能使转向车轮保持在任意的偏转角位置上。

4.5.1 电控助力转向系统的分类

电控助力转向系统根据动力源不同可分为液压式电控动力转向系统和电动式电控动力转向系统。

1. 液压式电控动力转向系统

液压式电控动力转向系统在传统的液压动力转向系统的基础上增设了控制液体流量的电磁阀、车速传感器和电控单元等，如图 4-34 所示。电控单元根据检测到的车速信号控制电磁阀，使转向动力放大倍率实现连续可调，从而满足高、低速时的转向助力要求。

2. 电动式电控动力转向系统

电动式电控动力转向系统简称为 EPS，即 Electronic Control Power Steering 的英文缩写。如图 4-35 所示，它是利用直流电动机作为动力源，电子控制单元可根据车速传感器与转向传感器的输入信号，决定驱动电动机的回转方向和动力的大小。

微课视频
电动助力
转向系统

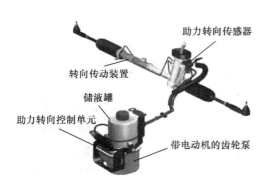

助力转向传感器
转向传动装置
储液罐
助力转向控制单元
带电动机的齿轮泵

图 4-34　液压式电控动力转向系统

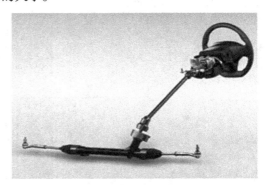

图 4-35　电动式电控动力转向系统

4.5.2 电动式电控动力转向系统的组成

EPS 主要由转向盘转角传感器、转向力矩传感器、电动机、离合器、减速机构、车速传感器和 EPS ECU 等组成，如图 4-36 所示。

1. 转向角传感器

转向角传感器安装在转向盘安全气囊回位环的后面，在转向柱开关和转向盘之间的转向柱

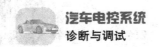

上，如图 4-37 所示，通过 CAN 总线将用于计算转向角的信号传送给转向柱电控单元。如果这个传感器信号中断，电控单元将会起动一个应急程序，用一个代替值暂时取代这个信号，转向助力功能仍保持正常工作状态，但指示灯会亮起，提示驾驶人进行维修。

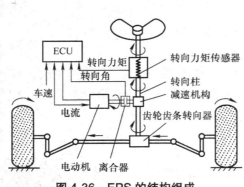

图 4-36　EPS 的结构组成

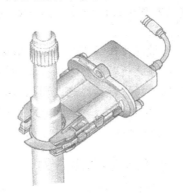

图 4-37　转向角传感器

2. 转向力矩传感器

转向力矩传感器安装在转向柱和转向器之间，如图 4-38 所示，用来检测作用在转向盘上的力矩，如果转向力矩传感器信号中断，电控单元就会关闭转向助力装置，同时指示灯会亮起。

3. 转子转速传感器

转子转速传感器主要是收集电动机械助力装置电动机转子的转速，当转子转速传感器信号中断时，ECU 会用转向角速度作为代替信号，转向助力功能被安全关闭，同时指示灯会亮起。

4. 转向助力电动机

转向助力电动机安装在一个铝制壳体内，通过一个蜗轮蜗杆机构和一个传动小齿轮与转向器齿条啮合，传递转向助力的力矩，如图 4-39 所示。

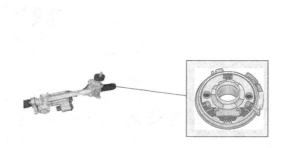

图 4-38　转向力矩传感器

图 4-39　转向助力电动机

5. 转向助力控制单元

转向助力控制单元直接固定在电动机上，如图 4-40 所示，转向助力控制单元控制时需要以下信号：转向角传感器信号、发动机转速传感器信号、转向力矩传感器信号、转子转速传感器信号、车速传感器信号等。转向助力控制单元根据这些信号确定转向助力的大小。

6. 转向助力指示灯

转向助力指示灯位于组合仪表的显示屏上，用于指示电动式电控助力转向装置的故障，如

图 4-41 所示。在出现故障时，指示灯会以两种颜色亮起：如果指示灯呈黄色亮起，表示一个不严重的警告；如果指示灯呈红色亮起，表示一个严重的故障。接通点火开关时，指示灯呈红色亮起，等待 EPS 自检（一般为 2s 左右）后，如果系统正常，指示灯会熄灭。

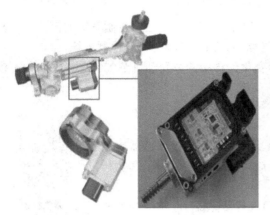

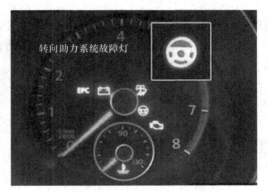

| 图 4-40　转向助力控制单元 | 图 4-41　转向助力指示灯 |

4.5.3　电动式电控动力转向系统的工作原理

汽车转向时，驾驶人转动转向盘，转向角传感器将转向及转速度等信号送给 EPS ECU，ECU 接收转向角传感器、车速传感器、发动机转速传感器等信号，经过分析处理，输出不同的电流，控制电动机的转向及转向转矩的大小，电动机输出的转矩通过减速器减速、增矩及变向后，将动力传给齿轮齿条转向器，转向器将动力传给左、右转向节臂，带动车轮转动，从而使车轮摆动，实现汽车转向。EPS 转向控制过程分为低速与高速两个阶段。

1. EPS 低速控制过程

汽车低速行驶时，转向控制过程分为以下几个步骤：

1）汽车在低速状态下转动转向盘后，转向轴的力矩传给扭力杆，扭力杆扭转，转向力矩传感器测出扭转量，并把信号传给控制单元，控制单元获得一个比较大的力矩信息。

2）转向角传感器把转向盘转角信号传给控制单元，控制单元获得一个较大的转角信息。

3）控制单元根据较大力矩、较低车速、较大转向角和转向速度信息以及 ECU 内部存储的特性曲线，确定当前需要一个较大的转向助力力矩，并操纵电动机工作。

4）转向盘的力矩和电动机的助力力矩结合在一起，共同组成转向齿条上的有效转向力矩，驱使车轮在低速状态下转向。

2. EPS 高速控制过程

汽车高速行驶时，转向控制过程分为以下几个步骤：

1）汽车在高速状态下转动转向盘后，转向轴的力矩传给扭力杆，扭力杆扭转，转向力矩传感器测出扭转量，并把信号传给控制单元，控制单元获得一个很小的力矩信息。

2）转向角传感器把转向盘转角信号传给控制单元，控制单元获得一个很小的转角信息。

3）控制单元根据很小力矩、较高车速、较小转向角和转向速度信息以及控制单元内部存储的特性曲线，确定当前需要一个很小的转向助力力矩或者不需要转向助力。

4）转向盘的力矩和电动机的助力力矩结合在一起，共同组成转向齿条上的有效转向力矩，

驱使车轮在高速状态下转向。

4.6 巡航控制系统

汽车巡航控制系统（Cruise Control System，CCS）是汽车巡航电子控制系统的简称。汽车巡航是指汽车以一定的速度匀速行驶，因此汽车巡航控制系统又称为恒速控制系统。

汽车巡航控制系统能够根据汽车行驶阻力的变化，自动调节发动机节气门（或油门）开度的大小，使汽车保持恒定速度行驶。

4.6.1 巡航控制系统的组成

微课视频
巡航控制
系统

汽车巡航控制系统（CCS）主要由车速传感器、节气门位置传感器或加速踏板位置传感器、控制开关、巡航控制电子控制单元（CCS ECU）和执行机构等部件组成。

巡航控制系统的车速传感器（VSS）、节气门位置传感器（TPS）或加速踏板位置传感器既可与发动机控制系统或电子控制自动变速系统公用，也可专门独立设置。在 CCS 中，车速传感器和节气门位置传感器或加速踏板位置传感器的功用分别是向 CCS ECU 提供汽车行驶速度信号和发动机负荷信号，以便 CCS ECU 根据车速变化量来调节节气门或油门（柴油机）开度，从而使汽车行驶速度保持恒定。

控制开关主要有巡航开关、制动灯开关、驻车制动开关、点火开关、离合器开关（仅对手动变速器汽车）或空档起动开关（对自动变速器汽车）等。巡航开关的功用是将恒速、加速或减速、恢复原速以及取消巡航行驶等指令信号输入 CCS ECU，其他开关的功用是将各种状态信息输入 CCS ECU，以便 CCS ECU 确定是否进行恒速控制。

巡航控制电子控制单元（CCS ECU）是巡航控制系统的控制核心，由分立电子元件、专用集成电路 IC 和 8 位、16 位或 32 位单片机组成。CCS ECU 具有数学计算、逻辑判断、记忆存储、故障自诊断等功能。

执行机构分为气动式和电动式两种。气动式主要由速度伺服装置和电磁阀等组成；电动式主要由电动机（永磁式或步进式电动机）、减速机构和电磁离合器等组成。执行机构的功用是根据 CCS ECU 指令，通过节气门拉索（钢索）或电子式节气门控制器调节发动机节气门的开度，使车速保持恒定。

4.6.2 巡航控制系统的工作原理

巡航控制系统是一个典型的闭环控制系统，控制原理如图 4-42 所示。CCS ECU 接收来自巡航控制开关、车速传感器和其他信号，将车速传感器测定的实际车速与系统设定的车速进行比较，通过运算得出两个信号的差值，将此差值信号处理后形成控制信号控制执行器动作，用以调整节气门开度，保证汽车定速行驶。

在控制过程中，当实际车速低于驾驶人设定的巡航车速值时，CCS ECU 将向执行机构发出增大节气门开度的指令，使实际车速升高到巡航车速。反之，当实际车速高于驾驶人设定的巡航车速值时，CCS ECU 将向执行机构发出减小节气门开度的指令，使实际车速降低到巡航车速，从而使实际车速基本保持在驾驶人设定的巡航车速值附近。

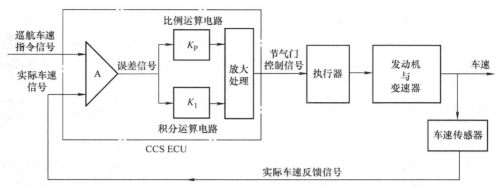

图 4-42 巡航控制系统的基本控制原理

4.7 汽车雷达防碰撞系统

　　汽车雷达防碰撞系统主要用于解决汽车行驶的安全距离问题，汽车行驶时超过了该距离，汽车雷达防碰撞系统立即报警以至自动采取减速措施，使车辆处于安全状态。在正常行驶的情况下，防碰撞系统处于非工作状态；当车辆行驶接近前车车尾时，防碰撞系统立刻发出警告；在发出警告后，若驾驶人没有采取制动、减速等措施，则防碰撞系统便起动紧急制动装置，使车辆减速，以免发生追尾事故。

　　防追尾碰撞系统框图如图 4-43 所示，行车环境监测是通过雷达测量车距和前车方位，然后与道路状况一起输入 ECU。测定汽车行驶中的安全距离，目前主要有电磁波雷达测距、激光扫描雷达测距和超声波雷达测距 3 种方法。

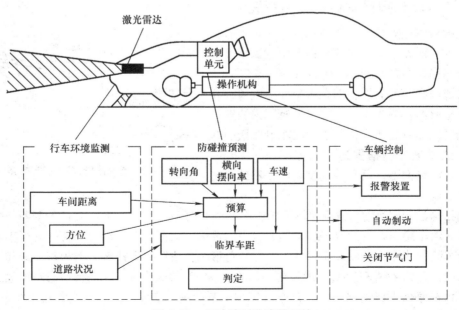

图 4-43 自动控制防追尾系统

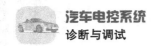

4.7.1　汽车电磁波雷达防碰撞系统

微课视频
雷达防碰撞
系统

汽车电磁波雷达防碰撞系统发射电磁波，遇到障碍物时反射，不断检测计算障碍物的速度和距离，通过分析对目标进行不同危险程度的报警，控制车辆自动减速，直到自动制动。

当发射机采用微波调频连续波体制时，在车辆行进中雷达窄波束向前发射调频连续波信号。当发射信号遇到目标时，被反射回来为同一天线接收，经混频放大处理后，可用其差频信号间的相差表示雷达与目标的距离，把对应的脉冲信号经微处理器处理计算可得到距离数值，再根据差频信号相差与相对速度关系，计算出目标对雷达的相对速度，如图 4-44 所示。微处理器将上述两个物理量代入危险时间函数数字模型后，即可算出危险时间。当危险程度达到各种不同级别时，分别输出报警信号或通过车辆控制电路控制车速或制动。

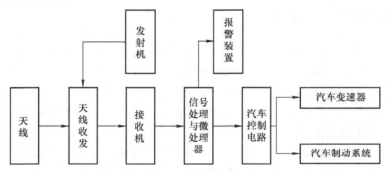

图 4-44　汽车电磁波雷达防碰撞系统的工作原理

4.7.2　汽车激光扫描雷达防碰撞系统

激光扫描雷达安装在车辆前端的中央位置，将测得的车距和前面车辆方位信号送入防碰撞预测系统。激光扫描雷达的扫描角和视域如图 4-45 所示，激光束的视域窄并呈肩形，即在水平面上较薄，在垂直面上呈肩形；激光束可在较宽的范围内快速扫描，并通过激光束的能量密度消除因车辆颠簸引起的误差。通常激光扫描雷达监测范围在 5~120m，以保证在潮湿路面上，后车减速制动后，不致碰撞前面暂停车辆。

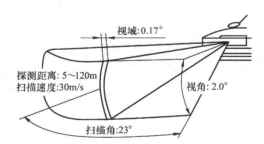

图 4-45　激光扫描雷达的扫描角和视域

采用扫描激光雷达的防碰撞控制系统工作流程如图 4-46 所示。其防碰撞的判断是先从激光扫描雷达获取车距与方位的数据组中抽取有用的数据，依据后车的动力学特性进行车辆路径的估算，行车路径估算的半径 R 是根据车速和转角第一次估算的半径 R_1，与根据车速和横向摆动速率第二次估算的半径 R_2 确定。通常选用估算 R_1 和 R_2 的较小值，在进行追尾碰撞危险程度的判定时，根据路面干湿情况、后车车速及相对车速计算出临界车距，与实测的车距进行比较，当实测车距接近临界车距时，产生报警触发信号。当计算出的临界车距等于或大于实测车距时，雷达防碰撞系统便起动紧急制动系统。

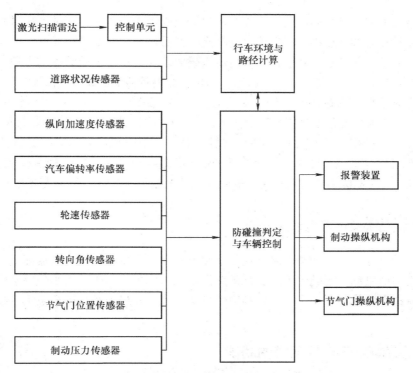

图 4-46　汽车扫描激光雷达防碰撞系统工作流程

4.7.3　汽车超声波雷达倒车防碰撞系统

超声波测距利用其反射特性，超声波发射器不断地发射出 40kHz 超声波，遇到障碍物后反射回反射波，超声波接收器收到反射波信号，并将其转换为电信号。测出发射与接收到反射波的时间差 t，即可求出距离 S：

$$S = \frac{1}{2}ct$$

式中，c 为超声波速度，也即声速。

将声速作为常数时，只要测得超声波信号往返的时间，即可求得距离，并将距离用数字显示出来。超声波测距原理如图 4-47 所示。

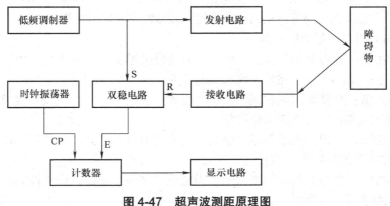

图 4-47　超声波测距原理图

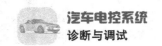

发射电路在发射受低频调制的超声波的同时，使双稳电路置位，此时计数器的闸门 E 被打开，时钟信号开始进入计数器，而当接收电路接收到反射波时双稳电路复位，计数器闸门 E 被关闭，时钟信号被切断，数据被锁存，然后经译码驱动在显示器上被锁存的数值，假设声速为 343m/s，则时钟振荡器的频率为 34.3kHz 时，即可认为显示器上的读数只需要 17.15kHz。

以日产汽车超声波雷达倒车防碰撞系统为例，倒车防碰撞系统由 40kHz 的超声波振荡器、检测器、控制器和报警电路等组成。其中位于汽车尾部的检测器由发射头和接收头两部分组成。

当汽车挂入倒档时，系统电路接通，发射头发出的超声波碰到障碍物时有部分被发射回来。反射波被超声波接收头接收后转换成脉冲信号，这些脉冲信号经处理后，ECU 根据发射、反射的时间差即可判断障碍物与汽车尾部的距离，并根据距离判断是否需要报警。

4.8　电子控制空气悬架系统

汽车在行驶过程中，路面情况和车速是变化不定的，而刚度和阻尼系数都不可调节的被动悬架，无法主动适应汽车行驶中不断变化的路面要求，因此，为改善汽车的乘坐舒适性、行驶平顺性和操纵稳定性等，开发了电子控制空气悬架系统，实现了对汽车悬架系统参数进行实时控制。

4.8.1　电子控制空气悬架系统的功能

电子控制空气悬架系统的功能主要是在汽车行驶路面、行驶速度和载荷变化时，自动调节车身高度、悬架刚度和减振器阻尼的大小，从而改善汽车的行驶平顺性和乘坐舒适性。

微课视频
电控空气
悬架系统

电子控制空气悬架系统能平衡地面反力，使其对车身的影响减小到最低程度；在装备电子控制悬架系统的汽车上，当汽车急转弯、急加速或紧急制动时，乘坐人员能够感到悬架较为坚硬，而在正常行驶时能够感到悬架比较柔软。

1. 对汽车车身高度的控制

1）高车速控制：当汽车高速行驶时，汽车高度会降低，使车身中心下移，这就改善了高车速行驶时的空气动力学性能和稳定性。

2）自动高度控制：不管乘员和行李质量情况如何，使汽车高度保持某一个恒定的高度位置。

3）点火开关 OFF 控制：当点火开关关断后因乘客质量和行李质量变化而使汽车高度变为高于目标高度时，能使汽车高度降低到目标高度，改善汽车驻车时的姿势。

2. 弹簧刚度和减振阻尼力的控制

1）高车速控制：使弹簧刚度变成"坚硬"状态和使减振阻尼力变成"中等"状态，该项控制能改善汽车高车速时的行驶稳定性和操纵性。

2）防侧倾控制：使弹簧刚度和减振阻尼力变成"坚硬"状态，该项控制能抑制侧倾而使汽车的姿势变化减至最小，以改善操纵性能。

3）防栽头控制：使弹簧刚度和减振阻尼力变成"坚硬"状态，该项控制能抑制汽车制动时栽头，而使汽车的姿势变化减至最小。

4）防下坐控制：使弹簧刚度和减振阻尼力变成"坚硬"状态，该项控制能抑制汽车加速时后部下坐，而使汽车的姿势变化减至最小。

5）颠动控制：使弹簧刚度和减振阻尼力变成"中等"或"坚硬"状态，它能抑制汽车在不平坦道路上行驶时的颠动。

6）不平整道路控制：使弹簧刚度和减振阻尼力视需要变成"中等"或"坚硬"状态，以抑制汽车车身在悬架上下跳动，从而改善汽车在不平坦道路上行驶时的乘坐舒适性。

7）跳振控制：使弹簧刚度和减振阻尼力视需要变成"中等"或"坚硬"状态，该项控制能抑制汽车在不平坦道路上行驶时的上下跳振。

4.8.2 电子控制悬架系统的分类

电子控制悬架系统采用的控制方式有控制车身高度、控制空气弹簧的刚度和控制液减振器的阻尼等。电子控制悬架系统的分类可根据控制目的、悬架的结构形式和控制系统的有源和无源等进行划分。

根据控制目的不同，电子控制悬架系统主要有如下几种类型。

1）电控变高度空气弹簧悬架系统。

2）电控变刚度空气弹簧悬架系统。

3）电控变阻尼减振器悬架系统。

4）电控变高度与变刚度空气弹簧悬架系统。

5）电控变高度、变刚度空气弹簧与变阻尼减振器悬架系统。

根据悬架的结构形式，电子控制悬架系统分为：

1）电控空气悬架系统。

2）电控液压悬架系统。

根据控制系统的有源和无源，电子控制悬架系统可分为：

1）主动悬架。

2）半主动悬架。

4.8.3 电子控制空气悬架系统的结构和工作原理

电子控制空气悬架系统主要由传感器、电控单元（EMSS ECU）和调节悬架的执行元件组成，汽车悬架装置如图 4-48 所示。

传感器的主要作用是将汽车行驶的速度、起动、加速度、转向、制动和路面状况、汽车振动状况、车身高度等信号输送给电控单元。汽车悬架系统所使用的传感器主要有：车身加速度传感器、车身高度传感器、车速传感器、转向盘转角传感器、节气门位置传感器和控制开关等。

图 4-48　汽车悬架系统示意图

电控单元接收各种传感器的输入信号并进行各种运算，然后给执行器输出控制悬架的刚度、阻尼力和车身高度的信号。同时，EMSS ECU 还监测各传感器的信号是否正常，若发现故障，则存储故障码和相关参数，并点亮故障指示灯。

通常所用的执行元件为电磁阀、步进电动机和气泵电动机等。当执行元件接收到 EMSS ECU 的控制信号后，及时准确地动作，从而按照要求调节悬架的刚度、阻尼力和车身高度。

下面以电控变高度悬架系统为例介绍电控悬架的组成与工作原理。

1. 电控变高度悬架系统的组成

车身高度控制系统的主要功用是当车内乘员或载荷变化时，自动调节车身高度，使汽车行驶姿态稳定，从而提高乘坐舒适性。

汽车普遍采用的车身高度控制系统，由4只高度传感器（每个普通减振器下面各设1只）、控制开关、EMSS ECU、高度调节执行器（包括4个气压缸、两只高度控制电磁阀、空气压缩机、空气干燥器和空气管路）等组成。

（1）空气压缩机总成

空气压缩机总成包括空气压缩机、排气电磁阀、空气干燥器、限压阀、电动机等。除干燥器总成外，压缩机和排气电磁阀均不可维修，只能进行总成更换。

1）空气压缩机。空气压缩机的作用是为升高汽车悬架高度提供所需的压缩空气，如图4-49所示。压缩机由活塞和曲柄连杆机构组成，直流永磁电动机驱动，具有大转矩和快速起动等特点。

2）空气干燥器。空气干燥器用于去除系统内由于空气压缩而产生的水分。为使结构紧凑，排气电磁阀、空气干燥器装在一起。空气干燥器安装在高度控制阀和排气阀之间，内部充满了硅胶。

图4-49 空气压缩机

3）排气电磁阀。排气电磁阀安装于空气干燥器的末端。在汽车悬架高度需要下降时，排气电磁阀打开，压缩空气通过空气干燥器，再经过排气电磁阀排入大气中。

4）限压阀。限压阀可防止系统内压力过高，例如由于继电器接触故障或控制单元有故障时压缩机没有关闭，在这种情况下，若系统压力高于约13.5bar，那么限压阀就会逆着弹簧力而打开，压力经排气过滤器而卸掉。

（2）高度控制电磁阀

高度控制电磁阀安装于空气干燥器和气压缸之间。用于控制汽车悬架的高度调节。高度控制电磁阀由电磁阀、阀体等组成。

在汽车悬架高度需要上升时，高度控制电磁阀接通，排气电磁阀关闭，向气压缸冲入压缩空气，使汽车悬架升高。在汽车悬架高度需要下降时，高度控制电磁阀接通，排气电磁阀打开，压缩空气通过空气干燥器排入大气中。

（3）气压缸

气压缸安装于减振器的上端，与普通减振器一起构成悬架支柱，上端与车架相连，下端安装在悬架摆臂上。

（4）车身高度传感器

高度传感器连接悬架与车身，作用是检测车身高度及因路面不平而引起的每个悬架的位移量，并将之转换成电信号输入EMSS ECU。高度传感器有光电式、线性式和霍尔效应式等形式。

（5）温度传感器

温度传感器主要是防止空气压缩机过热，当控制单元检测到温度超过最高设定值时，关闭空气压缩机。

（6）蓄压器

蓄压器可以使汽车底盘快速升高，而且噪声小，车辆行驶时空气压缩机工作给蓄压器充气，当汽车低速行驶时，基本上是由蓄压器给气压缸供气。蓄压器是铝制的，其容积约为 6.5L，最大工作压力约为 16bar。

（7）压力传感器

压力传感器一般集成在阀单元内，用来监控蓄压器和空气弹簧的压力。

（8）控制单元

控制单元通过接收传感器的信号，经过计算、分析、处理，判断车身高度情况，然后向执行器发出指令，控制车身高度和空气压缩机的工作情况。

（9）操纵按键

操纵按键一般有下降按键、升高按键和 ESP 按键，下降按键和升高按键内的 LED 表示操纵的方向，如果 LED 闪烁，就表示控制单元拒绝进行车身高度调节（如因车速过快）。

（10）指示灯

指示灯在点火开关接通时灯亮 1s（自检），当出现系统故障或系统关闭后灯长亮，在执行元件诊断过程中闪烁。

2. 电控变高度悬架系统的工作原理

电控变高度悬架系统在汽车乘客或载荷变化时，能够自动调节车身高度。当乘客或载荷增加时，系统将自动调高车身高度；反之，当乘客或载荷减小时，系统将自动调低车身高度。

（1）车身高度不变时的工作原理

当车身高度传感器输入 EMSS ECU 的信号表示车身高度在设定高度范围内时，EMSS ECU 将发出指令使空气压缩机停止转动，气压缸空气量保持不变，车身高度保持在正常位置。

（2）车身高度升高时的工作原理

当 EMSS ECU 接收到车身高度"偏低"或"过低"的信号时，立即向压缩机继电器和高度控制电磁阀发出电路接通指令，在接通高度控制空气压缩机继电器电路使压缩机运转的同时，接通高度控制电磁阀线圈电路使电磁阀打开，压缩空气进入气压缸，气压缸充气量增加，使车身高度上升。

（3）车身高度降低时的工作原理

当 EMSS ECU 接收到车身高度"偏高"或"过高"的信号时，立即向空气压缩机继电器发出电路切断指令，并向排气阀和高度控制电磁阀发出电路接通指令，压缩机电动机停止运转，排气阀和高度控制电磁阀线圈电路接通而使电磁阀打开，空气从气压缸、经高度控制电磁阀、空气软管、空气干燥器、排气阀排出，气压缸空气量减少使车身高度降低。

课程育人

通过电控助力转向系统、巡航控制系统、汽车雷达防碰撞系统和电子控制空气悬架系统等多种安全行驶电控系统，实现汽车更安全地行驶，服务人民，服务社会，充分体现社会主义职业精神。

项目 **5**
车身电子控制系统

赵先生刚刚购买了一辆家用轿车，从 4S 店提车后才一个星期，车辆就出现了故障：双区自动空调的左边可以正常工作，而右边两个出风口只能吹出热风。为此，赵先生打电话到 4S 店反映情况。假如你是 4S 店的维修人员，你能从赵先生的描述中迅速判断出故障原因吗？

学习目标

1. 能正确描述电控自动空调的组成、功能和控制原理。
2. 能正确描述电动座椅与电动车窗控制的组成及原理。
3. 能正确描述汽车电控仪表的组成、特点及运行原理。
4. 能正确描述汽车导航系统的组成、功能及分类。
5. 能正确描述电控防盗系统的组成、功能及工作原理。
6. 能正确描述安全气囊系统的作用、分类、结构及工作原理。

知识与技能点清单

序号	学习目标	知识点	技能点
1	能正确描述电控自动空调的组成、功能和控制原理	1.电控自动空调的组成和功能 2.电控自动空调的控制原理 3.电控自动空调的检修	能够在了解电控自动空调运转原理的基础上检修空调故障
2	能正确描述电动座椅与电动车窗控制的组成及原理	1.电动座椅的组成、控制原理和故障检修 2.电动车窗的组成和控制原理	能够在了解电动座椅与电动车窗的控制原理基础上检修其相关故障
3	能正确描述汽车电控仪表的组成、特点及运行原理	1.汽车电控仪表的组成和特点 2.汽车电控仪表的运行原理	能够正确描述汽车电控仪表的运行原理
4	能正确描述汽车导航系统的组成、功能及分类	1.汽车导航系统的组成 2.汽车导航系统的功能 3.汽车导航系统的分类	能够描述导航系统的组成及功能
5	能正确描述电控防盗系统的组成、功能及工作原理	1.电控防盗系统的组成和功能 2.电控防盗系统的工作原理	能正确描述电控防盗系统的控制原理
6	能正确描述安全气囊系统的作用、分类、结构及工作原理	1.安全气囊系统的作用 2.安全气囊系统的分类 3.安全气囊系统的结构与工作原理	能在了解安全气囊工作原理的基础上正确检修其相关故障

学习信息

5.1 电控自动空调

电控自动空调系统即 ECU 控制的空调系统。当驾驶人设定汽车内的温度后，空调系统能根据车内外条件的变化，借助车上各部位的传感器和执行器，自动改变制冷或供暖强度，对车内温度、鼓风机转速以及配风方式等进行调节，使汽车内温度保持在设定范围内。此外，它还能去除风窗玻璃上的冰霜，给驾驶人提供清晰的视野，确保行车安全。

5.1.1 电控自动空调的组成和功能

汽车空调系统按车辆的配置有所不同，一般汽车只配有制冷、暖风装置，

微课视频
压缩机与
电磁离合器

131

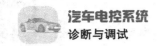
中高档汽车会配有空气净化装置。

1. 电控自动空调的组成

电控自动空调系统按其功能可分为制冷系统、供暖系统、通风系统、空气净化系统以及电控系统 5 个基本组成部分。

（1）制冷系统

电控自动空调系统制冷部分由压缩机、冷凝器、膨胀阀、蒸发器、储液干燥器、压力开关、冷凝器冷却风扇等组成。制冷系统的作用是将车内的热量通过制冷剂在循环系统中循环转移到车外，实现车内降温，其工作情况如图 5-1 所示。制冷系统主要包括制冷循环系统和控制系统等部分。

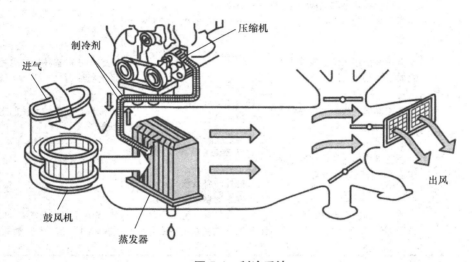

图 5-1　制冷系统

1）压缩机。压缩机的作用是将从蒸发器出来的低温、低压的气态制冷剂通过压缩转变为高温、高压的气态制冷剂，并将其送入冷凝器。目前，在汽车空调系统中所采用的压缩机有多种类型，比较常见的有叶片式压缩机、斜盘式压缩机、涡旋式压缩机、曲轴连杆式压缩机等。此外，压缩机还可分为定排量和变排量两种形式，变排量压缩机可根据空调系统的制冷负荷自动改变排量，使空调系统运行更加经济。

斜盘式压缩机是一种变排量的压缩机，如图 5-2 所示，通过改变斜盘的角度改变活塞的行程，从而改变压缩机的排量。压缩机旋转时，压缩机轴驱动与其连接的凸缘盘，凸缘盘上的导向销钉再带动斜盘转动，斜盘最后驱动活塞使其进行往复运动。这种压缩机可以根据制冷负荷的大小改变排量，制冷负荷减小时，可以使斜盘的角度减小，缩短活塞的行程，使排量降低；负荷增大时则相反。下面以负荷减小为例来说明压缩机排量如何减小，制冷负荷的减小会使压缩机低压腔压力降低，低压腔压力降低可使波纹管膨胀打开调节阀，高压腔的制冷剂便会通过调节阀进入斜盘腔，使斜盘腔的压力升高。斜盘右侧的压力低于左侧压力，斜盘向右移动，使活塞行程缩短。斜盘式的倾斜度决定了活塞的行程。旋转斜盘的倾斜度取决于腔内压力、活塞顶部的压力以及斜盘前后的弹簧力。腔内的压力取决于调节阀两侧的高低压力和节流阀的压力的大小。

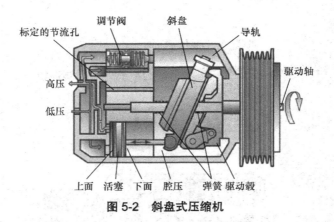

图 5-2　斜盘式压缩机

刚接通空调时，斜盘式压缩机高、低压及腔内的压力是相等的，旋转斜盘前后弹簧对斜盘的调节范围为 40%。此时压缩机开始的输出功率为 40%，即以较小的输出功率工作，以减小对发动机的冲击负荷。斜盘式压缩机在高制冷率状态时，如图 5-3 所示，高、低压管的相对压力较高，调节阀打开，从节流管流入的高压制冷剂经调节阀流回低压端，腔内的压力下降。活塞顶部的压力与弹簧 1 的压力之和大于活塞底部的压力（腔内压力）与弹簧 2 的压力之和，旋转斜盘的倾斜角度增大，活塞的行程增加，输出功率提高。

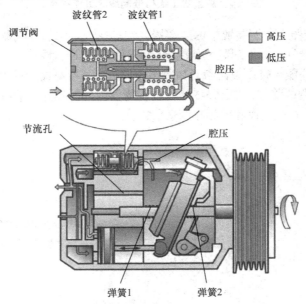

图 5-3　斜盘式压缩机高制冷率工作状态

斜盘式压缩机在低制冷率状态时，如图 5-4 所示，高、低压管的相对压力较低，调节阀关闭，从节流管流入的高压制冷剂无法经调节阀流回低压端，腔内的压力上升。活塞顶部的压力与弹簧 1 的压力之和小于活塞底部的压力（腔内压力）与弹簧 2 的压力之和，旋转斜盘的倾斜角度减小，活塞的行程缩短，输出的功率降低。通过腔内压力的改变，旋转斜盘的斜度随之改变，其对功率的调节范围为 5%（斜度最小）、100%（斜度最大）。

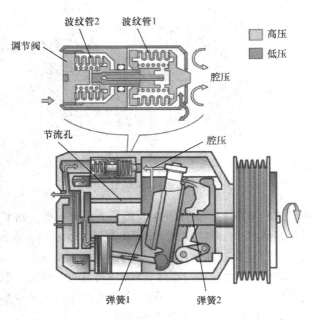

图 5-4　斜盘式压缩机低制冷率工作状态

2）冷凝器。冷凝器为空调装置中的冷却器，汽车空调系统的冷凝器从压缩机排气软管接收高温、高压制冷剂蒸气，制冷剂蒸气从冷凝器顶部的进口进入冷凝器，随着热制冷剂向下流过盘管，制冷剂中的热能经过冷凝器盘管和散热片传给流过冷凝器的温度相对较低的空气。冷凝器一般安装在散热器的前方，如图 5-5 所示，冷凝器内部的热交换通过空气冷却的方式来完成。这种冷却是由行车产生的风和散热器风扇来实现的。

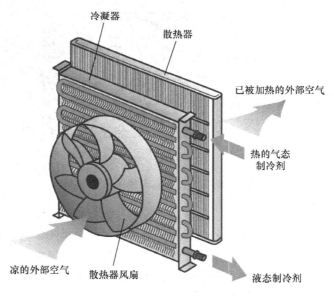

图 5-5　冷凝器

3）离合器。汽车空调压缩机是发动机通过传动带驱动的，电磁离合器用于控制空调压缩机的运行与停止，受空调 A/C 开关、温度控制器和压力开关的控制。汽车空调系统普遍采用固定线圈式离合器。在这类空调装置上，电磁线圈安装在压缩机的端盖上，并且电插头直接连接线圈导线。如图 5-6 所示，电磁离合器主要结构有电磁线圈、带轮、弹簧片等。弹簧片的毂固定在压缩机的驱动轴上。带轮装在压缩机壳体上轴输出端，并可以转动。电磁线圈与压缩机壳体刚性连接在一起，弹簧片与带轮之间有一个间歇 A。如果接通了压缩机，那么电磁线圈中就有电流流过，并产生一个磁场。该磁场将弹簧片拉靠到旋转着的带轮上（此时间隙 A 将不存在），于是在带轮和压缩机的驱动轴之间建立起力的传递关系，此时压缩机开始工作。只要电磁线圈中的电流不中断，压缩机就一直在工作。电磁线圈中的电流中断后，弹簧力就将弹簧片从带轮上拉开，此时带轮又开始自由转动（不与压缩机轴一同转动）。

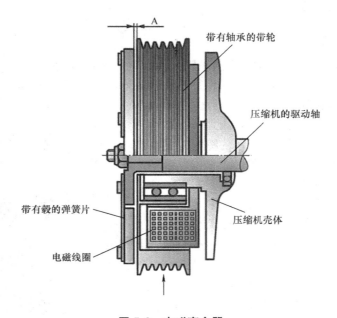

带有轴承的带轮

压缩机的驱动轴

带有毂的弹簧片

压缩机壳体

电磁线圈

图 5-6 电磁离合器

4）储液干燥器。储液干燥器又称为储液器，安装在冷凝器与膨胀阀之间，其功用有两点：一是临时储存制冷剂，保证制冷循环连续稳定地进行；二是吸收制冷剂中的水分，防止制冷系统由于温度过低导致水分结冰而发生堵塞。储液干燥器由罐体、干燥剂、输液管、滤网、制冷剂充注阀、观察孔、制冷剂入口与出口接头等组成，如图 5-7 所示。在罐体上方还设有视液镜、进口和出口。

5）集液器。集液器用于膨胀管式的制冷系统，安装在蒸发器出口处的管路中。由于膨胀管无法调节制冷剂的流量，因此从蒸发器出来的制冷剂不一定全部是气体，可能有部分液体。为防止压缩机损坏，在蒸发器出口处安装一个集液器，一方面将制冷剂进行气液分离，另一方面起到与储液干燥器相同的作用，其结构如图 5-8 所示。制冷剂进入集液器后，液体部分沉在集液器底部，气体部分从上面的管路出去进入压缩机。

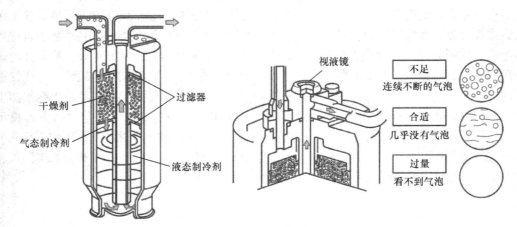

干燥剂

气态制冷剂

过滤器

液态制冷剂

视液镜

不足
连续不断的气泡

合适
几乎没有气泡

过量
看不到气泡

图 5-7　储液干燥器

6）膨胀阀。为了控制制冷剂进入蒸发器的流量，空调装置一般装设膨胀阀。膨胀阀是一种感压和感温自动阀，用于调整和控制制冷剂进入蒸发器的流量，保证制冷剂在蒸发器内完全蒸发。膨胀阀又称为节流阀或流量控制阀，汽车空调系统采用的膨胀阀主要有热力膨胀阀、电子膨胀阀和节流孔管。

热力膨胀阀的遥控感温包（热敏管）固定在蒸发器的出口上，如图 5-9 所示，当其感应出尾管的温度后，通过毛细管作用于阀中膜片，当作用在膜片顶部的压力比蒸发器内的压力与弹簧压力之合还大时，针阀从阀座移开，直到压力达到平衡为止，以此方式将适量的制冷剂流入蒸发器芯。当尾管处的热增加时，热敏管中的膨胀气体通过毛细管作用在膜片上的压力增加，膜片接着又迫使推杆向下推动阀销和针阀，使更多的制冷剂进入蒸发器。当尾管处的温度下降时，热敏管和膜片上的压力降低，从而使针阀回位，流入蒸发器的制冷剂量受到限制。

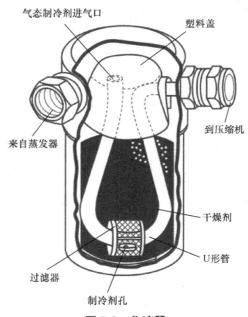

气态制冷剂进气口

塑料盖

来自蒸发器

到压缩机

干燥剂

U 形管

过滤器

制冷剂孔

图 5-8　集液器

热力膨胀阀控制的制冷剂流量的大小在很大程度上取决于下方弹簧弹力的大小。该弹簧弹力可以通过调节螺钉进行人为的调整。但对应的制冷剂流量调节范围小，当负荷变动较大时，蒸发器出口的过热度变化较大。相对而言，电子膨胀阀调节的范围更大，根据蒸发器出口的温度或压力信号，由电控单元适时改变膨胀阀开度，以调节进入蒸发器制冷剂流量的多少，从而便于及时调整蒸发器出口的过热度。根据驱动方式不同，可分为电磁式膨胀阀和电动式膨胀阀。

电磁式膨胀阀由磁性柱塞、阀杆和针阀组成一个整体，常态下电磁线圈断电，针阀全开，制冷剂流量最大。当电磁开度减小，以此来调节制冷剂流量的多少。针阀的具体位置取决于施加在电磁线圈上的电压或电流的大小。

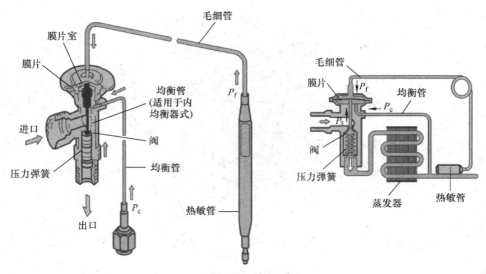

图 5-9　热力膨胀阀

电动式膨胀阀依靠步进电动机驱动针阀。常态下电磁线圈断电，针阀全开，制冷剂流量最大。当电磁线圈通电时，电动机转子在电磁线圈的电磁力作用下开始转动，转子的旋转运动在导向螺纹的作用下转变成针阀的直线运动，针阀开度减小，进而改变膨胀阀的流量。

膨胀阀的另一种形式是节流孔管，如图 5-10 所示，结构上只有一个小孔节流元件和一个网状过滤器，一般用在隔热性能好且车内负荷变化不大的轿车上。与膨胀阀相比，它结构简单，可靠性好，价格便宜，应用广泛，但它不能根据工况变化调节制冷剂流量。节流管根据使用情况尺寸有所不同，其节流元件堵塞会导致节流管失效，即使清理堵塞，节流管的节流效果也不理想，所以节流管一旦失效，通常都是直接换件，而且储液罐一般也要同时更换。

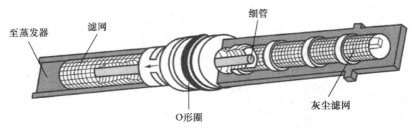

图 5-10　节流孔管

7）蒸发器。蒸发器和冷凝器一样，也是一个热交换器，膨胀阀喷出的雾状制冷剂在蒸发器中蒸发，吸收蒸发器空气中的热量，使其降温，达到制冷的目的。在降温的同时，溶解在空气中的水分也会由于温度降低而凝结，蒸发器还要将凝结的水分排出车外。蒸发器安装在驾驶室仪表板的后面，其结构如图 5-11 所示，主要由管子和吸热片组成，在蒸发器的下方还有接水盘和排水管。

空调制冷系统工作时，鼓风机的风扇将空气吹过蒸发器，使空气和蒸发器内的制冷剂进行热交换，从而使制冷剂汽化，空气降温，同时空气中的水分凝结在蒸发器的吸热片上，并通过接水盘和排水管排出车外。

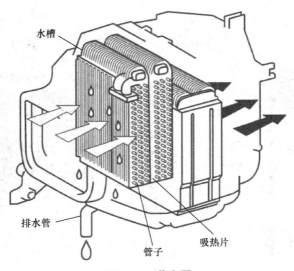

水槽

排水管

管子

吸热片

图5-11 蒸发器

（2）供暖系统

供暖系统由伺服电动机、热敏开关、取暖器主继电器、冷却液控制阀、加热器、节温器、散热器等组成，如图5-12所示。汽车的供暖系统可以将车内的空气或从车外吸入车内的空气加热，提高车内的温度，汽车的供暖系统有许多类型，按热源的不同可分为热水取暖系统、燃气取暖系统、废气取暖系统等，目前小型车上主要采用热水取暖系统，大型车辆上主要采用燃气取暖系统。

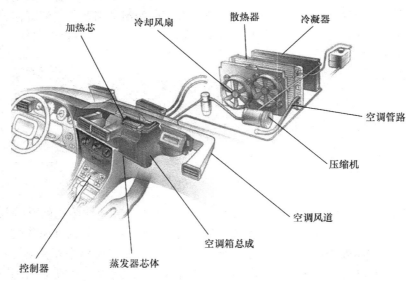

加热芯　冷却风扇　散热器　冷凝器

空调管路

压缩机

空调风道

空调箱总成

控制器　蒸发器芯体

图5-12 空调供暖系统

（3）通风系统

通风系统主要有送风道、风门等部件。能吸入新鲜空气，将冷风、暖风、新鲜空气进行混合，并把混合气分配到车厢不同位置的装置。目前采用最多的通风系统是全空调方式，即把车外空气和车内空气经风门调节后，通过蒸发器冷却除湿，部分进入加热器，出来的冷、暖风再混合，然后按照要求送入车内。

（4）空气净化系统

空气净化系统一般由空气过滤器、电子集尘器、阴离子发生器等组成，对流入车内的空气过滤、净化，不断排出车内的污浊气体。在普通轿车中空气净化的任务由蒸发器完成。

（5）电控系统

电控系统部分主要包括传感器、控制面板、执行器、空调控制单元及控制线路，其中传感器部分主要包括日照传感器、车内温度传感器、车外温度传感器、蒸发器温度传感器、冷却液温度传感器及烟度传感器等；执行器部分主要包括压缩机电磁离合器、鼓风机电动机、伺服电动机、混合空气阀执行器、取暖器主继电器伺服线圈、功率管及超高速继电器线圈等，如图5-13所示。

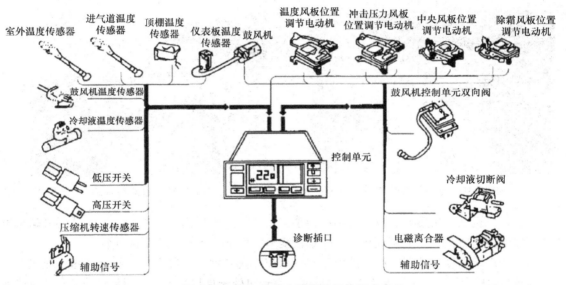

图 5-13　汽车自动空调电器元件组成

1）车外温度传感器。车外温度传感器一般以热敏电阻制成，当车外温度变化时其电阻发生改变。温度低时电阻大，温度高时电阻小。一般车外部温度传感器有两个，通常安装在蒸发器壳体上和散热器附近，如图5-14、图5-15所示。汽车在行驶时，散热器附近的外部温度传感器提供更加准确的外部温度；在停车或低速行驶时，则蒸发器壳体上的外部温度传感器可提供更精确的外部温度。控制单元同时记录两个外部温度传感器的检测值，并选用较低的温度值，以保证车在静止和运动时，车内均可获得最佳空气调节。两个外部温度传感器中，若一个出现故障，则以另一个传感器的测量值为准。若两个都出现故障，则控制单元启用代用值。

2）车内温度传感器。车内温度传感器同样采用热敏电阻材料，具有负温度系数特性。一般安装在仪表板或控制面板附近，如图5-16所示，并以空气管连接到空调通风管上，当气流迅速通过时，产生的真空将空气引经车内温度传感器。

3）日照传感器。日照传感器以光电二极管或电池制成，用以感应阳光照射车辆的强度，如图5-17所示，通常装在仪表板上方。

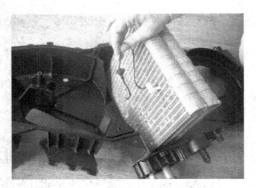

图 5-14　蒸发器附近车外温度传感器

图 5-15　散热器附近车外温度传感器

图 5-16　车内温度传感器

图 5-17　日照传感器

4）鼓风机温度传感器。鼓风机温度传感器位于鼓风机后面的采暖设备上，可用来确定蒸发器出口处的空气温度。该温度值是一个控制变量，用于控制温度风板的动作。

5）冷却液温度传感器。冷却液温度传感器属于选装件，一般安装在加热器的冷却液出口处，如图 5-18 所示，用于测量冷却液的温度。发动机处于预热暖机或空调装置处于自动模式运行时，鼓风机转速最低，缩短发动机预热时间，同时阻止冷却空气吹入车厢内。无冷却液温度传感器的汽车空调，用一个时间函数代替；只要发动机工作一段时间后，作为热态处理；长时间停车后，被视为室外温度。

6）鼓风机。空调系统 ECU 根据车主设定的温度、车内现有温度、车外温度、阳光强度、蒸发器温度等信号进行运算分析，从而发送不同的指令给鼓风机电动机（如图 5-19 所示），从而控制不同的鼓风机转速。对于一些恒温空调系统，当发动机起动时或冷却液温度低于预定值时，空调系统 ECU 使鼓风机不起作用。

7）混合空气阀执行器。混合空气阀执行器采用一个电控电动机，能够根据驾驶人设定的温度，自动控制混合空气阀的位置，以控制一定的车内温度。当驾驶人设定温度为 23℃时，而车厢内温度低于 23℃时，控制系统 ECU 发送指令给电动机，混合空气阀关闭蒸发器侧通道，并打开从暖气热散热器一侧来的通道，使车内温度迅速升高到 23℃；当车厢内温度高于 23℃时，控制系统 ECU 发送指令给电动机，混合空气阀打开从蒸发器一侧来的通道，并关闭暖气热散热器一侧的通道，并使鼓风机电动机高速运转，使车内温度迅速下降到 23℃。

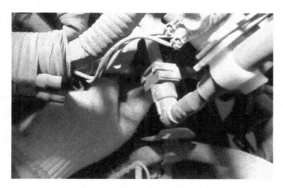

图 5-18　冷却液温度传感器

图 5-19　空调鼓风机

8）温度风板位置调节电动机。采用电动机伺服机构的自动空调系统，其风板位置由各自电动机单独控制。温度风板位置调节电动机"采暖"终端到"制冷"终端位置，风板位置可以在自诊断的基础上自动调整。温度风板位置调节电动机带有电位传感器，可将温度风板的位置用反馈值传给控制单元，控制单元根据预选的内部温度，通过温度风板位置调节电动机来改变温度风板位置，温度风板则以改变冷、热空气的混合，维持车内温度恒定。

9）冲击压力风板位置调节电动机。冲击压力风板位置调节电动机安装在蒸发器上，通过轴直接与冲击压力风板相接。汽车的行驶速度对空气的分流能力有很大影响，如果不加控制，车内新鲜空气的流量往往随车速而变化。为了恒定新鲜空气的流量，装置冲击压力风板位置调节电动机。根据汽车行驶速度、鼓风机转速和内部温度，控制单元通过调节电动机调节冲击压力风板位置，改变吸入管道流动截面积，保证新鲜空气流量的恒定。电动机的终端位置是自适应的，可在自诊断基础上自行修正调节。

10）中央风板位置调节电动机。中央风板位置调节电动机安装在采暖设备的支座上。用于仪表板或脚窝 / 除霜出风口的空气分配。根据控制单元的指令。电动机操纵中央风板，使空气流从"低部"终端位置（空气流向脚窝 / 除霜风板）到"上部"终端位置（空气流向仪表盘出风口）调整。电动机带有电位传感器，可将相应的风板位置信号反馈给控制单元，在自诊断基础上自行修正。

11）冷却液切断阀的双向阀。双向阀位于行驶方向采暖设备的右侧，冷却液切断阀位于其左侧，双向阀是一真空电磁阀，根据控制单元的指令，通过真空伺服机构控制冷却液切断阀。双向阀工作时，冷却液切断阀处于关闭状态，阻止冷却液进入采暖设备的热交换器，提高了制冷效果。

12）电磁离合器。空调压缩机的接通或断开由电磁离合器来控制，而电磁离合器受控制单元的控制。当制冷回路压力过高或过低、压缩机过热、冷却液温度过高等现象时，为保护压缩机，控制单元会发出指令给电磁离合器断开压缩机，以保证系统安全。

13）空调控制单元。空调控制单元一般与空调控制面板集成一体，如图 5-20 所示，根据输入的传感器信号及控制面板的操作输入信号来控制空调系统的运行，同时向车身控制单元（BCM）输出信号。

14）压力保护开关。汽车空调系统中一般都设有高、低压保护开关。这开关对系统的压力非常敏感，正常情况下处于关闭状态，当检测到系统压力异常高或低时，开关就断开，电磁离合器电路断电，压缩机退出工作状态。有时还会把两者组成一体，构成高、低压组合开关，起到双重保护的作用。在系统出现异常高压时，自动提高冷凝器风扇转速以降低冷凝器的温度和压力，或自动切断电磁离合器电路让压缩机停止工作，有触点常开和触点常闭两种类型。

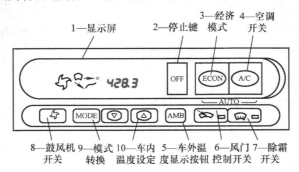

图 5-20　空调控制面板

低压保护开关的作用主要是在制冷剂量不足的情况下，自动切断电磁离合器电路让压缩机停止工作。当制冷剂压力正常时，触点接通压缩机电磁离合器电路。当压缩机排出的制冷剂压力过低时，低压保护开关会自动切断电磁离合器电路，压缩机停止运转，以保护压缩机不会损坏。

2. 电控自动空调的基本功能

1）温度控制：温度自动控制、风量控制、运转方式的自动控制以及换气量的控制等，以符合车内乘员对空调舒适性的要求。

2）节能控制：也就是压缩机运转工况的控制、换气量的最佳控制、随温度变化的换气切换和自动转入经济运行控制以及根据车室内外温度自动切断压缩机电源等的控制。

3）故障报警：制冷剂不足报警、制冷剂压力过高或过低报警、离合器打滑报警以及各种控制器件的故障判断报警。自动空调系统在器件发生故障报警的同时，还能把这一系统自动转入常规运行状态而不影响空调系统的工作。

4）故障码存储：空调系统发生故障，ECU 以故障码的形式存储起来，以便检修时指示故障的部位。

5.1.2　电控自动空调的控制原理

空调系统由空调 ECU 根据传感器监测到的信号或驾驶人的设定信号，通过对执行元件的控制，对车内温度、鼓风机转速以及配风方式等进行调节。

微课视频
汽车电控
自动空调

1. 温度控制

作为室内温度控制指标，需要吹出温度通过 4 种（车内、车外、蒸发器和阳光）温度传感器的输入信号为基础进行控制，并按下式计算

$$T_{AO}=aT_{SET}-bT_{TR}-cT_{AM}-dT_S+e$$

式中，T_{AO} 是需要吹出温度，单位为℃；T_{SET} 是设定温度（希望温度），单位为℃；T_{TR} 是车内温度，单位为℃；T_{AM} 是车外温度，单位为℃；T_S 是太阳辐射量，单位为 kcal/（m²·min）；a、b、c、d、e 是系数。

T_{SET} 是驾驶人用控制面板设定的温度，但一般不分季节，最佳温度为 25℃左右。T_{AO} 是为保持设定温度的稳定状态所需要的吹出空气温度指标。

2. 风量控制

1）鼓风机转速控制。当风量控制按键置于AUTO时，空调ECU通过T_{AO}自动控制风机的转速，如图5-21所示。只有把温度设置到最低时，风机以特高转速运转。其余状态下，由ECU控制风机转速处在高速和低速间无级变速。

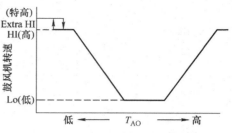

图 5-21　鼓风机转速控制

2）冷风切断控制。天气寒冷时，发动机刚起动后的冷却液温度还低。此时，如果是突然吹出冷风就会感到不快，因此空调ECU根据发动机冷却液温度传感器输入信号，逐渐增加鼓风机风量。在发动机冷却液温度达到40℃前，空调ECU使鼓风机风扇处于OFF状态。

3）暖风切断控制。刚起动发动机后，即使是压缩机正在运转也不可能充分地冷却蒸发器。尤其是炎热气候时突然吹出暖风也同样感到不快。有效的方法是，刚起动发动机后，空调ECU依据蒸发器温度传感器输入信号，再起动鼓风机使风扇运转。

3. 通风方式控制

通风方式控制也称气流方式控制。通风方式控制一般都要求头寒脚热，也就是冷风吹到头部和上半身而暖风吹到下半身与脚部时舒服。根据T_{AO}的值，把通风方式选择在风门处于最佳位置。

4. 进气方式控制

当按下某个进气方式时，空调ECU控制进气风门固定在"车外新鲜空气导入"或"车内空气循环"位置上。当将"AUTO"键按下时，空调ECU根据T_{AO}值，控制进气风门在以上两种方式之间交替改变进气方式。

5. 压缩机控制

空调ECU依据各种传感器的输入信号确定压缩机的工作时间。

1）压力控制。当制冷系统的压力异常（过低或过高）时，空调ECU使压缩机停止工作。

2）负荷控制。当传感器显示节气门全开或发动机处在高速运转加速超车需要最大功率时，空调ECU使压缩机停止工作。

3）节能控制。通过蒸发器的空气中含有水分，因此通常在3℃左右时，蒸发器上就出现挂霜的现象。如果蒸发器上挂霜，就相当于隔热，因而热交换效率明显下降。利用蒸发器温度传感器，测得蒸发器出口处的空气温度为3℃以下时，使压缩机的电磁离合器处在OFF状态，即停止压缩机的工作，停止制冷剂的循环，从而防止挂霜。相对于制冷能力，车辆的热负荷小（室内已达到十分适宜的温度）时易发生挂霜现象。通过提高压缩机的OFF温度，不但能防止挂霜，也能防止因为过剩制冷而引起的动力损失。

4）压缩机可变容量控制。部分自动空调系统具有压缩机可变容量控制功能。空调ECU根据发动机的转速与车内温度自动调节压缩机输出的制冷量，达到压缩机能量输出与车内热负荷的完美匹配，从而进一步提高汽车的舒适性及降低汽车的燃油消耗。

5.1.3　电控自动空调的控制电路

电控自动空调的控制电路一般包括电源控制电路、压缩机电磁离合器控制电路和鼓风机控制电路等，控制电路是为了保证汽车空调系统各装置之间的相互协调工作、各种控制功能而设置的。图5-22、图5-23为丰田威驰汽车空调控制系统电路图，主要控制内容有：蒸发器温度控制、制冷循环系统压力控制、鼓风机转速控制、冷凝器风扇控制等。

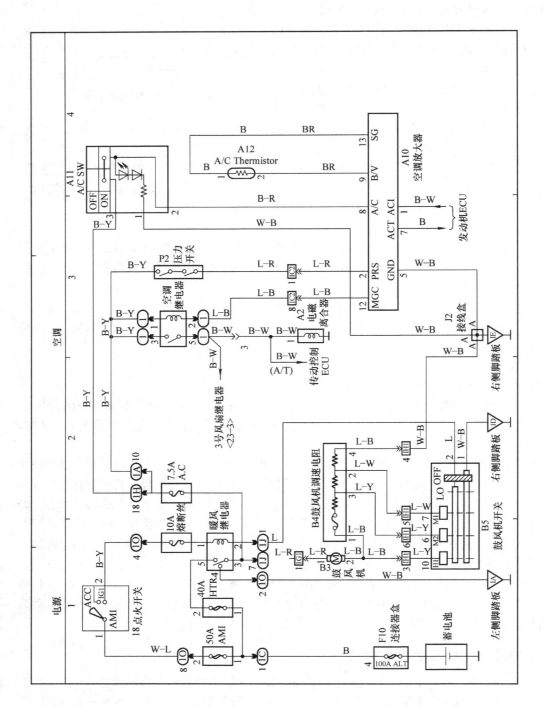

图 5-22　丰田威驰汽车空调控制电路（一）

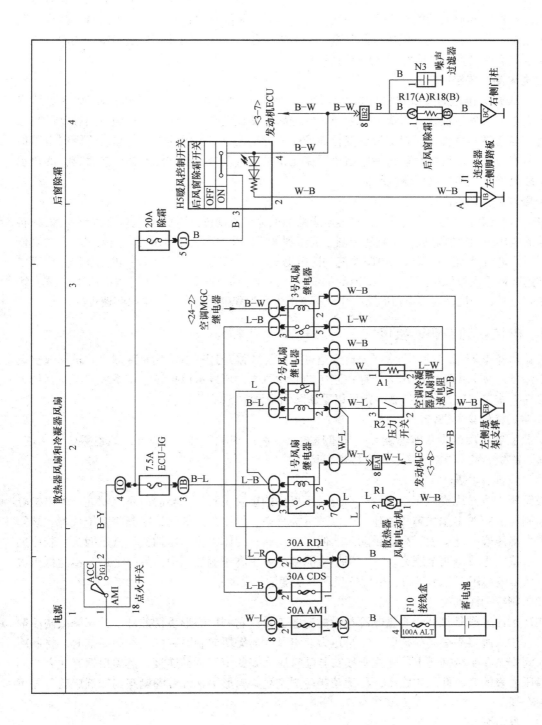

图 5-23　丰田威驰汽车空调控制电路（二）

1. 电源控制电路

电源控制电路包括蓄电池、点火开关、熔丝、继电器、鼓风机电动开关、鼓风机、电磁离合器。电源控制部分的功能是点火开关在接通位置时，只要鼓风机电动机开关闭合，空调电路就投入正常工作，也就是电磁离合器吸合，压缩机工作，制冷剂循环、开始制冷。同时，鼓风机旋转空气通过蒸发器变成冷气被送入车室内。

2. 电磁离合器控制电路

当点火开关接通时，鼓风电动机开关闭合，鼓风电动机电路接通，同时供给放大电路电流，放大电路再使压缩机电磁离合器接通。电磁离合器通电与否，受温度检测电路控制。热敏电阻的电阻值随蒸发器出风口的温度变化而变化，温度上升时电阻值下降，温度下降时电阻值上升，具有电阻负温度特性。这种电阻值的变化转换为电信号，传到怠速稳定放大器。通过怠速稳定放大器来检测控制压缩机的工作。

3. 鼓风机控制电路

鼓风机控制电路包括控制总成、调速电阻器和鼓风机电动机。当点火开关在运转位置时，将蓄电池的电压供给控制总成，电流从控制总成流到鼓风机开关和调速电阻器。当鼓风机开关在低速位置时，电流必须经过所有的电阻才能到达电动机。由于调速电阻产生较大的电压降，因而电动机转速降低。当鼓风机开关位于高速的位置时，加给电动机的电压增加时，电动机转速就会增加。在高速时，通过高速继电器电路将全部蓄电池电压加到电动机上，电动机转速提高。

5.1.4　电控自动空调的检修

检修汽车空调系统时，经常需要拆开空调系统。在修理过程中使用制冷剂回收机回收空调系统中的制冷剂。由于制冷剂被储存在制冷剂回收机内，所以可以拆开空调系统而不会污染大气。修理工作完成后，存储的制冷剂可以重新泵回空调系统。

1. 空调检修常用设备

空调检修常用的设备有温度计、歧管压力表、制冷剂注入阀、检漏仪、真空泵、万用表、电烙铁、乙炔 - 氧气焊割设备、成套维修工具等。

（1）歧管压力表

歧管压力表是维修汽车空调冷气系统必不可少的重要工具，它与制冷系统相连，可以检查和判断制冷系统的工作状态和故障，可以进行抽真空、加注制冷剂和诊断制冷系统故障。歧管压力表由高压表、低压表、高压手动阀、低压手动阀、阀体以及高压插头、低压插头、制冷剂或抽真空接头组成。两个压力表一个用于检测制冷系统高压侧的压力，另一个用于检测低压侧压力。低压表即用于显示压力，也用于显示真空度。

（2）制冷剂注入阀

制冷剂注入阀是打开小容量制冷剂罐的专业工具。它利用蝶形手柄前部的针阀刺破制冷剂罐，通过注入阀接头把制冷剂引入歧管压力表组件。当需要向制冷系统充注制冷剂时，将制冷剂注入阀安装在制冷剂罐上，充注阀接头与歧管压力表的中间软管连接，然后根据充注方法调节歧管压力表的高、低压阀状态，再旋动制冷剂充注阀蝶形手柄，针阀刺穿制冷剂罐盖后即可充注制冷剂。

（3）真空泵

真空泵是汽车空调制冷系统安装、检修后抽真空不可缺少的工具。制冷系统在安装或维修过程中，必然会有定量的空气进入系统，因此充注制冷剂之前，必须对制冷系统进行抽真空，否则，制冷系统中空气和水分会引起系统内压力升高和膨胀阀处冰堵，影响制冷系统正常工作。真空泵的主要作用是抽真空，排除汽车空调制冷系统内的空气、水分。抽真空并不能把水抽出系统，而是产生真空后降低了水的沸点，水在较低温度下沸腾，以蒸汽的形式被从系统中抽出。真空泵主要由转子、定子、叶片及排气阀等零件组成。工作时，在离心力和弹簧张力作用下，叶片紧贴在定子的内壁上，并将其分隔成吸气腔和压缩腔。转子旋转时，吸气腔容积逐渐增大，腔内压力下降，吸入气体；压缩腔容积逐渐减小，腔内压力升高，气体便从排气阀排到大气中去。这样不断循环，便可以把容器内的空气抽出，从而达到抽真空的目的。

（4）检修阀

检修阀是一种在维修空调时，对系统进行测量、检漏、回收制冷剂、抽真空和充注制冷剂必不可少的控制阀。检修阀通常安装在压缩机两侧，即一个在低压侧，另一个在高压侧。

（5）检漏仪

检漏仪是检查制冷系统内的制冷剂是否泄漏的检漏设备。当拆装或检修汽车空调制冷系统管道或更换零部件之后，都需对检修拆装部位进行制冷剂的泄漏检查。检漏仪分为卤素检漏仪和电子检漏仪两种类型。

卤素检漏仪是一种乙醇（或丙烷）气燃烧喷灯，它是利用制冷剂气体进入安装在喷灯的吸入管后会使喷灯的火焰颜色改变这一特性，来判断系统的泄漏部位和泄漏程度。当系统泄漏处有制冷剂进入喷灯的吸管时，火焰颜色会发生以下变化：泄漏量少时，火焰呈浅绿色；泄漏量多时，火焰呈浅蓝色；泄漏量很多时呈紫色。

电子检漏仪内设有一对电极和加热元件，在电源电压和加热元件的加热作用下，电极之间就会产生电流。当气态制冷剂流过电极时，回路中的电流就会明显增大，经过信号处理和放大后，即可发出制冷剂泄漏的报警信号。与卤素检漏仪相比，电子检漏仪的优点是使用方便、不需要点火、不产生毒性物质、预热时间短、灵敏度高、体积小、检测范围广。

（6）万用表

万用表用于检测汽车空调电路电子元器件的电压、电阻，例如检测熔丝、继电器、温度传感器的工作电压，检测电磁离合器电磁线圈的电阻（正常值为 3.7Ω 左右），检测出来的数值与标准值进行对比，可以判断出被检测的电子元件是否损坏。

（7）故障诊断仪

故障诊断仪用于读取空调控制单元内存储的故障码，通过故障码的提示可以判断空调电控系统故障的大致范围，需要注意的是，故障码显示信息不一定是故障的根本原因，仍需要进行人工诊断分析。另外，故障诊断仪可以读取空调控制单元相关传感器、执行器的数据流。

（8）成套维修工具

一些汽车空调生产厂家会为用户或维修人员配备成套维修工具，以便企业检测人员检测或维修人员随车携带。成套维修工具是把汽车制冷系统维修时需要的专用工具组装在一个工具箱里，专用成套维修工具中包括歧管压力表组、漏气检漏仪、制冷剂罐注入阀、制冷剂管割刀、管夹、扩口工具等。

2. 空调检修注意事项

1）在进行拆装空调任何电器部件之前，需要先将电源关闭并断开蓄电池负极接线。

2）灌注制冷剂之前，需要进行抽真空处理。

3）在拆卸制冷剂管路或填充制冷剂时，需要带上安全护目眼镜，切勿接触人体面部。

4）严格按车辆的要求加注标准量的制冷剂，不能多也不能少。如果按照标准量加注制冷剂后，发现空调系统的制冷效果并不好，那么说明，空调系统还是有故障存在，不要一味地加入更多的制冷剂，过量的制冷剂会对空调系统造成损坏。

5）避免使用不同的制冷剂，由于制冷剂 R134a 与 R12 的特性不同，两种制冷剂循环系统的相关功能以及冷冻润滑油各有特点，所以绝对禁止两种制冷剂交换使用。例如配置 R134a 的空调系统，如图 5-24 所示，其警告标识通常为 "R134a USE ONLY"，另外，在空调压缩机外壳上一般贴有 "R134a 仅使用 ND8 油" 的标识，如图 5-25 所示。

6）更换汽车空调配件时，需要补充冷冻润滑油，在进行补充之前，需要注意润滑油牌号。

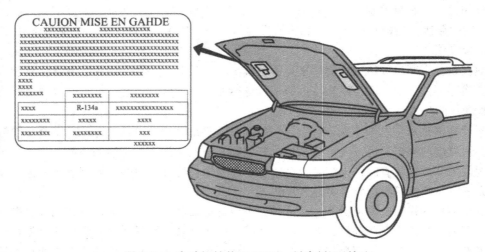

图 5-24　发动机舱盖下 R134a 制冷剂识别标识

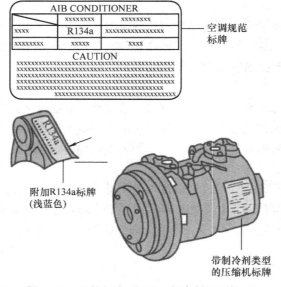

图 5-25　压缩机上 R134a 制冷剂识别标识

7）当环境温度低时，会使制冷剂加注困难，这种情况下可以将制冷剂放入 40℃的水中温热；当环境温度过高时，也会使制冷剂加注困难，这种情况下可以向冷凝器喷水或外加一个风机对空调系统进行强制散热。

3. 空调系统的检查

（1）直观检查

1）检查压缩机驱动带是否松动，如果驱动带过松按标准调整。

2）检查空调出风口的出风量。如果出风量不足，检查进风滤清器；如有杂物，需要进行清除。

3）听压缩机附近是否有非正常的响声，如果有，检查压缩机的安装情况。

4）听压缩机内部是否有杂音，这种杂音通常都是由压缩机内部零件损坏所引起。

5）检查冷凝器散热片上是否有脏物覆盖，如果有，将脏物清除。

6）检查制冷循环系统的各连接处是否有油渍，如果有油渍，说明该处有泄漏，应紧固该连接处或更换该处的零件。

7）将鼓风机开至低、中、高档，听鼓风机处是否有杂音，检查鼓风机是否运转正常。如果有杂音或运转不正常，应更换鼓风机（鼓风机进入异物或安装有问题也会引起杂音或运转不正常，所以在更换之前要仔细检查）。

（2）制冷剂量的检查

起动发动机运转，打开空调系统。观察系统制冷剂量和工作时各总成部件的状态。首先，通过储液干燥器的视液镜观察管路中制冷剂的流动状态。若制冷剂中有较多的气泡，则说明系统内制冷剂不足，应补充至适量；若观察到制冷剂清晰无气泡，出风口又无冷气送出，则说明系统内没有制冷剂，需立即加注。然后，仔细倾听压缩机的工作声音是否正常，尤其是电磁离合器吸合时的声音。最后，用手触摸汽车空调系统各部件及连接管路的表面，感受其工作温度是否正常，高压回路应呈烫手或较热状态，用手感进行外观检查时，能够触摸到的压缩机排气口、冷凝器进出口、储液干燥器进出口；低压回路应呈冰手或较凉状态，实际检查时，能够触摸到的是压缩机吸气口及管路，并能观察到化霜后的水珠。需要注意的是压缩机吸、排气口应有明显温差若无明显温差则表明制冷系统有泄漏或没有制冷剂，或压缩机高、低压腔串通。汽车空调系统正常工作时，冷气出风口处的手感是凉爽的，暖风出风口处的手感是温暖的。

（3）制冷系统压力的检查

在环境气温为 30~35℃条件下，起动发动机，按下 A/C 制冷开关，风机转速调至最高档，温度调至最低，让发动机转速稳定在 2000r/min 左右，运转一段时间后用歧管压力表检测系统高、低侧压力。在环境温度为 30℃时，压力表指示压力的高压侧压强值为 1.421~1.470MPa，低压侧压强值为 0.147~0.196MPa。出风口的温度也应在规定的范围内。

（4）制冷剂泄漏检查

制冷剂有很强的渗透性，由于制冷剂中含有压缩机油，因此制冷系统的连接处一旦发现有油渍，就可以判断该处可能有制冷剂渗漏。汽车空调制冷剂常泄漏的部位如图 5-26 所示。

空调检漏通常采用电子检漏仪，如图 5-27 所示，检查时发动机要处于停机状态，由于制冷剂较空气略重，因此检漏计的探头应放在管路连接部位的下方，并轻微振动管路，用闪光灯和蜂鸣器检查制冷剂是否泄漏，越靠近泄漏区域，闪光和蜂鸣的间隔越短，提高灵敏度将能检测到轻微的泄漏。

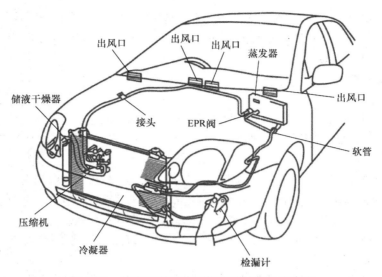

图 5-26 汽车空调制冷剂常泄漏的部位示意图

（5）压缩机总成的检查

当压缩机出现故障时，例如内部电磁离合器
（俗称"吸盘"）卡死，压缩机缸和压缩机垫窜气，
进排气阀损坏，线圈短路、断路时，空调会无法制
冷。开启汽车空调后，按下控制面板上的 A/C 按键，
观察压缩机是否运转，需要检测的项目有：

1）压缩机传动机构是否磨损、脱节；电磁离合
器（吸盘）是否紧密吸合，如果电磁离合器不能吸
合，可以用万用表测量电磁线圈的电阻，正常值为
3.7Ω 左右，否则说明电磁线圈存在断路或短路的现象。

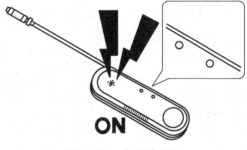

图 5-27 电子检漏仪

2）压缩机运行时有无异响。

3）压缩机驱动轮上的传动带是否打滑。

4）检查压缩机的密封性：使用歧管压力表检查压缩机阀口的压力，将歧管压力表分别接
至压缩机高、低压维修阀上，起动发动机后，汽车急速工况下运行，并保持转速在 2000r/min
左右，压缩机在正常工作时可以听到内部活塞运动的金属声，低压表显示值在 0.15~0.20MPa，
高压表显示值为 1.42~1.47MPa。

（6）蒸发器温度传感器的检查

蒸发器温度传感器向空调控制单元输入蒸发器温度信号，当检测到温度为 0℃时，空调控
制单元会使压缩机关闭，防止蒸发器结冰。使用故障诊断仪读取蒸发器温度传感器的数据流，
查看蒸发器温度传感器的温度信号，当报出蒸发器传感器温度异常的故障码时，例如：00818-
蒸发器出口温度传感器（G263）-30-10- 开路或对正极短路 - 间歇，则说明蒸发器温度传感器或
其线路存在故障。

（7）空调系统电路的检查

空调系统中压力传感器、温度传感器、温控器、压缩机电磁离合器、高低压保护开关、膨

胀阀感温包等电子器件，都是通过连接线束传递电信号的，当线路出现断路或短路故障时，会使得相关电子元器件无法工作，从而引起空调不制冷。检查空调系统电路时，可以通过故障诊断仪读取故障码来进行判断，另外，现代汽车普遍带有自诊断功能，可以通过相关故障指示灯来划分电路故障区域，例如，当压力开关有故障时，制冷指示灯熄灭，继电器触点断开，切断压缩机及冷凝风机电路，此时，压力系统故障指示灯会点亮，警告空调低压回路需要检修。当冷凝风机工作而压缩机不工作时，应先检查串联电路中的熔丝，然后检测继电器、电磁离合器，如果接通电源 - 风量开关后制冷指示灯不亮，且蒸发风机也不运转，应检查开关电源端子是否有电压。当控制面板内温控电路发生故障时，温控继电器触点断开，压缩机不能工作，制冷指示灯不亮，应检修或更换控制面板组件。

4. 空调系统的常见故障诊断

汽车空调系统进行故障诊断时应掌握先整车后系统、先系统后总成、先总成后部件、先外部后内部的原则。维修人员首先通过查看整车、系统、总成各设备的工作情况和外表，细听机器运转声音，用手触摸各设备相关部件的温度，利用仪器设备检测温度、压力与泄漏情况等方法，对故障的原因作初步判断，结合驾驶人对故障的详细介绍进行综合分析，查出故障原因，然后再进行修理。

由于汽车空调的制冷系统结构复杂，总成多，连接管路多，在恶劣的运行环境中比较容易出现故障，所以导致汽车空调系统出现故障的主要原因就是制冷系统异常。制冷系统常见故障现象有：空调压缩机不转、制冷系统不制冷、制冷量不足、制冷和制冷系统噪声过大等故障。

（1）空调系统不制冷

1）故障现象。起动发动机并稳定在 1500r/min 左右运行 2min，打开空调开关及鼓风机开关，冷气口无冷风吹出。

2）故障原因。

故障原因一般有以下几种：

① 熔丝熔断（控制电路断路），控制电路短路。

② 鼓风机开关、鼓风机或其他电器元件损坏。

③ 压缩机驱动带过松、断裂，密封性差或其电磁离合器损坏。

④ 制冷剂过少或有水份进入。

⑤ 储液干燥器（或积累器）、膨胀阀滤网（或膨胀管）、管路或软管堵塞。

⑥ 膨胀阀感温包损坏。

（2）空调系统异响或振动

1）故障现象。空调系统进行工作时，发出异常的声响或出现振动。

2）故障原因。故障原因一般有以下几种：

① 压缩机安装支架松动或压缩机损坏。

② 压缩机驱动带松动、磨损过度，带轮偏斜，驱动带张紧轮轴承损坏等。

③ 由于间隙不当、磨损过度、配合表面油污、蓄电池电压低等原因造成电磁离合器不工作。

④ 冷冻机油过少，使配合副出现干摩擦或接近干摩擦。

⑤ 鼓风机电动机磨损过度或损坏。

⑥ 系统制冷剂过多，工作时产生噪声。

⑦ 电磁离合器轴承损坏，线圈安装不当。

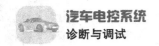
（3）空调系统制冷不足

1）故障现象。空调系统长时间运行，车厢内温度能够下降，但吹风口吹出的风不冷，没有清凉舒适的感觉。

2）故障原因。当外界温度为34℃左右，出风口温度0~5℃，此时车厢内温度应达到20~25℃。若达不到此温度，说明空调系统有问题。凡是引起膨胀阀出口制冷剂流量下降的一切因素，均可以导致系统制冷不足。此外，系统高低压侧压力、温度超过或低于标准值也会引起制冷不足。

① 制冷剂和冷冻机油脏污，使储液干燥器膨胀阀发生堵塞，导致通向膨胀阀的制冷剂流量下降，引起制冷不足。

② 制冷剂和冷冻机油中水分过多，导致膨胀阀节流孔出现冰堵，制冷能力下降。

③ 制冷剂注入量太多，引起高压侧散热能力下降，导致制冷效能不良。

④ 由于压缩机密封不良漏气、驱动带松弛打滑、电磁离合器打滑等导致压缩机排气温度和压力降低，出现制冷不足。

⑤ 冷凝器表面积污太多、冷凝器变形等，导致冷凝器散热能力降低。

⑥ 系统制冷剂过多，工作时产生噪声。

⑦ 膨胀阀开度调整过大，蒸发器表面结霜，膨胀阀感温包包扎不紧或外面的隔热胶带松脱，造成开启度过大，导致系统制冷不足。另外，膨胀阀开度过小，使流入蒸发器制冷剂量减少，也会引起制冷不足。

⑧ 送风管堵塞或损坏。

⑨ 温控器性能不良，使蒸发器表面结霜，冷风通过量减少，引起制冷不足。

⑩ 鼓风机开关、变速电阻、鼓风机电动机、继电器、线路等工作不良，导致冷风量减少。

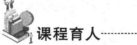
课程育人

　　汽车空气调节装置简称汽车空调，用于把汽车车厢内的温度、湿度、空气清洁度及空气流动调整和控制在最佳状态，为乘员提供舒适的乘坐环境，减少旅途疲劳；为驾驶人创造良好的工作条件，对确保安全行车起到重要作用的通风装置，体现了以人为本的科学发展观，坚持以人为本，树立全面、协调、可持续的发展观，促进经济社会和人的全面发展。

5.2　电动座椅与电动车窗

随着汽车电子化程度越来越高，为了给驾驶人与乘客带来更好的乘车体验，现代轿车上大多采用电动车窗，一些高档轿车甚至配备了电动座椅，这些装置主要通过按钮控制，驾驶人能够按照自己的意图通过不同的按钮实现自己的操作，简单方便。

5.2.1　电子控制自动调节座椅

电子控制自动调节座椅（简称电动座椅）自动化程度高，能够使座椅前后滑动，座椅的前、后部垂直上下的调节，座椅的高度调节，靠背的倾斜度调节，枕垫的上下调节，以及腰垫的调节等，能把驾驶人调定的座椅位置靠计算机储存下来，以作为以后调节的依据。驾驶人需要调节时，只要按一下

微课视频
电动座椅

按钮即可按记忆自动调节到理想的位置。

1. 电子控制自动调节座椅的组成

电子控制自动调节座椅主要由电气控制部分和执行机构等组成。

（1）电气控制部分

电气控制部分主要由继电器、保护装置、控制开关（手动调节开关、存储复位开关）、电子控制单元、位置电位器等组成，如图 5-28 所示。各部分作用如下：

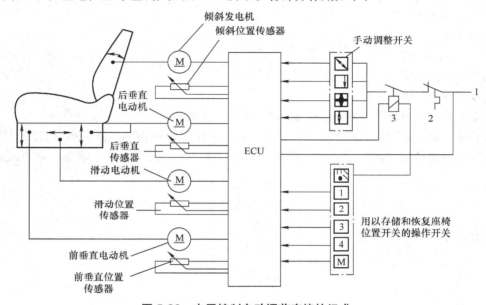

图 5-28　电子控制自动调节座椅的组成

1）继电器：接通和断开控制系统的电路。

2）保护装置：防止电器设备过载，保护电器设备的安全。

3）控制开关：控制开关安装在驾驶人座椅的左侧，它的作用是控制座椅的调节。由手动调节开关和存储复位开关组成。当需要个别调节时，可按开关上的标志进行操作。存储是通过操纵存储开关，将电位器输送来的电压信号存储在电子控制模块中，作为以后调节的依据。复位开关的作用是通过操纵复位开关使座椅根据记忆恢复到原来的位置。

4）电子控制单元：主要用于自动控制座椅的调节。

5）位置电位器：是在电动机传动轴上安装磁铁，当轴旋转时产生磁通变化，通过霍尔管取出旋转脉冲信号。用这种方法能测出可动部分的相对位置。

（2）执行机构

执行机构用来执行驾驶人的指令，以实现座椅的调整。它主要由电动机、传动装置和调节机构等组成。

1）电动机：电动机通过传动装置驱动调整机构对座椅进行调整，多采用双向式永磁电动机。

2）传动装置：传动装置的作用是将电动机的动力传给调整机构，以使座椅实现调节。它主要由传动轴和联轴器组成。为了便于布置，有的传动轴是软传动轴。传动轴的一端通过联轴器与电动机连接，另一端与调节机构连接。

3）调节机构：座椅的调节机构主要是由蜗轮蜗杆、螺杆和螺母以及支承等组成。

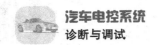
2.电子控制自动调节座椅的控制功能

电子控制自动调节座椅的控制功能主要有：

1）座椅前后滑移控制。

2）靠背的前、后倾斜控制。

3）座椅前、后垂直控制。

4）座椅后部垂直控制。

5）座椅高度控制。

6）靠枕控制。

7）位置存储及复位控制。

8）腰部按摩功能。

9）加热系统控制。

3.电子控制自动调节座椅的控制电路的识读与开关检测

我们以本田雅阁轿车为参考案例，详细介绍一下电动座椅控制电路。如图 5-29 所示，该控制电路包括前端上下调节电动机、前后调节电动机、后端上下调节电动机、靠背倾斜调节电动机。

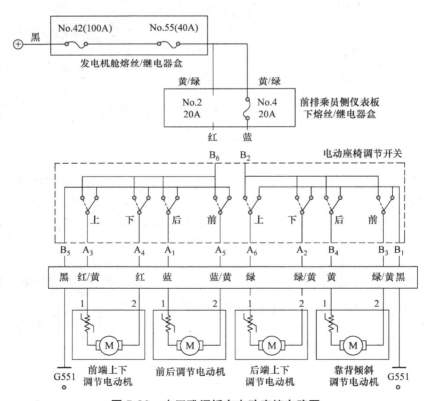

图 5-29　本田雅阁轿车电动座椅电路图

电动座椅调节开关对应表如表 5-1 所示。对照表中信息，我们可以清晰地读取到电动座椅开关的连接信息。

表 5-1　电动座椅调节开关对应表

开关位置	端子	A_1	A_2	A_3	A_4	A_5	A_6	B_1	B_2	B_3	B_4	B_5	B_6
前端上下调节开关	向上			●	●—	——	——	——	——	——	——	—●	●
	向下			●	●—	——	——	——	——	——	——	—●	●
后端上下调节开关	向上			●	——	——	—●	—●	●				
	向下			●	——	——	—●		●	●			
前后调节开关	向前	●	——	——	——	—●						——	●
	向后	●	——	——	——	—●						——	●
靠背倾斜调节开关	向前							●	●—	——	●		
	向后							●	●—	—●			

当按下某个调节开关，电动座椅没有动作时，大多数情况下是调节开关内部触点烧蚀或者接触不良。需要检测电动座椅开关时，首先拔出开关按钮，然后从驾驶座椅处拆下调节开关罩，接着拆开调节开关的两个 6 芯插头，如图 5-30 所示，再拆下固定螺钉，这样我们就能从开关罩上完全拆下调节开关了。

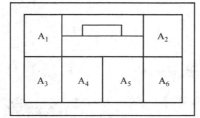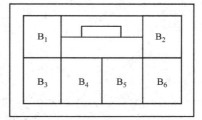

图 5-30　电动座椅调节开关 6 芯插头

我们以"前端上下调节开关"为例详细说明。当该开关掷于"向上"位置时，我们对照表 5-1 第一行给出的信息可知，此时开关上的 A_3 端子和 B_6 端子接通、A_4 端子和 B_5 端子接通。此时将万用表调至电阻档，将两个表笔分别与图 5-30 中的 A_3 端子、B_6 端子接触，如果阻值为零，说明此处连接正常，同样的方法再检查 A_4 端子和 B_5 端子，当阻值也为零时，说明"前端上下调节开关"中的"向上"调节开关一切正常。

4. 电子控制自动调节座椅的控制电路的故障检修

（1）故障现象

一辆英菲尼迪 EX25 汽车，该车上的电动座椅具有腰部按摩功能，如图所示，按图 5-31 腰垫开关的右侧，座椅从上至下局部按摩乘客的腰部；按图 5-31 腰垫开关的左侧，座椅没有动作（正常情况下座椅从下至上局部按摩乘客的腰部）。

（2）故障诊断检修

电动座椅的常见故障是座椅完全不能动作或某个方向不能动作。其常见的主要原因有：熔断器熔断、线路断路、

图 5-31　英菲尼迪 EX25 腰垫开关

座椅开关故障、某个方向对应的电动机损坏、开关损坏、对应的线路断路等。如果是座椅完全不能动作，应首先检查熔断器是否熔断，若熔断器良好，则应检查所在线路及其插接件是否正常，

再检查开关；若是某个方向不能动作，可以先检查所在线路是否正常，再检查开关和电动机。

根据故障现象，腰垫调节开关只有一侧失效，基本上可以诊断为开关出现损坏。进行维修时，我们首先将开关拆解下来，之后使用万用表来检测开关的连接触点。再进行检测时，我们需要读取相关车型的电路图，了解开关触点的连接部位，如图 5-32 所示。

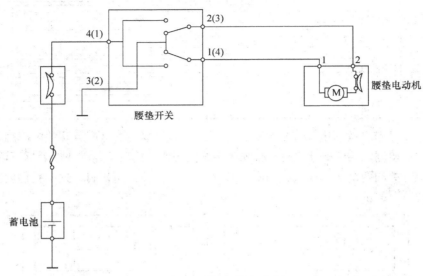

图 5-32　腰垫开关电路图

如图 5-33 所示，当按下图 5-33 腰垫开关的右侧时，腰垫开关触点 1（4）与触点 3（2）断开，同时接通触点 4（1），电流流向为蓄电池→腰垫开关触点 4（1）→腰垫开关触点 1（4）→腰垫电动机触点 1→腰垫开关电动机触点 2→腰垫开关触点 2（3）→腰垫开关触点 3（2）→搭铁，此时，座椅无相应动作，我们将万用表打至欧姆档200Ω，测量腰垫开关触点 4（1）与腰垫开关触点 1（4），万用表显示的阻值为无穷大，说明两个触点之间的连接存在故障，应予以检修后更换。

图 5-33　万用表检测腰垫开关故障触点

5.2.2　电动车窗

电动车窗升降系统的电动机广泛采用的是永磁式电动机，也有一些车型采用的是双磁场式电动机。

1. 左后门窗

电动车窗升降系统一般包括主控开关、分控开关及各个门窗的升降器。门窗升降器的传动机构有绳轮式和交叉臂式两种。

主控开关对全车电动升降门窗系统进行总的操纵，其电流由主控开关到各个分控开关。为安全起见，有些车的主控开关还有一个锁止开关，当开动锁止开关时，便切断了各分控开关的电路，此时只能用主控开关升降各车窗玻璃。有些车型的汽车还增加了其他安全措施：只有当点火开关在 RUN 档或 ACC 档时，分控开关才能起作用。

微课视频
电动车窗

　　永磁式电动机通过改变电枢电流的方向来改变电动机的旋转方向，使车窗玻璃上升或下降，电动机本身不搭铁，而是到主控开关搭铁。图5-34所示为永磁式电动机的电动门窗升降系统电路图。

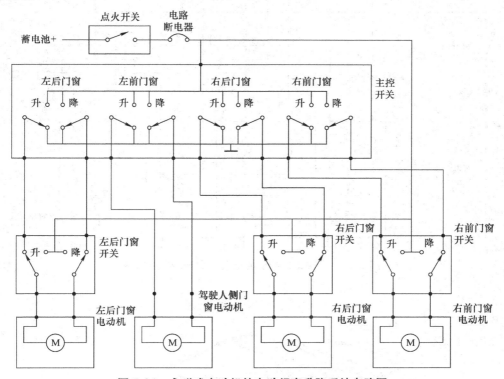

图5-34　永磁式电动机的电动门窗升降系统电路图

（1）主控开关控制

　　当主控开关中的左后门窗开关拨到 UP 位时，电流方向为：蓄电池正极→点火开关→电路断电器→主控开关中左后门窗触点→左后门窗分控开关触点→电动机→左后门窗分控开关另一触点→主控开关中左后门窗另一触点→搭铁，电动机旋转，带动左后门窗玻璃上升。

（2）分控开关控制

　　当左后门窗分控开关拨到 UP 位时，电流方向为：蓄电池正极→点火开关→电路断电器→左后门窗分控开关触点→电动机→左后门窗分控开关另一触点→主控开关中左后门窗另一触点→搭铁，电动机旋转，带动左后门窗玻璃上升。

　　有些车型的汽车采用双磁场绕组电动机，其电动门窗升降系统电路如图5-35所示。其原理是：电动机有两个绕向相反的励磁绕组，一个是上升绕组，一个是下降绕组；每次励磁其中一个绕组，电动机的旋转方向由励磁绕组决定，且电动机外壳本身是搭铁的。

2. 车顶天窗

　　为提高乘坐的舒适性和操作的便利性，现代轿车上安装了电动天窗系统。汽车车顶天窗可改善车厢的采光和通风。

　　车顶天窗主要控制装置如图5-36所示。

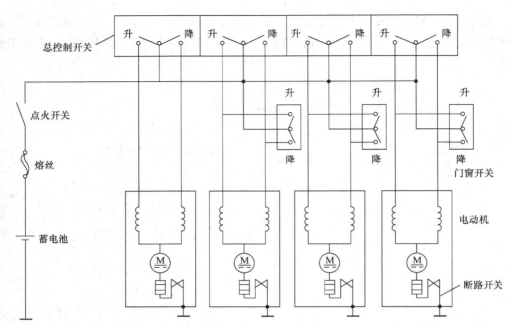

图 5-35　电磁式电动机的电动门窗升降系统电路

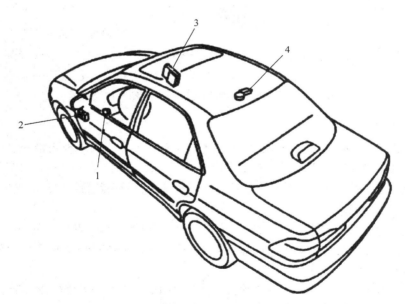

图 5-36　天窗主要控制装置在车上的布置

1—天窗开关　2—天窗关闭继电器　3—点火钥匙断开定时器电路　4—天窗电动机

车顶天窗控制主要由滑动机构、驱动机构、控制系统和开关等组成。

（1）滑动机构

滑动机构主要由导向块、导向销、连杆、托架和前、后枕座等构成。

（2）驱动机构

驱动机构主要由电动机、传动机构和滑动螺杆等组成。

电动机通过传动装置向天窗的开闭提供动力，能双向转动，即通过改变电流方向以改变电动机的旋转方向，实现天窗的开闭。

传动机构主要由蜗轮蜗杆传动机构、中间齿轮传动机构（主动中间齿轮、过渡中间齿轮）和驱动齿轮等组成。齿轮传动机构接受电动机的动力，改变旋转方向，并将动力传给滑动螺杆，使天窗实现开闭；同时又将动力传给凸轮，使凸轮触动限位开关进行开闭。主动中间齿轮与涡轮固定在同一轴上，并与蜗轮同步转动；过渡中间齿轮与驱动齿轮固定在同一输出轴上，被主动中间齿轮驱动，使驱动齿轮带动玻璃开闭。

（3）控制系统

控制系统是一个数字控制电路，并设有定时器、蜂鸣器和继电器等，其作用是接受开关输入的信息，通过数字电路进行逻辑运算，确定继电器的动作，控制天窗开闭。

（4）开关

电动天窗的开关由控制开关和限位开关组成。控制开关主要包括滑动开关和斜升开关。滑动开关有滑动打开、滑动关闭和断开（中间位置）3个档位。斜升开关也是有斜升、斜降和断开（中间位置）3个档位。通过操作这些开关，令天窗驱动机构的电动机实现正反转，在不同状态下正常工作。

限位开关主要是用来检测天窗所处的位置。限位开关靠凸轮转动来实现断开和闭合。凸轮安装在驱动机构的动力输出端。当电动机将动力输出时，通过驱动齿轮和滑动螺杆减速以后带动凸轮转动，于是凸轮周边的凸起部位触动开关使其开闭，以实现对天窗的自动控制。

5.3 汽车电控仪表

汽车电控仪表，即采用计算机控制，以数字或光条图形式，配以国际标准（ISO）符号，用来监测汽车或发动机各系统的工作情况的装置。汽车电控仪表由各种仪表、指示器，特别是驾驶人用警告灯、报警器等组成，为驾驶人提供所需的汽车运行参数信息。现在的汽车电控仪表多为全数字汽车仪表，是一种网络化、智能化的仪表，其功能更加强大，显示内容更加丰富，线束连接更加简单。

汽车电控仪表是汽车与驾驶人进行信息交流的界面，为驾驶人提供必要的汽车运行信息，同时也是维修人员发现和排除故障的重要工具。汽车电控仪表示意图如图5-37所示。

图5-37 汽车电控仪表示意图

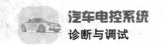

汽车电控系统
诊断与调试

微课视频
电控仪表

5.3.1　汽车电控仪表的组成和特点

如图 5-38 所示，电控仪表系统主要由各种传感器、ECU 以及各种电子显示元器件组成，其中 ECU 和各种电子显示元器件通常集中安装于仪表板内，图 5-39 所示为电控组合仪表板的结构。

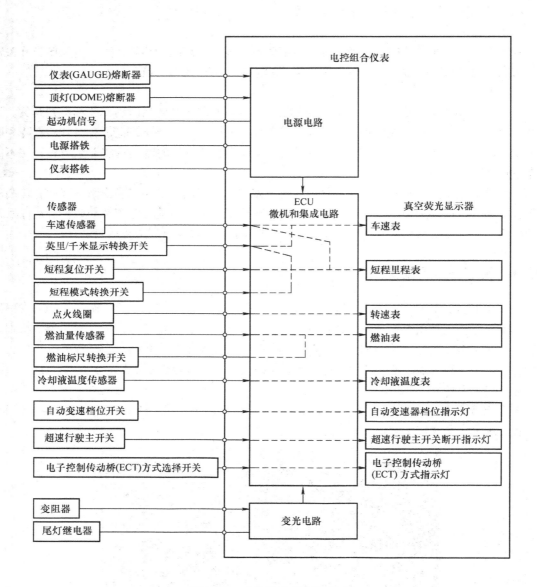

图 5-38　电控仪表系统的组成

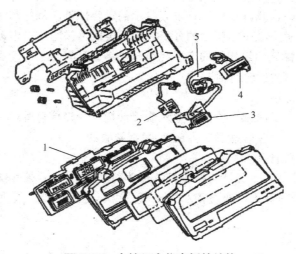

图 5-39　电控组合仪表板的结构

1—ECU 和荧光显示器　2—转换开关　3—里程表（机械式）　4—短程控制开关　5—车速传感器

　　ECU 接收各种传感器传来的信号进行计算，以确定车辆的行驶速度、发动机转速、发动机冷却液温度、燃油量及车辆其他情况的测量数据，并把这些数据通过数字或条形图形式显示出来。例如，ECU 利用车速传感器输送的脉冲信号计算车速，然后使真空荧光显示器发光，显示车速，如图 5-40 所示。

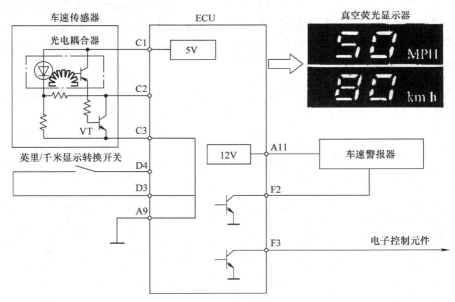

图 5-40　电控仪表系统的车速表

　　电控仪表系统具有如下特点。

（1）采用了步进电动机

　　传统仪表采用电热或电磁方式驱动表头指针，这样不仅指示的精度低，体积大，而且线性

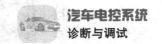

度差，采用步进电动机完全能够避免这些问题。仪表步进电动机是一种将电脉冲转化为角位移的执行部件。它带动仪表的指针动作，是仪表指示的重要部件，例如车速传感器的脉冲信号传递给微控制器（MCU）后，经过 MCU 的分析处理后再次传递给步进电动机，从而带动车速表指针的转动。电动机内部有两组相同的定子绕组与工字型骨架，工字型交汇处有一永磁体的转子，转子上带有一套精密的齿轮组相接。

（2）采用 LCD 液晶屏

除了显示常规信息外，液晶屏上还会显示统计油耗及故障信息等。目前诊断仪上显示的故障在仪表上均可以显示。这些信息都是从 CAN 总线接收的。

（3）采用了发光二极管

传统仪表采用灯泡作为照明灯与警告灯，因为灯丝易挥发，寿命较短。发光二极管靠半导体激发，只需加很低的电压，通过很小的电流，就能达到很高的亮度，而且其寿命远远超过灯泡。

（4）采用了汽车总线

采用基于汽车总线通信技术，同汽车的 VECU（车身电控单元）和 EECU（发动机电控单元）进行数据通信，共享整车的信息资源（包括传感器和汽车运行数据等）。可通过 CAN 总线得到发动机转速、冷却液温度信号、机油液位、机油压力、发动机电控系统故障信息以及排气制动指示灯、巡航指示灯、停机警告灯、维护指示灯以及发动机制动指示灯等信息。

5.3.2　汽车电控仪表系统的运行原理

汽车电控仪表的电控系统运行原理如图 5-41 所示。电控系统接收不同传感器的模拟信号或数字信号，通过接口电路、中央处理器、输出驱动电路，最后控制电控仪表的显示器。对于控制电控仪表的计算机，有的车型采用车身计算机来控制电控仪表，而有些车型采用单独的计算机来控制电控仪表。

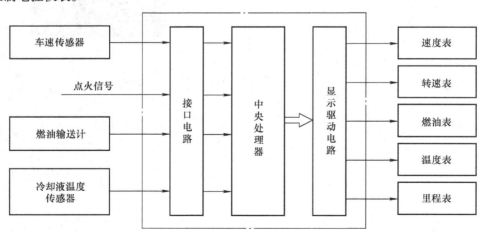

图 5-41　汽车电控仪表的电控系统运行原理图

为了简化电路、降低成本、节省空间，电控仪表的电控系统中，采用了多路传输技术。例如当汽车发动机起动后，发动机转速、冷却液温度、燃油液面高度等多种信号同时传输给计算机处理。在同一时刻，在所有输入的大量信号中，计算机系统只能处理一个信号。在所有需要输出的大量信号中，计算机系统只能输出一个信号到相应的显示器中。采用了多路传输技术后，多路开关选择器把输送给计算机系统的大量信号分开，有序地选择信号源，输送给计算机系统。而多路开关分配器把计算机系统处理后的所有信号分开，有序地把信号输送给相应的显示器，如图 5-42 所示。

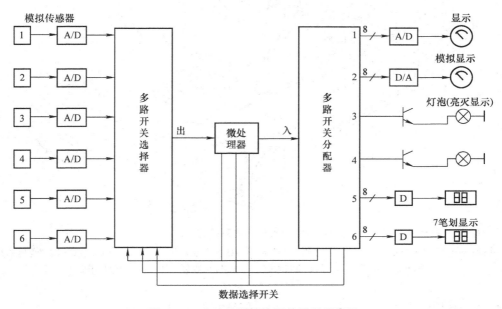

图 5-42　多路信号转换开关原理示意图

多路信号转换开关的基本原理为：根据各项信息的快慢，如冷却液温度信号变化慢，而发动机转速信号变化快，计算出不同信号源开关接通时刻，即确定对某一信号源在一段时间内选送信息的次数，再根据项目数据的多少，编出相应的控制电路，以实现上述控制功能。

5.4　汽车导航系统

汽车导航系统即汽车行驶导向系统，是一种汽车驾驶辅助设备，为的是引导汽车在繁忙的交通状态和复杂的道路网络中选择最佳的路径，并在车辆行驶过程中提醒驾驶人按照计算的路线行驶，使其能在尽量短的时间和路程内到达目的地。

5.4.1　汽车导航系统的组成

汽车导航系统的组成如图 5-43 所示，车辆前座中央有显示器可显示道路地图和其他有关交通信息。车前后部各装有 GPS 接收天线，GPS 接收器装在行李舱内，地磁传感器装在车顶，在车轮上装有车速传感器，转向结构上装有转向角度传感器等。有关信息经导航微型计算机（ECU）统一管理，通过显示器输出对汽车导航。

微课视频
汽车导航系统

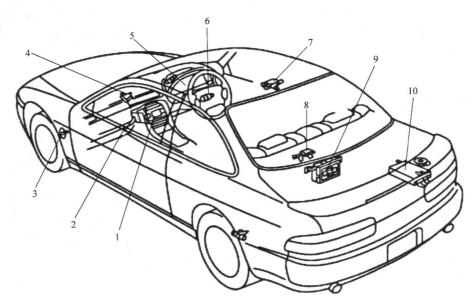

图 5-43　汽车导航系统的组成

1—LCD 显示板　2—导航 ECU　3—车轮速度传感器　4—GPS 天线接收　5—车速传感器　6—转向角传感器
7—地磁传感器　8—GPS 接收天线　9—GPS 接收器　10—CD-ROM 唱机

5.4.2　汽车导航系统的功能

汽车导航系统目前已发展到比较先进的多功能综合系统，其主要功能具体如下：

1）全球卫星定位智能防盗报警功能。当车辆停车警戒后，再打开车门，1min 内未输入正确用户密码或汽车被非法移动（如用拖车拖走 50m），防盗系统自动向监控中心和车主设置的多个报警电话语音报警，监控指挥中心接收到报警车辆信息的同时，报警车辆的准确位置、速度、行驶方向会自动在电子地图上显示出来。

2）调度管理功能。监控指挥中心可以主动了解机动车的地理位置及其具体信息，因此，调度人员可根据机动车驾驶人的要求进行引路，指导机动车选择最佳路径行驶。

3）紧急援助功能。当车辆被劫持或车主被抢时，车主能在劫匪毫无察觉的情况下，轻触紧急报警按钮，无声无息报警。监控指挥中心接警后，能配合警方对车辆进行实时监控、起动监听装置监听车内动静、锁定车辆位置、反控熄火、发出声光报警并保护车主安全。

4）电话起动汽车功能。严寒的冬天或酷热的夏日，驾驶人可提前通过座机或手机起动发动机，打开车内空调，使车主上车后有一个舒适的驾车环境。

5）车载电话功能。汽车导航系统融合了 GSM 技术，具备数字移动电话所有的拨打和接听本地网电话，国际、国内长途电话等基本功能和新业务。在 GPS 报警定位的同时，GSM 数字电话仍可进行正常通话。

6）网络查询功能。安装汽车导航系统的车主可以通过计算机在网络上进行查询，车主即使远隔重洋，只要登录"中国智能交通通信网络"输入用户名和密码，即可查询车辆的实时位置和状态，并可通过计算机对车辆进行控制。

7）热线服务功能。车主通过遥控器上的"热线"与车辆注册地的监控指挥中心联系，可享受到很多增值服务，如紧急候车、加油、导航、票务、酒店订座、订房等服务。

5.4.3 汽车导航系统的分类

汽车导航系统种类较多，按其导航原理分类如下：

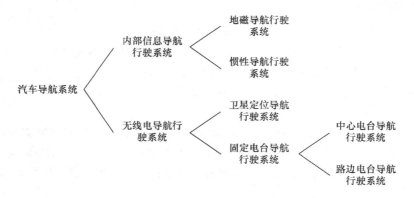

（1）内部信息导航行驶系统

内部信息导航行驶系统是利用陀螺仪或地磁方位传感器、距离传感器等制成的汽车导航行驶系统；根据使用传感器的不同又分为地磁导航行驶系统和惯性导航行驶系统。

地磁导航行驶系统利用地磁方位传感器随时测出汽车的行驶方向，距离传感器测出距离，计算机算出汽车的行驶轨迹、到达目的地的方向、所余距离等，并可以在显示器上一一显示出来，以达到导航的目的。

惯性导航行驶系统与地磁导航行驶系统一样，利用方向和距离传感器获得汽车的行驶方向、行驶轨迹等信息，所不同的是，其方向传感器为惯性陀螺仪。

（2）无线电导航行驶系统

无线电导航行驶系统又分为卫星定位导航系统和固定电台导航系统。

卫星定位导航系统最初是美国发明和建立的。卫星定位导航即利用卫星定位导航系统提供的位置、速度及时间等信息来完成对各种目标的定位、导航、检测和管理等。

固定电台导航系统又分中心电台导航系统和路边电台导航系统。中心电台导航系统一般是一个集导向、车辆监控、防盗、差分 GPS 应用于一体的综合系统，一般以几十千米到几百千米为半径设一个中心站，该中心站除接收 GPS 信息外，还收发各个车辆的导航、防盗等综合信息，可以把任意一个车辆的实时轨迹显示在显示器上。一般较大的系统设一个中心站，下设若干个子站，每个子站带若干个车辆，以扩大监控范围和导航的车辆数。路边电台导航系统一般是一个集交通控制和导航于一体的综合系统，在高速公路的路边，每隔几百米到几千米设一个小功率电台，汽车上的小功率收发机每到一个电台可通过无线电波和交通控制中心交换一次信息，达到交通控制与导航的目的。

5.5 电控防盗系统

汽车防盗报警系统是一种安装在车上，用来防止车辆被盗、被侵犯，使车辆获得保护并实

现防盗器各种功能的装置。随着科学技术的进步，电控防盗系统获得普遍应用，主要包括电子式、芯片式和网络式等类型，具有报警、切断发动机点火电路、油路、控制制动和变速等功能。

电控防盗系统是在原有中央门锁的基础上加设了防盗系统的控制电路，以控制汽车移动并同时报警，是目前较为理想的防盗装置。

5.5.1 电控防盗系统的分类

微课视频
电控防盗系统

汽车电控防盗系统主要靠锁定发动机控制单元或起动线路来达到防盗的目的，同时具有声音和灯光报警功能。因此，电子式防盗系统在系统触发时发动机将无法起动，同时防盗喇叭鸣叫或外部灯光闪烁发出警报。电子式防盗系统中防盗器种类很多，分类方式不同，其类型也不同。

1. 按控制方式分类

电控防盗系统按控制方式的不同，可分为遥控式防盗系统和非遥控式防盗系统。遥控式防盗系统是遥控控制防盗器的全部功能，可靠方便。可带有振动侦测、门控保护及微波或红外探头等功能。当利用遥控器进行锁车时，可以禁止发动机的起动，即使遭受到暴力式的开启车门，偷盗者也无法移动汽车。

2. 按防盗器结构分类

1）电子声光类。遇到非正常开门、振动等情况，通过电子感应便会引起喇叭长鸣、车灯闪烁，起到阻吓作用。

2）机电结合类。当遇到盗劫时，汽车不仅可以发出声光报警信号，还能够自动锁住油路、电路、控制单元。有的中高档轿车还能用电子钥匙，只有密码相符时才能起动发动机。

3）网络报警类。它是一种建立在以城市为中心的网络化产品，具有遇盗自动报警、跟踪定位、遥控停车等功能。

3. 按监控方式分类

1）无线电跟踪式，防盗系统内设有小型的无线电发射器，一旦车辆被偷走，该装置能够协助警方探测出汽车的位置信息。

2）GPS 卫星定位式，网络式汽车防盗系统是利用 GPS 卫星定位系统对汽车进行监控，以达到防盗目的。该防盗系统不但可以锁定汽车点火或起动，还可以通过 GPS 卫星定位系统将报警信息和报警汽车所在的位置传送到报警中心，利用这个系统还可以增加交通事故、防盗系统意外失效、抢劫等自动报警功能。

5.5.2 电控防盗系统的组成和功能

电控防盗系统在汽车上的布置如图 5-44 所示。

电控防盗系统一般由发动机控制 ECU（EMS ECU）、防盗电控单元 ECU（IMMO ECU）、传感器、发送器和诊断器、报警装置等组成。

1. 防盗电控单元（ECU）

防盗电控单元的主要功能是接收传感器发送的信号，根据预先储存的数据和编制的程序，通过数学计算和逻辑判断，确定车门是否被锁定、车辆是否非法移动、被盗，以控制各个执行器，从而使汽车处于报警状态。此外，防盗电控单元还具有故障自诊断功能。根据防盗电控单元（ECU）的集成程度，防盗系统有两种结构形式。

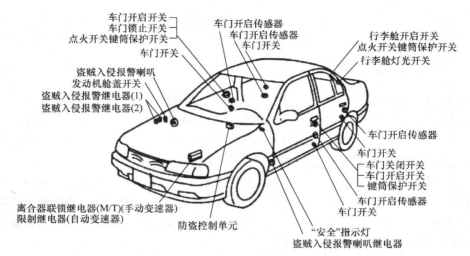

图 5-44　汽车电控防盗系统部件在轿车上的布置

（1）防盗电控单元（ECU）作为一个独立的器件，如图 5-45 所示。

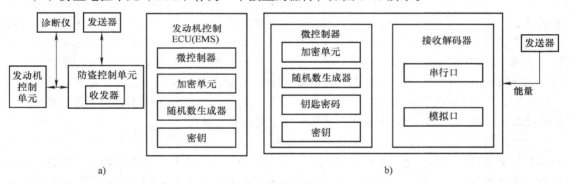

图 5-45　防盗系统基本组成及原理图（一）

a）系统基本组成　b）系统原理图

（2）将防盗电控单元（ECU）中的单片机控制功能集成到车内某一单片机内，仅将信号收发器独立出来，如图 5-46 所示。

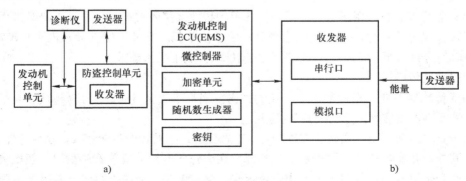

图 5-46　防盗系统基本组成及原理图（二）

a）系统基本组成　b）系统原理图

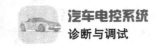

如上所示，电控防盗系统利用射频技术，实现非接触式或遥控式的钥匙鉴别；利用数字加密技术，实现发动机控制 ECU 和 IMMO ECU 之间的加密通信；而发动机控制 ECU 识别来自 IMMO ECU 的信息，进而控制点火和喷油。

2. 传感器

传感器的功用是当报警系统工作时，传感器检测汽车有无异常情况发生。当汽车被移动或车门被打开时，传感器将检测到的信号传送给防盗电控单元（ECU），防盗电控单元（ECU）根据其内部储存的数据进行比较，判断汽车是否正在被盗。如汽车被盗，防盗电控单元（ECU）输出信号控制报警装置发出声光报警信号，阻止汽车起动。

传感器主要通过以下方式进行检测：车门开启操作不正常，行李箱盖、油箱盖或发动机舱盖被非法打开；汽车非法移动而产生振动、车辆倾斜，门窗玻璃被打破。汽车电控防盗系统用的传感器主要有以下几种：超声波传感器、热释电式红外线传感器、玻璃破碎传感器和振动传感器（用于检测汽车受到的冲击）。

（1）超声波传感器

超声波传感器主要由振动线圈、永久磁铁、压电晶片以及电子放大电路构成，将两个压电元件黏合在一起，称为双压电晶片，由一个压电元件构成的则称为单压电晶片。超声波射在压电晶片上，使压电晶片振动就会产生电压信号。反之，在压电晶片上加上一个电压也会产生超声波。当交变电压作用于振动线圈时，其内部会产生磁场，其频率与交变电压的频率相同，与振动线圈相连的压电晶片振动产生超声波，发射出的超声波到达车内壁后被反射回来，反射的超声波导致压电晶片以一定的频率振动，振动线圈上感应产生同样频率的交变电压。若是某个车窗破损，反射的超声波频率会发生改变，相应的，产生的交变电压频率也会变化。超声波传感器控制器将识别到这一种电压变化，并将触发报警器发出警报。

（2）热释电式红外线传感器

热释电式红外线传感器又称为红外探头，通常安装在汽车内部驾驶人附近。它通过红外辐射变化来探测是否有人侵入车内。它主要由具有高热电系数的红外线热释电体晶片、配合滤光镜片窗口组成。它能以非接触形式检测出物体放射出来的红外线能量变化，并将其转换成电信号输出。当车内的红外线无变化或变化较小时，无电信号输出或输出电信号较低；当红外线能量变化较大时，则输出较高的电信号。

（3）玻璃破碎传感器

玻璃破碎传感器是利用压电陶瓷对振动敏感的特性来接收玻璃受撞击和破碎时产生的振动波，然后转换成电信号输出，并将此信号输送给电控单元。当外力撞击导致汽车玻璃破碎时，传感器将电信号输入至 ECU，之后报警器在 ECU 的控制下发出警报。

（4）振动式传感器

振动式传感器主要用来检测汽车受到的冲击。当汽车受到冲击，且其振动达到一定强度。防盗电控单元将输出信号，控制报警装置报警。

振动传感器主要有压电式振动传感器、压阻式振动传感器和磁致伸缩式振动传感器。

压电式振动传感器主要由陶瓷压电片构成，在陶瓷压电片上覆盖着质量块，能检测出微小的振动，此类传感器结构简单、体积小、重量轻、灵敏度高。但压电材料有阻抗高、脆性和难以与金属黏结等缺点。

压阻式振动传感器是利用半导体应变片的压阻效应制成的。半导体应变片粘于振动原点附近，外壳为半球形的玻璃罩。当汽车承受某一振动时，电路可检测出振动的强度，并输出电压信号。

磁致伸缩式振动传感器主要由永久磁铁、磁致伸缩杆、感应线圈和壳体等组成。伸缩杆用高镍合金制成，在其一端设置有永久磁铁，另一端安放在弹性部件上。感应线圈绕制在伸缩杆的周围，线圈两端引出电极与控制线路连接。当汽车产生振动时，传感器的伸缩杆就会随之产生振动，感应线圈中的磁通量就会发生变化。由电磁感应原理可知，线圈中就会感应产生交变电动势，则传感器就有信号电压输出。

3. 遥控发射器

在一定的范围内，利用遥控发射器将密码发送给遥控接收器，接收器通过识别信号即可解除车门的锁止，近年来，遥控装置不仅能代替车门钥匙，而且也用于防盗系统、行李舱开锁、车窗或滑动车顶的开闭功能。作为遥控信号的载体一般采用红外线、无线电波以及超声波等。

4. 接收器

接收器的作用是对接收的信号进行放大和调制，检查身份鉴定代码是否相符。当代码一致时，驱动相应的执行器。接收器一般为红外线式接收器和无线电波接收器。它能够接收到来自遥控器的遥控信号，并把这种代码存储在 EPROM 中。当用户遗失遥控器时，不必重新装备与使用的遥控器具有相同鉴定代码的遥控器，如果同种类的遥控器到位，能很快重新使用无键式遥控开关。接收器在车辆驻车时处于长时间的待机状态，红外线方式与无线电波方式的接收电路与 CPU 电路必须保证通电。但是，在车辆上对容许的暗电流也必须加以限制，因此，实施了低电流措施，包括接收电路的低电流化、电源的间断驱动、CPU 的待机动作。

5. 防盗报警器

作为防盗系统的执行器，当关闭所有的车门后、发动机舱盖、行李舱盖，并用钥匙或无线遥控器锁闭后，报警器便进入工作状态，当接收到传感器传递过来的信号时，经 ECU 的放大处理后，报警器喇叭发出声响警报，同时转向灯发出闪光警报。

5.5.3 电控防盗系统的工作流程

电控防盗系统的工作流程如下三个阶段：

1. 固定码传输（从钥匙到防盗止动器）

点火开关打开，传输固定码，防盗止动器 ECU 通过改变天线磁场能量，向送码器传输数据提出质询；然后，钥匙发送回来它的固定码（首次匹配中这个固定码存储在防盗止动器中）；传送的固定码与存储的码在防盗止动器中进行比较，如果相同，则开始传送可变码。固定码是用来锁定钥匙的。

2. 可变码传输（从防盗止动器到钥匙）

防盗止动器随机产生一变码。这个码是钥匙和防盗止动器用于计算的基础。在钥匙内核防盗止动器内有一套公式列表（密码术公式）和一个相同且不可改写的 SKC（隐秘的钥匙代码）。在钥匙和防盗止动器中分别计算结果。钥匙发送结果给防盗止动器。防盗止动器把这个结果和自己的计算结果进行比较，如果相同，则钥匙确认完成。

3. 可变码传输（从发动机 ECU 到防盗止动器）

发动机 ECU 随机产生一变码并传送给防盗止动器。防盗止动器把这个码和存储的码进行比较，如果相同，发动机被允许起动。发动机 ECU 每次起动后按照随机选定原则产生一码（变化

的码），并把这个码存储在发动机 ECU 和防盗止动器中，用于下次发动机起动时计算。

发动机 ECU 随机产生一变码。在发动机 ECU 和防盗止动器内有另一套密码术公式列表和一个相同的 SKC（公式指示器）。防盗止动器返回这个计算结果到发动机 ECU 内与其计算结果进行比较。这个数据由 CAN 总线进行传递。如果结果相同，发动机被允许起动（由 CAN 总线传输）。

5.5.4 电控防盗系统的工作原理

不同车系所采用的电控防盗系统的类型不尽相同，我们以经典车型上海大众桑塔纳 2000 轿车为例详细介绍其防盗系统，这种车型采用的是防盗点火锁，当车辆处于被盗状态时，无法用常规的机械、电器使发动机起动，密码信号随机产生，无法轻易破解。其防盗系统组成如图 5-47 所示：带转发器的钥匙、识读线圈、防盗控制单元和防盗指示灯。

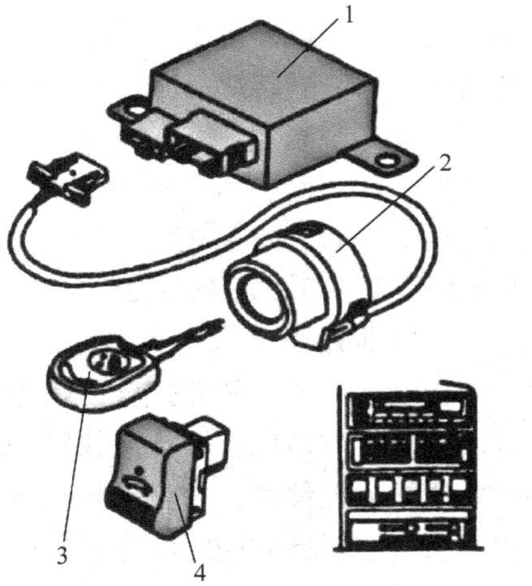

（1）带转发器的钥匙

每把钥匙都有棒状转发器，其内含有运算芯片和一个细小的电磁线圈，系统工作期间，该线圈与点火锁中的识读线圈以感应方式进行通信，以便在转发器运算芯片与防盗控制单元（ECU）之间传输各种信息。

图 5-47 桑塔纳 2000 轿车防盗系统组成
1—防盗控制单元　2—识读线圈
3—带转发器的钥匙　4—防盗指示灯

（2）识读线圈

识读线圈也称收发线圈，安装在点火锁芯上，通过导线与防盗控制单元（ECU）相连。作为防盗控制单元（ECU）的负载，担负着防盗控制单元（ECU）与转发器之间信号及能量的传输任务。

（3）防盗控制单元（ECU）

防盗控制单元（ECU）是一个包括微型处理器的电子控制器，在点火开关接通时，ECU 用于系统密码运算、比较，并控制整个系统的通信，包括与转发器、发动机 ECU 的通信，同时还可以与诊断仪进行通信。

汽车出厂匹配后，防盗控制单元（ECU）便存储了该车发动机 ECU 的识别密码及 3 把钥匙中转发器的识别密码，同时每个转发器也存储了相应的防盗 ECU 的有关信息。将钥匙插入点火锁芯并接通点火开关时，防盗 ECU 首先通过锁芯上的识读线圈将一随机数据传输给钥匙中的转发器，经特定运算后，转发器将结果反馈给控制器，控制器将其与 ECU 中存储的识别密码相比较，若密码吻合，系统即认定该钥匙为合法钥匙。防盗 ECU 还要对发动机 ECU 进行识别。只有钥匙（转发器）、发动机 ECU 的密码都吻合时，防盗 ECU 才容许发动机 ECU工作。

防盗系统 ECU 通过一根串行通信线将经过编码的工作指令传到发动机 ECU，发动机 ECU根据防盗 ECU 的数据来决定是否起动汽车。同时，诊断仪可通过串行通信接口对系统进行故障诊断、编码等操作。在识别密码的过程中，防盗指示灯会保持点亮状态。如果有任何错误发生，发动机 ECU 将停止工作，同时指示灯会以一定频率闪动，防盗控制原理如图 5-48 所示。

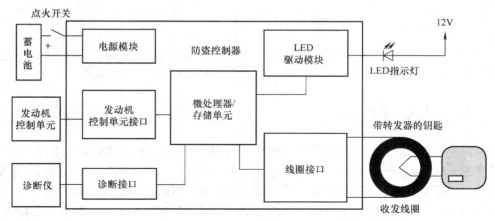

图 5-48　桑塔纳 2000 轿车防盗控制原理图

5.5.5　电控防盗系统常见故障的检修

汽车防盗系统常见的故障有：遥控器电池故障、遥控器无法使用、防盗报警扬声器无故鸣叫、防盗控制单元故障等。

1. 振动传感器过于灵敏

1）故障现象：车辆停放路边设定防盗状态之后，每当大型车或重型车经过，都会引起报警扬声器鸣叫。

2）故障原因：振动传感器太灵敏所致，只需调整降低其灵敏度即可。

3）故障检修：调整旋钮一般都安装在振动传感器上或是主机盒内。在调整安装在主机盒内的调整旋钮时，不必拆开主机（一般都留有调整孔）。

2. 防盗控制单元故障

1）故障现象：当插入原车钥匙给汽车上电时，仪表板上的防盗指示灯不亮，汽车点火时，发动机无法起动。

2）故障原因：发动机无法起动，可以诊断为原车钥匙内的电子芯片或防盗控制单元出现了故障。

3）故障检修：先按照由简到繁的顺序，先关闭点火开关，尝试将仪表板下方的防盗控制单元拔下，断电 1min，等待防盗控制单元记忆消除后，重新接上线束插接器。然后重新给汽车上电，仪表板上的防盗指示灯正常点亮，起动发动机，发动机仍无法起动，同时，防盗指示灯熄灭，关闭点火开关，重新上电后，防盗指示灯仍然不亮，由此我们可以确定为防盗控制单元出现了故障。维修时，在汽车断电状态下更换新的防盗控制单元，完成调换后，汽车再次上电，防盗指示灯正常点亮，之后起动发动机，发动机能够正常起动，同时防盗指示灯熄灭，故障得以解决。

3. 报警扬声器无故鸣叫

1）故障现象：车辆设定防盗状态之后，没有任何振动，过一会儿，报警扬声器自动鸣叫。

2）故障原因：报警扬声器自动鸣叫，多数情况是车门没关好或门灯开关性能不良及连线短路所致。

3）故障检修：首先应重新关一下车门，如果故障消失，则是先前车门没关好；如果故障依旧，则需把室内门控灯开关置于开门灯亮的档位，然后把门关好，看室内灯是否还亮，若亮则说明门控灯开关或门控灯开关线路有短路的地方，以及主机盒内有问题，需进一步检查维修。断开防盗控制单元上灯开关的连线，关好门，此时若室内灯熄灭，则是防盗控制单元内故障；若室内灯不灭，则是某一门灯开关或门灯开关线路短路，应进一步查找检修。

5.6 安全气囊系统

汽车安全气囊系统其实就是辅助防护系统（Supplemental Restraint System，SRS）或辅助防护气囊系统（Supplemental Restraint Air Bag System，SRS 或 AIR BAG）。因为辅助防护系统的气囊在发生碰撞时能够起到防护作用，所以人们一直都将其称为安全气囊系统。

SRS 既是被动安全装置，也是座椅安全带的辅助控制装置，只有在使用安全带的条件下，才能充分发挥保护驾驶人和乘员的作用。据通用汽车公司 1989 年的一项研究表明：SRS 与安全带共同使用的保护效果最佳，可使驾驶人和前排乘员的伤亡人数减少 43%~46%。

5.6.1 安全气囊系统的作用

安全气囊系统（SRS）的功用是：当汽车遭受碰撞导致驾驶人和乘员的惯性力急剧增大时，使气囊迅速膨胀，在驾驶人、乘员与车内构件之间铺垫一个气垫，利用气囊排气节流的阻尼作用来吸收人体惯性力产生的动能，从而减轻人体遭受伤害的程度。

微课视频
安全气囊系统

正面气囊保护驾驶人和乘员的面部与胸部，如图 5-49 所示，侧面气囊保护驾驶人和乘员的颈部与腰部，护膝气囊（即护膝垫）保护驾驶人和前排乘员的膝部，窗帘式气囊（即气帘）保护驾驶人和乘员的头部。

5.6.2 安全气囊系统的分类

按总体结构不同 SRS 可分为机械控制式 SRS 和电子控制式 SRS 两大类。机械控制式 SRS 早在 20 世纪 90 年代就已被淘汰，汽车目前装备的均为电子控制式 SRS。

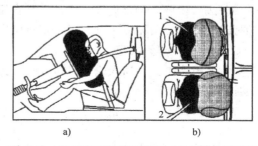

图 5-49 汽车遭受正面碰撞时 SRS 的作用情况
a）驾驶人座椅气囊 b）驾驶人座椅与前排乘员座椅气囊
1—驾驶人 2—前排乘员

按 SRS 功能不同，电子控制式 SRS 可分为正面 SRS（保护面部与胸部）、侧面 SRS（保护颈部与腰部）、护膝 SRS 和头部（气帘）SRS 四大类。

按气囊数量不同可分为单 SRS、双 SRS 和多 SRS。单 SRS 只装备驾驶人座椅气囊。20 世纪 90 年代以前生产的汽车基本上都装备单 SRS。双 SRS 装备有驾驶人座椅和前排乘员座椅两个气囊，20 世纪 90 年代后生产的大多数轿车都装备了双 SRS。装备 3 个或 3 个以上气囊的 SRS 称为多 SRS。

按发气剂不同可分为叠氮化钠型和液态氮型。

按碰撞传感器位置的不同，可分为分离式和整体式两种。

按点火类型可分为单级点火和多级点火。

在同一辆汽车上，无论气囊数量多少，既可集中进行控制，也可分别进行控制。一般来说，正面气囊和护膝气囊可用一个电子控制单元（SRS ECU）进行控制，侧面气囊和头部气帘（窗帘式气囊）可用一个 SRS ECU 进行控制。

5.6.3 安全气囊系统的结构与工作原理

安全气囊系统主要由相关传感器、ECU、执行器组成，当汽车遭受到碰撞，产生的减速度超过预先设定的数值时，碰撞传感器会将电脉冲信号传送至 ECU，在 ECU 的控制下气体发生器会发生作用，促使安全气囊充气并打开，从而起到保护乘员的作用。

1. 安全气囊系统的结构

安全气囊系统（SRS）由碰撞传感器、SRS ECU、气囊组件和 SRS 指示灯四部分组成。气囊组件和 SRS 指示灯是 SRS 的执行元件。

（1）碰撞传感器

碰撞传感器实际上是一种减速度传感器，其功用是将碰撞信号输入 SRS 和座椅安全带收紧系统电子控制单元，以便 SRS ECU 判定是否引爆气囊点火器和安全带收紧点火器。

按用途不同碰撞传感器可分为碰撞信号传感器和碰撞防护传感器两种类型。

按结构不同，碰撞传感器可分为机电结合式、水银开关式和电子式三种类型。

（2）SRS ECU

安全气囊系统电子控制单元（SRS ECU）是安全气囊系统的核心部件，其安装位置依车型而异。当防护传感器与 SRS ECU 组装在一起时，SRS ECU 必须安装在汽车纵向轴线上。SRS ECU 的结构如图 5-50 所示。

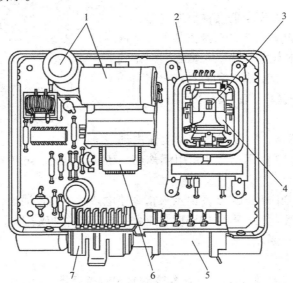

图 5-50　SRS ECU 内部结构

1—能量储存装置（电容）　2—安全传感器总成　3—传感器触点　4—传感器平衡块
5—4 端子插接器　6—逻辑模块　7—SRS ECU 插接器

SRS ECU 对碰撞传感器传送的信号进行分析，如果碰撞强度超过规定值，就会发出起动安全气囊的命令。

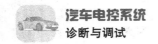

（3）气囊组件

气囊组件是 SRS 的执行元件。按功能不同，气囊组件分为正面（保护面部与胸部）、侧面 SRS（保护颈部与腰部）、护膝和头部（气帘）四种类型。其中，正面气囊组件分为驾驶人座椅、前排乘员座椅和后排乘员座椅三种。各种气囊组件都是由气囊、点火器和气体发生器组成，原理也相同，仅外形尺寸和形状有所不同。下面以驾驶人座椅气囊组件为例说明。

驾驶人座椅气囊组件的结构如图 5-51 所示，主要由气囊饰盖、气囊、气体发生器和安装在气体发生器内部的点火器组成。

1）气囊。气囊一般采用聚酰胺织物（如尼龙）制成，内层涂有聚氯丁二烯，用以密闭气体。

气囊在静止状态时，像降落伞未打开时一样折叠成包，安放在气体发生器上部与气囊饰盖之间。气囊开口一侧固定在气囊安装支架上，先用金属垫圈与气囊支架座圈夹紧，然后用铆钉铆接。气囊饰盖表面模压有撕印，以便气囊充气时撕裂饰盖，减小冲出饰盖的阻力。驾驶人座椅气囊充满氮气时的体积为 35L 左右。

2）气体发生器。气体发生器又称为充气器，用专用螺栓与螺母固定在转向盘上的气囊支架上，结构如图 5-52 所示，由气体发生器盖、金属滤网、充气剂、点火器和引爆炸药组成，其功用是在点火器引爆点火剂时，产生气体向气囊充气，使气囊膨开。

3）点火器

气囊点火器外包铝箔，安装在气体发生器内部

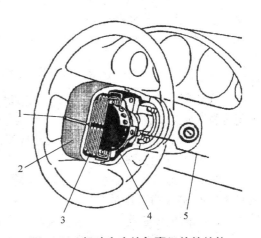

图 5-51　驾驶人座椅气囊组件的结构
1—撕印　2—饰盖　3—气囊
4—气体发生器　5—引线

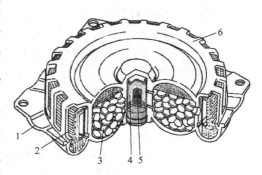

图 5-52　气囊气体发生器的结构
1—下盖　2—滤网　3—充气剂
4—炸药　5—点火器　6—上盖

中央位置，结构如图 5-53 所示，主要由引爆炸药、药筒、引药、电热丝、电极和引出导线等组成。

点火器的功用是：当 SRS ECU 发出点火指令使电热丝电路接通时，电热丝迅速红热引爆引药，引药瞬间爆炸产生热量，药筒内温度和压力急剧升高并冲破药筒，使充气剂（叠氮化钠）受热分解释放氮气充入气囊。

（4）SRS 指示灯

SRS 指示灯又称为 SRS 警告灯，安装在驾驶室仪表板面膜下面，并在面膜表面相应位置制作有气囊动作图形或字母"SRS"等指示。

SRS 指示灯的功用是：指示安全气囊系统功能是否正常。当点火开关拨到"ON"或"ACC"位置后，如果指示灯发亮或闪亮约 6s 后自动熄灭，表示 SRS 功能正常。如果指示灯不亮、一直发亮或在汽车行驶途中突然发亮或闪亮，说明自诊断测试系统发现 SRS 故障，应及时排除。自诊断系统在控制 SRS 指示灯发亮或闪亮的同时，还会将所发现的故障编成代码存储在存储器中。

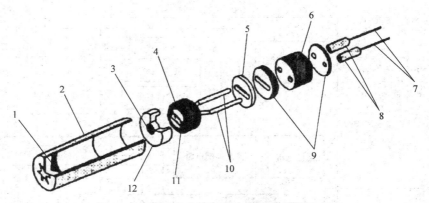

图 5-53 驾驶人座椅气囊点火器零部件组成

1—引爆炸药　2—药筒　3—引药　4—电热丝　5—陶瓷片　6—磁铁　7—引出导线
8—瓷管　9—瓷片　10—电极　11—电热头　12—药托

2. 安全气囊系统的工作原理

当汽车遭受正面碰撞和侧面碰撞时，安全气囊的控制过程完全相同。下面以图 5-54 所示正面碰撞为例，说明安全气囊的控制原理。

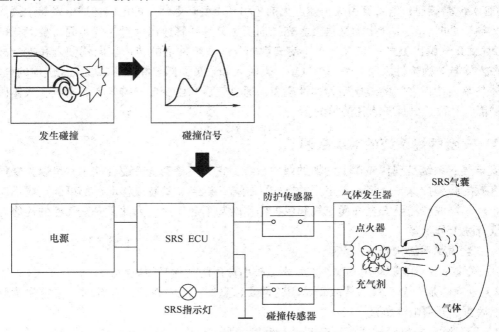

图 5-54 安全气囊系统的控制原理

安全气囊控制电路是表明安全气囊电子元件连接关系的重要参考文件，如图 5-55 所示，通过电路图的识别，能帮助我们更清晰地认知安全气囊的电路连接。

当汽车遭受前方一定角度范围内的碰撞时，安装在汽车前部和 SRS ECU 内部的碰撞传感器都会检测到汽车突然减速的信号，并将信号输入 SRS ECU，以便判断是否发生碰撞。

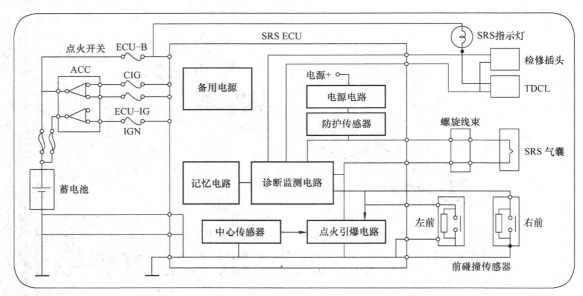

图 5-55 安全气囊控制电路

当汽车遭受碰撞且减速度达到设定阈值时，SRS ECU 发出控制指令将气囊组件中的点火器（电雷管）电路接通，电雷管引爆，使点火剂（引药）受热爆炸（即电热丝通电发热引爆炸药）。当点火剂引爆时，迅速产生大量热量，充气剂受热分解并释放出大量氮气（固态叠氮化钠受热300℃时就会分解出氮气）充入气囊，使气囊冲开气囊组件上的装饰盖向驾驶人和乘员方向膨胀，在人体与车内构件之间铺垫一个气垫，驾驶人和乘员面部与胸部压靠在充满气体的气囊上，将人体与车内构件之间的碰撞变为弹性碰撞，通过气囊产生变形和排气节流来吸收人体碰撞产生的动能，从而达到保护人体的目的。

5.6.4 安全气囊系统的故障检修

安全气囊系统是现代轿车上的辅助保护系统，它与座椅安全带配合使用，可以为乘员提供十分有效的防碰撞保护。任何不正当的操作、储存、拆卸、安装或移动，都可能造成不应有的气囊意外起爆或在需要安全气囊充气起保护作用时却不起作用。因此，安全气囊的检修对于汽车安全行驶十分重要。

1. 安全气囊系统检修注意事项

1）气囊系统只能够使用一次，发生事故被引爆后的气囊必须更换。

2）故障码是安全气囊系统故障诊断的重要信息源。在系统故障诊断时，应首先读取故障码，然后再断开蓄电池负极。

3）若车辆只发生轻微碰撞，SRS 没有触发膨胀，也应对转向盘衬垫、前座安全气囊总成、座椅安全带收紧器和安全气囊前碰撞传感器等进行检查。

4）若碰撞车辆的 SRS 已经触发，除需更换已经引爆的气囊与安全带收紧装置外，还必须同时更换全部碰撞传感器和中央气囊传感器总成，并检查线束与插头状况。

5）由于车内防盗、音响、时钟、电控座椅、电控倾斜和伸缩转向、电控后视镜等系统均具有存储功能，存储内容会随蓄电池的脱离而被消除，所以在开始检修前，应将各存储系统的内容做好记录。

6）汽车保养维护时，如发现碰撞传感器、安全气囊 ECU、转向盘衬垫、安全气囊总成或座椅安全带收紧器等系统部件，在外壳、托架或插接器处有裂纹、凹陷或其他缺陷，应换装新品。

7）禁止碰撞传感器、安全气囊 ECU、转向盘衬垫、安全气囊总成或座位安全带收紧器直接暴露在热空气中或接近火源。

8）安装碰撞传感器时，传感器上的箭头应朝向规定方向。

9）拆卸转向盘安全气囊总成时，应将转向盘衬垫顶面向上正置，不可翻转倒置。

10）禁止使用万用表去测量安全气囊点火器的电阻，因为微小电流即可引爆点火器，使安全气囊充气膨胀。

2. 安全气囊系统检测项目

（1）检测安全气囊故障程序

将点火开关置于 OFF 位置，将故障诊断仪电源线插到点烟器插座上，将其信号线接到熔断器盒中的诊断插口上。之后接通点火开关，用故障诊断仪检查读取自诊断故障码，若存在故障码，需要断开点火开关，根据故障码提示信息排除故障。解决故障后，接通点火开关，用故障诊断仪清除所存的故障码，最后，从车上拔下故障诊断仪接线。

（2）检测安全气囊组成元件

从汽车上拆下转向盘衬垫，检查转向盘衬垫上的表面凹槽部分是否有刻痕、裂纹或明显的污渍；检查插接器和配线是否有切痕、裂纹或碎片；检查转向盘扬声器按钮接触板是否变形；检查转向柱、转向盘是否松动、受损或变形；检查保险杠、车身覆盖件和车身骨架等是否裂损、变形。

3. 安全气囊系统维修实例

（1）故障现象

一辆大众速腾轿车，行驶过程中安全气囊警告灯突然闪亮。

（2）故障检修

用 VAS5051 诊断仪进行故障查询，有故障码提示：驾驶人座椅侧面安全气囊传感器 G179 不可靠信号，偶然。诊断故障时，查阅维修手册，调取大众速腾汽车安全气囊控制电路图，仔细分析驾驶人座椅侧面安全气囊碰撞传感器 G179 的传递路线得知，G179 的 1 脚紫色线通过左侧 A 柱饰板下面的 T28/12 脚连接到安全气囊控制单元 J234 的 T50/45 脚；G179 的 2 脚棕色线通过左侧 A 柱饰板下面的 T28/13 脚连接到安全气囊控制单元 J234 的 T50/44 脚，电路如图 5-56 所示；该传感器为压力型传感器，如传感器本身或线路损坏会直接引起安全气囊控制单元 J234 的相关报警信息。

检测时，首先使用万用表测量 G179 电阻，测量阻值为 26.2kΩ，符合测量标准，排除因 G179 阻值原因引起的信号过差而损坏的可能性。之后顺着线束检查左前门折页 T28 插头处是否虚接或进水，没有发现异常情况。最后检测传感器连接线束，用万用表测量 G179 插头的紫色线到左前门折页插头处的紫色线为接通，而测量 G179 插头的棕色线到左前门折页插头处的棕色线为断开状态。由此我们可以确定该故障现象为传感器连接线束断路导致，重新连接棕色线，并使用绝缘胶带包扎处理。完成后清除故障码，故障彻底解决。

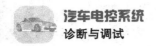
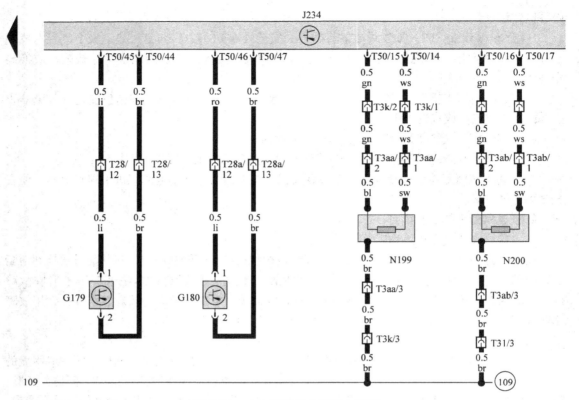

图 5-56　大众速腾安全气囊电路图

项目 6
车载网络技术

任务描述

　　刘先生有一辆大众帕萨特 B5 1.8T 轿车，由于在高速公路行驶时发生碰撞，之后送入维修站进行修复。修复后，开车时发动机起动 2s 后会自动熄火，技师调用诊断仪进行检测，故障码报出 18056、17978、01312，技师查阅维修手册后分析如下：①发动机控制单元有 18056 和 17978 故障码，表明动力系统数据总线通信失败和发动机控制单元被防盗控制单元闭锁；②在仪表与网关控制器内存有同样的 01312 故障码，表示动力系统数据总线有故障或缺陷。

　　技师得知这一信息后进行故障分析，帕萨特 B5 1.8T 轿车的防盗控制单元安装在仪表总成内，若仪表控制单元与发动机电控单元因线路中断而不能通信，就会发生"发动机控制单元被防盗控制单元闭锁"的故障，发动机也不能起动运行，顺着这个线索，继续重点检测仪表控制单元到发动机控制单元的 CAN 总线。技师通过示波器检测这段 CAN 总线，检测波形如下图所示。同学们，你们能根据检测的波形帮助刘先生完成发动机故障的修复吗？

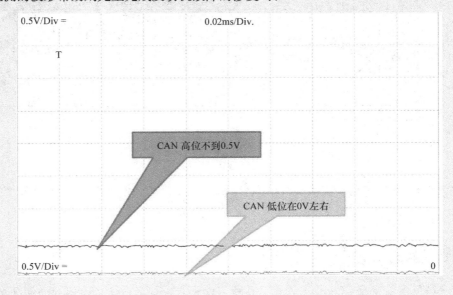

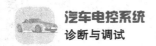

学习目标

1. 能正确描述车载网络技术的应用、分类和通信协议标准。
2. 能够掌握 CAN 总线的特性、组成、数据传输原理、故障检测维修。
3. 能够掌握 LIN 总线的特性、组成、数据传输原理、故障检测维修。
4. 能够掌握 MOST 总线的特性、组成、数据传输原理、故障检测维修。

知识与技能点清单

序号	学习目标	知识点	技能点
1	能正确描述车载网络技术的应用、分类和通信协议标准	1. 车载网络技术的应用 2. 车载网络技术的分类和通信协议标准	能够熟知车载网络技术的应用、分类和通信协议标准
2	能够掌握 CAN 总线的特性、组成、数据传输原理、故障检测维修	1. CAN 总线的特性 2. CAN 总线的组成与数据传输原理 3. CAN 总线的检测 4. CAN 总线系统的故障维修	能够检修汽车 CAN 总线系统
3	能够掌握 LIN 总线的特性、组成、数据传输原理、故障检测维修	1. LIN 总线的特性 2. LIN 总线的组成与数据传输原理 3. LIN 总线的检测 4. LIN 总线系统的故障维修	能够检修汽车 LIN 总线系统
4	能够掌握 MOST 总线的特性、组成、数据传输原理、故障检测维修	1.MOST 总线的特性 2.MOST 总线的组成与数据传输原理 3.MOST 总线的检测 4.MOST 总线系统的故障维修	能够检修汽车 MOST 总线系统

学习信息

6.1　车载网络技术概述

　　随着现代电子技术、信息技术的发展，汽车上由电子控制单元控制的部件数量越来越多。

这在提高汽车安全性、舒适性和经济性的同时，也带来其他问题，资源共享、模块化设计、智能诊断、线束优化等设计与应用需求日益突出。为此，汽车网络技术的研究吸引了各大汽车厂商，各种适用于汽车环境的汽车网络技术也应运而生。而以控制器局域网为代表的汽车网络系统，车载网络系统在现代汽车上得到了普遍应用。

构建车载网络系统并对汽车实施网络化控制的技术体系，统称为车载网络技术。车载网络技术是汽车电子控制技术与现场总线技术、计算机网络技术相结合的产物。车载网络技术的推广使用，进一步优化了汽车的控制系统，极大地提升了汽车的整体控制水平。

6.1.1 车载网络技术的应用

车载网络技术发展迅速，主要应用于车身系统、动力传动系统、安全系统和信息系统，它通过线路将智能设备连接起来，如图 6-1 所示，使之成为集控制、测量、诊断为一体的综合网络，并已形成众多网络标准和协议，如 CAN、LIN、PALMNET 和 MOST 等，其中，常用的车用网络协议有 CAN、LIN 和 MOST 等。

微课视频
车载网络的
认知

总线由数据传输线和节点两大部分组成。总线系统是一种连接不同的装置（如电子控制单元）并利用编码信号传递数据的网络系统。由于编码技术的应用，能够以最少的线路连接所有的装置，其优点有：较少的线路与装置能减轻重量与节省成本；使系统有更高的可靠度；复杂的功能较容易执行；采用通用传感器，达到数据共享的目的。车载网络系统各控制单元位置如图 6-2 所示。

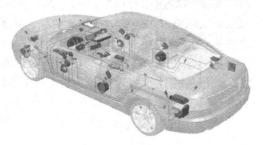

图 6-1　汽车总线系统

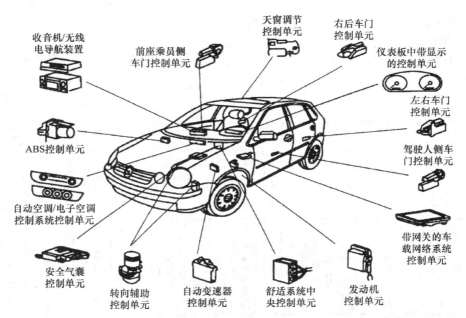

图 6-2　车载网络系统各控制单元位置

车载网络中 CAN 总线的应用最为广泛，主要用于动力系统、舒适电控系统、安全系统等领域；LIN 总线以其成本低廉、配置灵活在传感器、执行器等领域得到广泛使用。MOST 网络以光纤为载体，通常是环型拓扑，主要应用在汽车信息娱乐系统。

6.1.2 车载网络的分类和通信协议标准

美国汽车工程师协会（SAE）车辆网络委员会将车载网络根据速率划分为 A、B、C、D 四类，各类网络的通信协议标准如表 6-1 所示。

表 6-1 车载网络分类

类别	总线名称	通信速度	应用范围
A 类	LIN	< 10kbit/s	灯光、门锁、后视镜等
B 类	低速 CAN	10~125kbit/s	车身舒适控制、显示仪表等
C 类	高速 CAN	125kbit/s~1Mbit/s	发动机控制、传动系统、ABS 制动系统、悬架系统、线控系统等
	FlexRay	1~10Mbit/s	
D 类	MOST	> 10Mbit/s	汽车导航系统、多媒体娱乐系统

A 类网络通信目前应用的是局域互联网 LIN-BUS，采用低成本的单向连接，例如传感器、执行器控制的低速网络，允许节点间的同一总线进行多路信号的发送或接收，适用于低数据率车身布线。数据传输速率通常只有 1~10kbit/s，主要应用于电动门窗、座椅调节、灯光照明等控制。LIN 是一种低成本的串行通信网络，用于实现汽车中的分布式电子系统控制，LIN 的目标是为现有汽车网络（例如 CAN 总线）提供辅助功能，如图 6-3 所示。在带宽要求不高、功能简单、实时性要求低的场合，如车身电器的控制等方面，使用 LIN 总线可有效地简化网络线束、降低成本、提高网络通信效率和可靠性。LIN 总线的车身网络框图如图 6-4 所示。

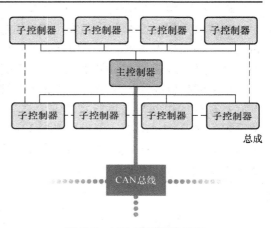

图 6-3 LIN 总线网络结构

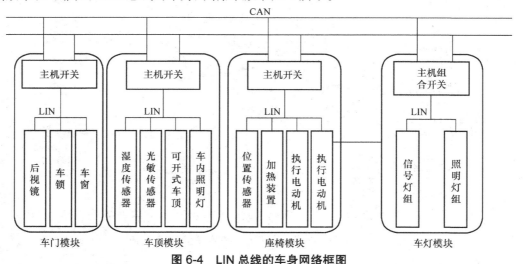

图 6-4 LIN 总线的车身网络框图

B 类网络通信使用最广泛的是 CAN 总线，这是数据在节点间传输的多主站总线系统，可取消多余的系统组件。当需要将许多功能集成在一个模块时，最适于利用 B 类连接方式。传输速率一般为 10~125kbit/s，与一般的通信总线相比，CAN 总线的数据通信具有突出的可靠性、实时性和灵活性，它在汽车领域上的应用最为广泛，世界上一些著名的汽车制造厂商，都采用了 CAN 总线来实现汽车内部控制系统与各检测和执行机构间的数据通信。CAN 总线网络架构如图 6-5 所示，CAN 总线就好比城市里的公共汽车（bus），能按照固定行车路线，传输数据信息。总线可以同时传输的数据数称为宽度（width），以比特（bit）为单位，总线宽度越宽，传输性能越佳。

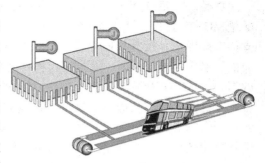

图 6-5 CAN 总线网络结构示意图

CAN 总线主要应用于电子车辆信息中心、故障诊断、仪表显示、安全气囊等系统，如图 6-6 所示。当 CAN 总线上的一个节点发送数据时，它以报文形式广播给网络中所有节点，当一个节点要向其他节点发送数据时，该节点的 CPU 将要发送的数据和自己的标识符传送给本节点的 CAN 芯片，并处于准备状态；当它收到总线分配时，转为发送报文状态。

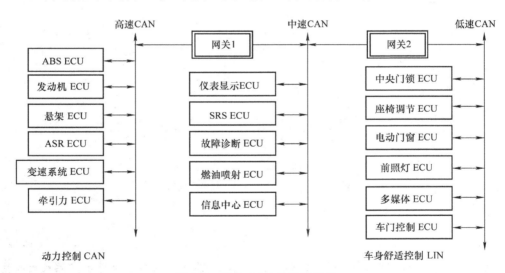

图 6-6 汽车 CAN 总线的应用

C 类网络主要用于悬架控制、牵引控制、发动机控制、ABS 等系统。面向高数据率信号传输，实时闭环控制的多路传输。最高传输速率可达 1Mbit/s，随着汽车电子化的程度越来越高，CAN 总线渐渐满足不了汽车网络通信的速度性能，且线控操作等控制技术对汽车总线提出了更高的性能要求，FlexRay 这一新的通信标准能很好地解决这一系列问题。FlexRay 是由汽车制造商和芯片制造商组成的汽车工业协会制定的一项总线通信标准，能够满足不断增加的电子系统相适应的、性能更高的汽车总线的需求。如图 6-7 所示，宝马 X5 系列车型的电子控制减振器系统中应用了 FlexRay 技术。此款车采用基于飞思卡尔的微控制器和恩智浦的收发器，可以监视有关车辆速度、纵向和横向加速度、转向盘角度、车身和轮胎加速度及行驶高度的数据，实现

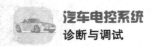
了更好的乘坐舒适性以及驾驶时的安全性和高速响应性，此外还将施加给轮胎的负荷变动以及底盘的振动均减至最小。

D 类总线系统用于汽车多媒体网络，比较常用的是 MOST 总线，采用光纤线路传输，通信速度高，支持即插即用，没有接地回路，不受电磁干扰，从而能够稳定地传输信号，满足多媒体信息实时传递的需求。MOST 总线基于环形拓扑，从而允许共享多个发送和接收器的数据。MOST 总线主控器（通常位于汽车音响主机处）有助于数据采集，所以该网络可支持多个主拓扑结构，在一个网络上最多高达 64 个主设备。奥迪 A4 车用网络系统示意图如图 6-8 所示，其中的环状部分为 MOST 的环形结构图。

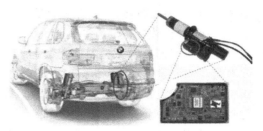

图 6-7　宝马 X5 汽车上 FlexRay 技术的应用

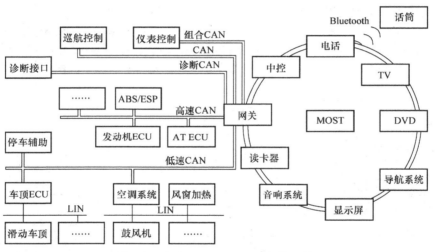

图 6-8　奥迪 A4MOST 环形网络系统

 课程育人

　　信息化技术，可以极大地提高各种行为的效率，为推动人类社会进步提供极大的技术支持。随着中国经济的高速增长，中国信息化有了显著的发展和进步，缩小了与发达国家的距离。因此，我们需要不断地掌握信息化技术，促进人的全面发展。

6.2　CAN 总线网络

　　CAN（Controller Area Network，控制器局域网）是德国博世公司在 20 世纪 80 年代初开发的一种串行数据通信协议。1993 年 11 月 ISO 正式颁布了 CAN 的国际标准 ISO11898。CAN 采用多主方式的串行通信总线，通信介质可以是双绞线、同轴电缆或光导纤维，总线传输速率通常为 50kbit/s~1Mbit/s。

CAN-BUS 总线技术是"控制器局域网总线技术（Controller Area Network-BUS）"的简称。在汽车上，这种总线网络用于车上各种传感器和控制单元数据的传递，实现数据共享，如图 6-9 所示。

CAN 总线的工作是建立在通信协议基础上的，在协议框架下各个控制单元通过两条数据线相互传递数据。目前汽车上的网络连接方式主要采用 2 条 CAN，一条用于驱动系统的高速 CAN，速率达到 500kbit/s；另一条用于车身系统的低速 CAN，速率是 100kbit/s。

图 6-9　CAN-BUS 系统

6.2.1　CAN 总线的特性

CAN 总线由于采用了许多新技术及独特的设计，与一般的通信总线相比，具有突出的可靠性、实时性和灵活性。传统的轿车在发动机舱和车身内需要埋设大量线束以传递传感器采集的信号，而 CAN-BUS 总线技术的应用可以大量减少车体内线束的数量，线束的减少则降低了故障发生的可能性。例如车门控制单元，未采用 CAN 总线时，实现其全部控制功能需要 45 根导线和 9 个插头，如图 6-10 所示；采用 CAN 总线后，极大地减小了线束的数量，仅需 17 根导线和 2 个插头，如图 6-11 所示。

微课视频
汽车总线的
特点及应用

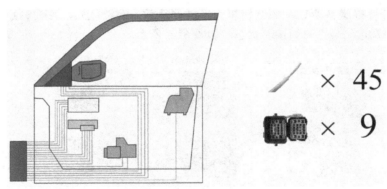

图 6-10　传统的一线一用车门控制单元线束连接

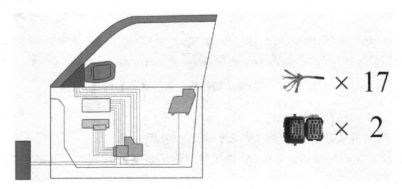

图 6-11　车门控制单元 CAN 总线网络连接

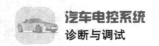

CAN 总线网络采用线性拓扑结构，如图 6-12 所示，具有信息的双向传输功能，采用双绞线自身校验结构，既可以防止电磁干扰对传输信息的影响，也可以防止本身信号的丢失，一根是用于动力系统的高速 CAN 总线，速率达到 500kbit/s，动力系统 CAN 主要连接对象是发动机控制器（ECU）、ABS 控制器、安全气囊控制器、组合仪表等；另一根是用于车身系统的低速 CAN 总线，速率是 100kbit/s，车身系统 CAN 主要连接和控制的汽车内外部照明、灯光信号、刮水电动机等电器。

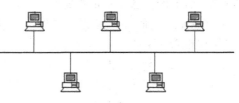

图 6-12　CAN 总线的线性拓扑结构

CAN 总线网络安装、扩充或删除一个节点比较方便，不需要停止网络的正常工作，节点的故障不会殃及系统。由于各个节点共用一个总线作为数据通路，信道的利用率高。但总线结构也有其缺点：由于信道共享，连接的节点不宜过多，并且总线自身的故障可以导致系统的崩溃。汽车上的网络多采用这种结构，应用在 CAN 总线系统上。

CAN 总线采用串行数据传递、单根双绞线传输的方式，如果有多个控制器需要同时发出信号，那样势必会在 CAN 总线上发生数据冲突，因此 CAN 总线对于每一个信息数据列都规定了优先级，当多个控制器试图发送信息时，它们自身的接收器会为信息的优先级进行仲裁，当其他控制器发送的信息优先级高于自己控制器发送的信息时，将通知自己的收发器停止发送，整个控制器进入接收状态。例如自动换档要求减节气门开度，巡航控制同时要求增油，而 ASR 则要求减节气门开度以维持驱动轴的低转矩，经过仲裁后，换档优先，其他的控制器及其 CAN 总线收发器暂停发送信号，改为接收状态，如图 6-13 所示。

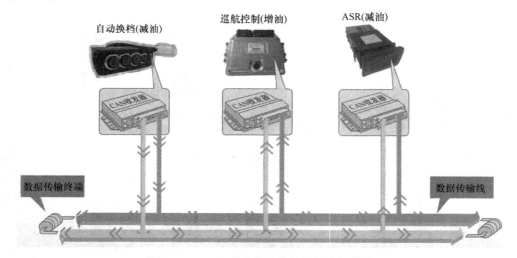

图 6-13　CAN 总线数据传输的优先级仲裁

综上所述，CAN 总线的特点如下。

1）CAN 总线支持从几千 bit/s 到 1Mbit/s 的传输速率。

2）使用廉价的物理传输媒介，CAN 总线可以使用普通的双绞线、同轴电缆及光纤作为网线（双绞线最常用）。

3）多站同时发送信息，模块可以优先获取数据。

4）错误检测校正能力强，能将数据传输故障准确地识别出来，系统可靠性高。

5）数据帧短，实时性好，降低了有效数据传输的速度。

6）能判断暂时错误和永久错误的节点，具有故障节点自动脱离功能。

7）车辆状态信息共享，数据通信没有主从之分，任意一个节点可以向任何其他（一个或多个）节点发起数据通信，靠各个节点信息优先级先后顺序来决定通信次序，具备优先权的仲裁。如发动机转速、车速、轮速等数据必须各子系统共享，数据的传输及刷新时间取决于各个子系统的特性，并由此决定优先权。大部分 CAN 总线传输信息在丢失仲裁或出错时，具有信息自动重发功能。

8）如果某一控制单元出现故障，其他控制单元还可以保持原有功能，以便进行信息交换。

9）扩展性能强，需要增加新的子系统时，不需要对基本系统作修改。

6.2.2 CAN 总线的基本组成与数据传输原理

CAN 总线是一种串行多主站控制器局域网总线，能够有效地将发动机控制系统、变速控制系统、ABS 系统及主动悬架系统等直接关系汽车行驶状态的受控对象连接成为一个综合控制系统，传感器组的各种状态信息以广播的形式在高速总线上发布，各节点可以在同一时刻根据自己的需要获取信息，使整车性能得到大幅度提高。

1. CAN 数据传输系统的构成

CAN 数据传输系统如图 6-14 所示，基本结构为一个 CAN 控制器、一个 CAN 收发器、两个数据传输终端及两条数据总线。

1）CAN 控制器用于接收控制单元中微处理器发出的数据，处理数据并传给 CAN 收发器。同时，CAN 控制器也接收收发器收到的数据，处理数据并传给微处理器。

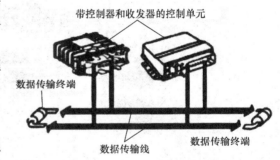

图 6-14　CAN 数据传输系统

2）CAN 收发器是一个发送器和接收器的组合，它将 CAN 控制器提供的数据转化成电信号并通过数据总线发送出去，同时，它也接收总线数据，并将数据传到 CAN 控制器。

3）数据传递终端实际上是一个电阻器，其作用是避免数据传输终了又反射回来，产生反射波而使数据遭到破坏。

4）CAN 数据总线用来传输数据的双向数据线分为 CAN 高位（CAN-High）和低位（CAN-Low）数据线。如图 6-15 所示，控制器输出的信号同时向两根数据线发送（两根线上传输的数据相同），高、低电平互为镜像，这样，两根线的电压差保持一个常值，所产生的电磁场效应也会由于极性相反而互相抵消。通过该方法，数据传输线可免受外界辐射的干扰，向外辐射时，保持中性（即无辐射）。CAN 总线基本颜色为橙色，CAN 总线在不同系统中均有指定的颜色以供区分。一些高档的轿车除了上述两种 CAN 总线外，还有第三种 CAN 总线，它主要负责卫星导航及智能通信系统。

5）汽车 CAN 总线系统组成中，设有专门的网关，如图 6-16 所示，它连接着所有网络，在信息传输中起到协调作用，网关就比如一个居民小区的门卫，在来访者进入大门之前，门卫会询问来访者是否应邀而来，或者通知某位住户有人来访了。网关控制器是车载网络系统的核心部件，一般位于驾驶人侧仪表板饰件后，它监测车辆各种信号，并根据设定的程序对燃油泵继电器、座椅、车内灯等执行元件进行控制、编码。

双绞线自身校验结构

图 6-15 CAN 总线的结构

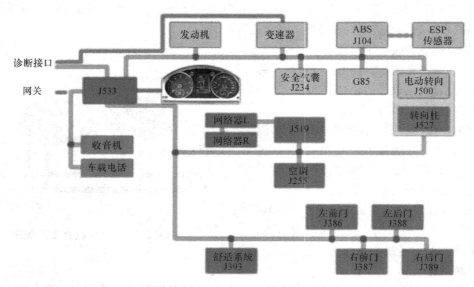

图 6-16 CAN 总线系统中的网关

2. CAN 总线的数据传输原理

CAN 总线中的信息传递就像一个电话会议。一个电话用户（控制单元）将信息（数据）"讲入"网络中，其他用户通过网络"接听"这个信息（数据）。如图 6-17 所示。每条数据的传递包括以下 5 个过程，如图 6-18 所示。

1）提供数据：控制单元向 CAN 总线控制器提供需要发送的数据。

2）发出数据：CAN 总线收发器接收由 CAN 总线控制器传来的数据，转为电信号并发送。

3）接收数据：在 CAN 总线系统中，所有控制单元转为接收器。

4）检验数据：控制单元检查判断所接收的数据是否为所需要的数据。

5）认可数据：如接收的数据重要，它将被认可并进行处理；否则忽略。

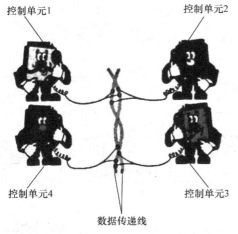

图 6-17　CAN 总线数据传输原理

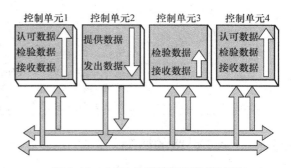

图 6-18　CAN 总线的数据传输过程

　　我们以发动机控制单元（ECU）为例形象说明，发动机控制单元通过 CAN 总线向接收信号的控制单元内部的 CAN 收发器发射类似于"广播"的信号，包括发送请求帧、发送清除帧、结束应答帧、连接失败帧以及用来全局接收的广播帧。这些收发器接收到信号并转换后，会将信号传递给自身的控制单元，控制单元会根据信号信息来判断是否为所需要的信息，如果不是，将忽略收发器的信号请求，如图 6-19 所示。节点之间的连接通过一个节点向目的地址发送一个发送请求帧而建立。在接收发送请求帧以后，节点如果有足够的空间来接收数据并且数据有效，则发送一个发送清除帧，开始数据的传送。如果存储空间不够或者数据无效等原因，节点需要拒绝连接，则发送连接失败帧，连接关闭。如果数据接收全部完成，则节点发送一个结束应答帧，连接关闭。

图 6-19　CAN 总线的数据传输示意图

　　CAN 总线在极短的时间里，在各控制单元之间传递数据。如图 6-20 所示，CAN 总线的数据由开始域、状态域、检查域、数据域、安全域、确认域、结束域 7 部分组成，其中 CAN 总线的数据各组成部分的功能如表 6-2 所示。

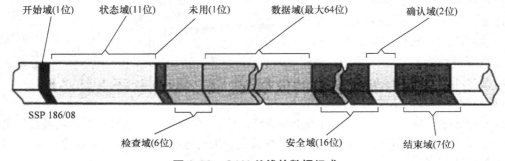

图 6-20　CAN 总线的数据组成

表 6-2 CAN 总线的数据各组成部分的功用

组成部分名称	位数	功用
开始域	1	标志数据开始传递
状态域	11	用于判断数据中的优先权
检查域	6	显示在数据中所包含的信息项目数
数据域	最大 64	传递到其他控制单元的信息
安全域	16	检测传递数据中的错误
确认域	2	在确认域中，接收器接收信号并通知发送器，其所发信号已被正确接收；如果检查到错误，接收器立刻通知发送器，发送器会再发送一次数据
结束域	7	标志着数据报告结束，这是显示错误并得到重复发送数据的最后可能区域

6.2.3 CAN 总线的检测

汽车 CAN 总线的检测一般有总线电压、波形、终端电阻的检测。

1. CAN 总线电压的检测

检测汽车 CAN 总线某个节点的工作电压时，我们需要通过万用表来进行检测，如图 6-21 所示，万用表黑表笔连接车身搭铁，红表笔根据需要连接 CAN-High 线或 CAN-Low 线，在万用表电压档位下即可读出被测量的总线电压。

微课视频
汽车总线的
检测

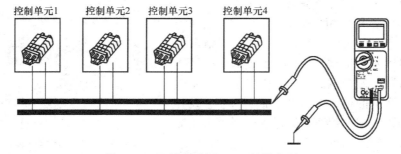

图 6-21 万用表检测 CAN 总线电压

在进行实车测量时，中高档车型的 CAN 总线布局比较完善，例如宝马、奔驰、奥迪、别克等汽车，CAN 总线控制模块连接处都设置有诊断插座，如图 6-22 所示，将 CAN 总线网络的连接线引入到诊断插座上相应的端口上，检测时，无需刺破线束，结合电路图，通过这些端口即可完成对总线的测量。

汽车 CAN 总线的主体电压为 2.5V，

针脚号	对应的线束
1	15号线
4	搭铁
5	搭铁
6	CAN 总线（高）
7	K 线
14	CAN 总线（低）
15	L 线
16	30号线

图 6-22 OBD-Ⅱ诊断插座

当有信号传输时，总线上的电压值会在 2.5~3.5V 之间高频波动，测量时，将万用表拨至电压档位，万用表红表连接到 CAN-High 线分配器端口上，黑表笔与车身搭铁，测量的电压为 2.7V 左右，如图 6-23 所示。

同样的，CAN-Low 驱动总线上有信号传输时，总线上的电压值会在 1.5~2.5V 之间高频波动，因此，万用表的测量值为 1.5~2.5 V 之间，小于 2.5 V 但靠近 2.5 V，如图 6-24 所示。

图 6-23　CAN-High 驱动总线电压

图 6-24　CAN-Low 驱动总线电压

2. 总线波形的检测

检测 CAN 总线波形信号时，一般采用测试仪或示波器测量总线数据信号的波形，如图 6-25 所示，采用双通道的示波器进行同步波形的测量，能够直观地观察 CAN 总线系统波形信号有无异常现象。

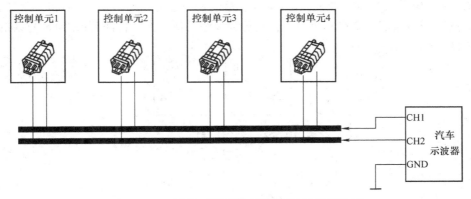

图 6-25　示波器双通道模式检测 CAN 总线波形

使用示波器测量 CAN 总线波形时，首先需要设置参数，点击计算机界面上的通道 A 后，左下角选择 DOS1，点击计算机界面上的通道 B，左下角选择 DOS2，完成参数设置后，将示波器的两支黑表笔搭铁，之后将连接 DOS1 的红表笔接在 CAN-High 线端口上，连接 DOS2 的红表笔接在 CAN-Low 线端口上，如图 6-26 所示。

最后，我们通过示波器观察 CAN 总线的波形，正常情况下 CAN-High 线与 CAN-Low 线的波形大小相等、相位相反。如图 6-27 所示。在 CAN 总线上，信息传递是通过两个二进制逻辑状态 0（显性）和 1（隐性）来实现的，每个逻辑状态都对应于相应的电压值。控制单元

图 6-26　示波器表笔连接 CAN
总线插接器端口

利用两条线上的电压差来确认数据。

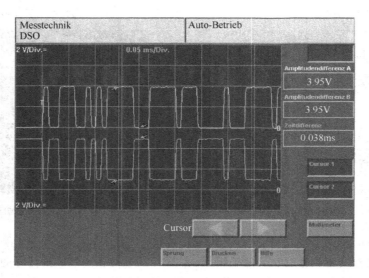

图 6-27　CAN 总线的正常波形

　　当 CAN-Low 总线对地短路时，CAN-Low 总线的电压置于 0V、CAN-High 总线的电压电位正常，汽车网络通信系统在此故障下，变更为单线工作状态。检测到的 CAN 总线的信号波形如图 6-28b 所示。

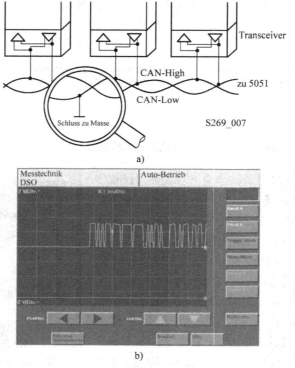

a)

b)

图 6-28　CAN-Low 总线对地短路及其信号波形

a) CAN 总线对地短路　　b) CAN 总线对地短路时的信号波形

当 CAN-Low 总线对正极短路时，CAN-Low 总线的电压大约为 12V、CAN-High 总线的电压电位正常，检测到的 CAN 总线的信号波形如图 6-29b 所示。

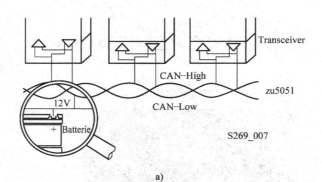

a)

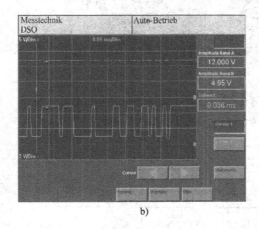

b)

图 6-29　CAN-Low 总线对正极短路及其信号波形

a) CAN 总线对正极短路　b) CAN 总线对正极短路时的信号波形

当 CAN 总线中的 CAN-Low 总线断路时，检测到的 CAN 总线的信号波形如图 6-30b 所示。

当 CAN 总线中的 CAN-High 总线断路时，CAN-High 总线上无信号输入，电压波形被置于 0V，检测到的 CAN 总线的信号波形如图 6-31b 所示。

当 CAN-High 总线和 CAN-Low 总线短路时，CAN-High 总线与 CAN-Low 总线两线波形呈现电压相等、波形相同、极性相同的特征。检测到的 CAN 总线的信号波形如图 6-32b 所示。

当 CAN 总线处于睡眠模式时，总线上无电信号传输，检测到的 CAN 总线的信号波形如图 6-33 所示。

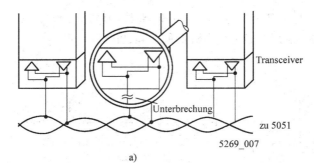

a)

图 6-30　CAN-Low 总线断路及其信号波形

a）CAN-Low 断路　b）CAN-Low 断路时的信号波形

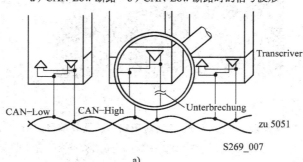

a)

图 6-31　CAN-High 总线断路及其信号波形

a) CAN_High 断路　b) CAN_High 断路时的信号波形

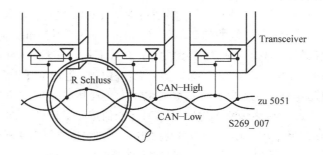

a)

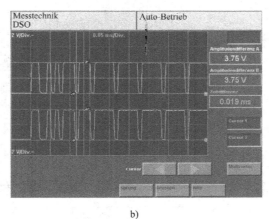

b)

图 6-32　CAN-High 和 CAN-Low 短路及其信号波形

a) CAN_High 和 CAN_Low 短路　b) CAN_High 和 CAN_Low 短路时的信号波形

图 6-33　CAN 总线处于睡眠模式时的信号波形

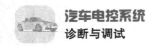
3. 总线终端电阻的检测

汽车控制单元内部都有封装电阻，单个阻值一般为 120Ω 左右。我们平时说的 CAN 总线终端电阻，实际上是 CAN 总线连接的控制单元终端电阻并联后的总和，阻值约为 60Ω，如图 6-34 所示，舒适 CAN 总线、驱动 CAN 总线、诊断 CAN 总线、扩展 CAN 总线的终端电阻均为 60Ω 左右，其中 J519、J234、J533 等控制单元中未标注的电阻均为千欧级别，并联后对终端电阻的阻值影响可忽略不计。在控制单元内装置的不是一个固定阻值的终端电阻。它由很多个被测量的电阻组合在一起，被称为终端电阻。作为标准值或者试验值，两个终端电阻每一个以 120Ω 为起始。在奥迪车系上也使用另一种终端电阻。例如在带有泵喷嘴单元的 1.9TDI 车型上，发动机控制单元装置 66Ω 的终端电阻。总的阻值依赖于车辆的总线结构，所以以终端电阻是根据车型设计的。

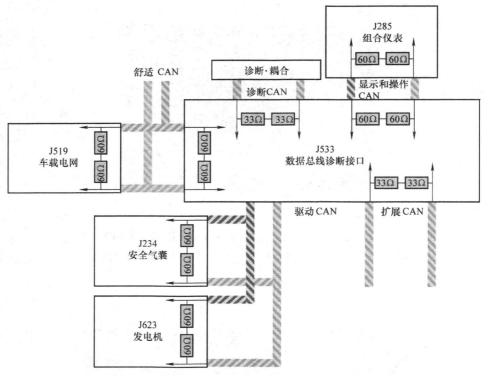

图 6-34　CAN 总线网络中的终端电阻

终端电阻的测量步骤总结如下：

1）将蓄电池的负极线拔除。

2）等待大约 5min，直到所有的电容器都充分放电。

3）连接测量万用表并测量总阻值。

4）将一个带有终端电阻控制单元的插头拔下来。

5）检测总的阻值是否发生变化。

6）第一个控制单元（带有终端电阻）的插头连接好，再将第二个控制单元的插头拔下来。

7）检测总的阻值是否发生变化。

8）分析测量结果。

对于 CAN 总线系统中的终端电阻，可以使用万用表进行测量。正常情况下总线一般都隐藏在汽车内部，不容易进行直接测量，我们可以对总线的引出线端口，如诊断插座上的端子或者借助分离插头等检测工具。这里我们以奥迪车系 4S 店总线检测的标配工具 VAG 1598/38 为例介绍下汽车总线终端电阻的检测方法。如图 6-35 所示。

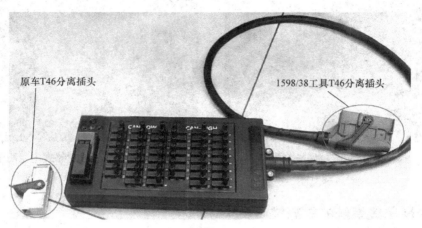

原车T46分离插头　　　　　　　　1598/38工具T46分离插头

图 6-35　VAG 1598/38 实物图

VAG 1598/38 的优势在于能够将 CAN 总线上控制单元回路中的连接情况转换到自身上，如图 6-36 所示，通过自身上 CAN-High 总线与 CAN-Low 总线两排小插头的拔出与插入来控制 CAN 总线网络中节点的通断，从而节省了人工查找线路的繁琐操作。

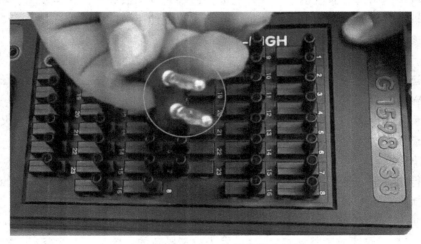

图 6-36　VAG 1598/38 节点的连接插头

测量前，我们先将 VAG 1598/38 的连接插头插入被测试汽车的总线诊断插座上，之后在 VAG 1598/38 上安装被测试汽车的分离插头。完成连接后，我们使用万用表插入 VAG 1598/38 相应的端口上，如图 6-37 所示。测量的阻值为 58Ω，表明 CAN-High 总线与 CAN-Low 总线之间的阻值正常，如图 6-38 所示。

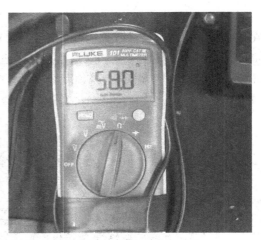

图 6-37　测量 CAN-High 总线与 CAN-Low 总　　　图 6-38　CAN 总线的终端电阻阻值显示
　　　　线之间的终端电阻

6.2.4　CAN 总线系统的故障维修

汽车 CAN 总线网络系统的故障特点一是"风马牛不相及"，二是"群死群伤"，不宜用通常修车的逻辑思维来诊断 CAN 总线系统故障。例如：一辆宝马 X5（E53 底盘），自动变速器不能升档，反复维修变速器仍不能解决问题，将发动机、自动变速器、ABS ECU 逐一拆除，很快就诊断是 ABS 系统故障。汽车网络总线系统出了故障，有时是故障现象与故障原因完全没有明确的逻辑联系。在进行故障维修之前，我们可以先使用故障诊断仪连接被测汽车的诊断接口，之后读取故障码，查看故障码后，能大致获取到汽车故障的信息。

微课视频
车载网络的
故障检修

1. 大众迈腾驱动 CAN 总线通信故障

（1）故障现象

一辆里程为 100 多 km 的迈腾汽车，在行驶过程中突然熄火，驾驶人进行点火起动时，发现汽车无法着车。

（2）故障诊断

技师进行维修前，使用 VAS5052 测试仪读取故障码，显示驱动 CAN 总线上的信息无法传输到多个控制器，如图 6-39 所示。

技师根据显示的故障码分析如下：驱动 CAN 总线信息无法传输到控制器，一般是驱动 CAN 总线的控制器损坏或者驱动 CAN 总线发生故障导致的，鉴于该车为新车，控制器本身损坏的可能性较小，我们重点放在对汽车总线数据传输线的检测排查上。

技师调用测试仪检测驱动 CAN 总线的信号波形，显示结果如图 6-40 所示，根据波形图分析，CAN-High 总线的电压电位被置于 12V（电源电压），能够得知驱动 CAN-High 总线对正极短路。

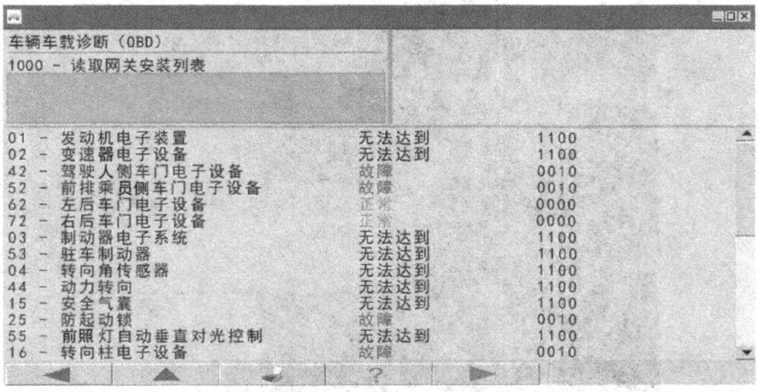

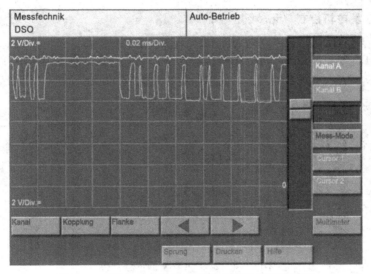

图 6-39　被测试迈腾汽车故障码显示

图 6-40　驱动 CAN-High 总线对正极短路波形图

（3）故障维修

诊断出故障原因后，打开故障车左侧仪表后的主线束，在节点处逐一断开 CAN 总线进行排查，当断开变速器驱动 CAN 总线时（图 6-41），VAS5052 显示与驱动 CAN 总线的控制器均能够收到信息，故障码得以清除。

之后我们检查变速器驱动 CAN 总线（图 6-42），发现其附近的起动机线束上有一小段毛刺，刚好刺穿变速器 CAN 总线，使得变速器 CAN 总线与蓄电池正极短路。经过包扎处理后，迈腾汽车无法起动的故障得以解决。

图 6-41　断开变速器驱动 CAN 总线

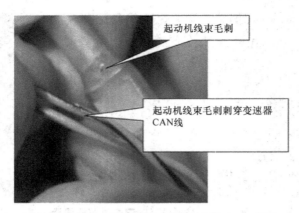

图 6-42　起动机连接线束刺穿变速器 CAN 总线

2. 别克 GL8 发电机控制单元总线通信故障

（1）故障现象

一辆别克 GL8 汽车，轻按一键起动按钮给汽车上电后，发动机故障指示灯长亮，如图 6-43 所示。此后踩制动踏板，长按一键起动按钮发动汽车时，汽车无法着车，仪表盘黑屏。

图 6-43　发动机故障指示灯长亮

（2）故障诊断

在进行故障排查前，维修技师将故障诊断仪的插头插入诊断插座（图 6-44）上，其中 6 号端口为 CAN-High 连接线端口，14 号端口为 CAN-Low 连接线端口。

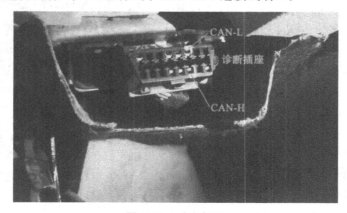

图 6-44　诊断插座

之后在故障诊断仪上选择通用车型，等待信息的加载完毕后，选择自动搜索，操作界面上会弹出一个 17 位的车辆识别码，维修技师与别克 GL8 前风窗玻璃的左下侧车辆识别码（图6-45）进行对照，确认无误后点击确定。

图 6-45　被测故障车别克 GL8 车辆识别码

然后在快速测试模式下加载故障信息，等待故障信息加载完毕后，选择发动机控制单元，根据被测车型选择 2.4 升发动机识别码，之后读取故障码，如图 6-46、图 6-47 所示，故障诊断仪上显示的故障信息为发动机控制单元与变速器控制单元无法通信。

图 6-46　被测故障车别克 GL8 汽车总线故障码（一）

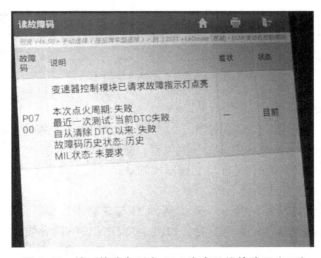

图 6-47　被测故障车别克 GL8 汽车总线故障码（二）

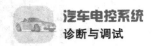

之后维修技师查看相关的总线网络图，如图6-48所示，ECU通过19号CAN-High总线、20号CAN-Low总线依次连接自动变速器控制单元、电子自动控制单元、车身控制单元、诊断插座。

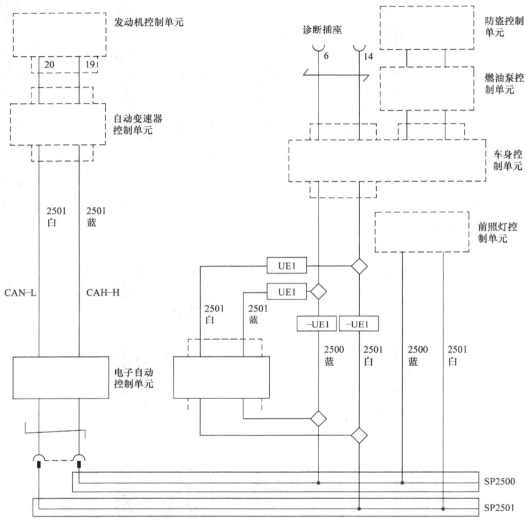

图 6-48　别克 GL8 总线网络连接图

（3）故障维修

了解了总线连接布局后，如图6-49所示，维修技师使用万用表测量诊断插座上6号CAN-High总线与14号CAN-Low总线之间的终端电阻，测量的阻值为120Ω，说明总线连接存在断路现象。结合故障诊断仪报出的ECU与变速器控制单元无法正常通信故障码，维修技师诊断为发动机控制单元总线连接存在断路现象。

技师进行维修时，如图6-50所示，先找到ECU与变速器控制单元之间的连接部分并拔出总线通信插头。首先测量蓝色插头部分时，如图6-51所示，使用导线连接插头部分19号、20号端子，之后连接到万用表两支表笔上，测量阻值为120Ω左右，表明ECU到诊断仪之间的总线封装电阻是正常的。然后使用万用表连接 ECU 蓝色插座上的 19 号、20 号端子，测量阻值为 120Ω 左右，表明 ECU 内部封装电阻是正常的。经过测量未发现任何故障，说明故障原因可能为插头与插座之间存在松动，导致接触不良，如图 6-52 所示，维修技师使用小号的平口螺钉旋具对总线插头 19 号、20 号端子进行预紧后重新插入，维修技师再次测量诊断插座上总线的终端电阻，测量的阻值为 60Ω，说明发动机控制单元通信总线断路的问题已经解决。

图 6-49 万用表测量别克 GL8 诊断插座的终端电阻　　图 6-50 拔出 ECU 与变速器控制单元之间的总线通信插头

 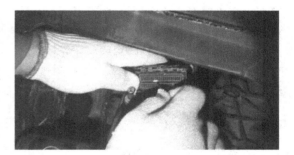

图 6-51 测量总线通信插头内部连接的终端电阻　　图 6-52 预紧总线通信插头端子

最后，维修技师进入车内，汽车上电后，发现仪表板上的发动机故障指示灯熄灭，再次通过故障诊断仪进行检测，界面显示无故障码，系统正常，至此，ECU 总线通信故障修复完毕。

3. 宝马 730Li 停放后无法起动

（1）故障现象

一辆配置 M54 发动机的宝马 730Li 汽车，车主有事下车办公，4h 左右回来后发现汽车无法起动，用其他车辆的蓄电池进行跨接起动，汽车能够正常着车，然而停放一段时间后故障依旧出现。

（2）故障诊断

技师经过询问车主故障发生的现象、时间等信息，初步诊断为汽车存在漏电问题。遂使用诊断仪执行休眠电流测试，当车辆进入休眠状态后，测的电流为 18A，数值严重过大。之后测量总线网络的信号电压，发现所有区域的网络电压都异常，高位线电压为 3.4V，低位线电压为 2.0V，说明车辆没有真正进入休眠状态。已知该车的总线唤醒信号是由 CAS 控制单元发出的，唤醒信号电压是 12V 直流电压。对唤醒信号的电压进行测量，发现汽车进入休眠状态后，该电

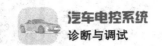

压仍为 12V，说明整车电子控制系统还处于工作状态。断开 CAS 控制单元后，故障依旧，说明该电压并不是由 CAS 控制单元输出的。接着检查动力总线部分，逐一断开动力总线的控制单元，发现当断开驻车制动控制单元时，唤醒信号电压变为 0V。技师分析驻车制动控制单元可能存在故障，造成唤醒信号电压始终被拉高，车辆无法进入休眠状态，停放后，因漏电导致蓄电池电量不足，汽车无法着车。

（3）故障维修

技师经过检测排查后，确定为驻车制动控制单元已经损坏，更换新的驻车制动控制单元后，等待汽车进入休眠模式，分别测量汽车的休眠电流与总线信号电压，数值均正常，故障已解决。

6.3　LIN 总线网络

LIN（Local Interconnect Network）是局域互联网，在 1999 年由欧洲部分汽车制造商和VCT 公司以及摩托罗拉公司共同组成的 LIN 协会推出，是用于汽车分布式电控系统的开放式的低成本串行通信标准，从 2003 年开始得到使用。

LIN 是一种基于 UART 数据格式、主从结构、单线（无屏蔽）12V、不需要进行仲裁的总线通信系统，传输速度为 20kbit/s，主要用于智能传感器和执行器的串行通信。所有的控制单元都在一个总成内（如空调等），并且采用单主 - 多从的机制，有主控制单元和从控制单元之分，整个总成内（主控制单元和从控制单元，从控制单元和从控制单元）信息都由 LIN 总线相连，然后主控制单元通过 CAN 总线与外界相连。

从一定意义上讲，LIN 总线就相当于 CAN 总线的经济版通信网络，可定位于低于 CAN 总线的通信层。

6.3.1　LIN 总线的特性

从硬件、软件以及电磁兼容性方面来看，LIN 总线保证了网络节点的互换性，极大地提高了开发速度，同时保证了网络的可靠性。目前 LIN 总线网络已经广泛地被世界上大多数汽车公司以及零配件厂商所接受，其典型应用是车上传感器和执行器的联网，属于汽车上的 A 级网络。

汽车 LIN 总线作为 CAN 总线的子网，如图 6-53 所示，整个总线网络采用星形拓扑结构，分为一个主节点和多个从节点，其中主节点的控制器通过 CAN 总线与外界相连。LIN 总线星形拓扑结构的特点是安装容易，结构简单，费用低，通常以集线器作为中央节点，便于维护和管理。中央节点的正常运行对网络系统来说是至关重要的。中央节点负载重，扩充困难，线路利用率低，在带宽要求不高、功能简单、实时性要求低的场合，如车身电器的控制等方面，使用 LIN 总线可有效地简化网络线束、降低成本、提高网络通信效率和可靠性。主要应

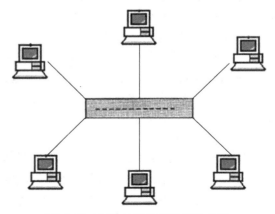

图 6-53　LIN 总线的线性拓扑结构

用在空调控制单元、车门模块、后视镜、座椅控制等电器上。

LIN 总线包含一个宿主节点和一个或多个从属节点。所有节点都包含一个被分解为发送和接收任务的从属通信任务，而宿主节点还包含一个附加的宿主发送任务。在实时 LIN 总线中，通信总是由宿主任务发起的。

综上所述，LIN 总线的主要特性为 kbit/s：

1）传输速率最高可达 20kbit/s，属于 A 类总线。

2）采用单主机/多从机模式，无须总线仲裁机制。

3）采用主从访问控制，LIN 总线网络是单主多从结构，一个 LIN 总线网络中只有一个主结点，从结点可以有多个，主结点可以向任意一个从节点发送信号，但从节点之间不发送信号。

4）低成本。基于通用 UART 接口，几乎所有微控制器都具备 LIN 总线必需的硬件。

5）与 CAN 总线的橙色不同，LIN 总线主色为紫色。

6）从节点不需要晶振或陶瓷振荡器就能实现自同步，节省了从设备的硬件成本。

7）信号传输具有确定性，保证信号传输的延迟时间。

8）以非常短的消息进行通信。

9）不需要改变 LIN 总线从节点的硬件和软件就可以在网络上增加节点。

10）支持最大节点数为 16 个，但通常一个 LIN 总线网络上节点数目小于 12 个，共有 64 个标志符。

11）无屏蔽单导线数据传输。

6.3.2　LIN 总线的基本组成与数据传输原理

LIN 总线作为 A 类网络传输线，主要适用车身系统的控制单元，这类控制单元多为低速电动机和开关，对实时性要求低而数据量大，使用低速总线连接这些控制单元与汽车的驱动系统分开，有利于保证驱动系统通信的实时性，还可增加传输距离，提高抗干扰能力，以及降低硬件成本。

1. LIN 总线系统的组成

LIN 总线系统主要由 LIN 主控制单元、LIN 从属控制单元及数据线组成，如图 6-54 所示，所有节点都包含一个被分解为发送和接收任务的从属通信任务，而主节点还包含一个附加的主发送任务。在实时 LIN 中，通信总是由主任务发起的。

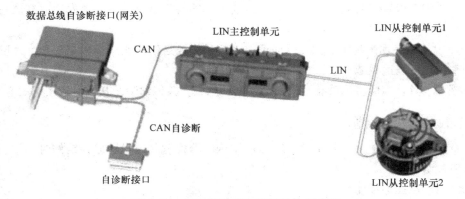

图 6-54　LIN 总线控制单元结构示意图

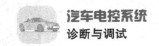
（1）LIN 主控制单元

与 CAN 总线连接的 LIN 主控制单元具有以下功能：

1）监控数据传送和数据传送速率，发送信息标题。

2）它的软件中包含一个传送周期，传送周期规定了何时和以何种频率把信息传送到 LIN 总线。

3）执行本地 LIN 总线系统中 LIN 控制单元和 CAN 总线之间的换算功能。因此，它是 LIN 总线系统中唯一与 CAN 总线连接的控制单元。

4）通过 LIN 主控制单元进行与之相连的 LIN 从控制单元的自诊断。

（2）LIN 从属控制单元

在 LIN 总线系统中，可以把单个控制单元作为 LIN 从属控制单元使用，如鼓风机、传感器或者执行元件。由此，LIN 主控制单元可以通过接收由 LIN 总线用数字信号的形式传送 LIN 从属控制单元（传感器元件）的测量值来查询 LIN 从属控制单元（执行元件）的实际状态，而 LIN 从属控制单元（执行元件）能够接受 LIN 主控制单元以数字信号的形式传送的任务指令。

2. LIN 的数据传输原理

在 LIN 网络上信息是以帧的格式进行传输的，如图 6-55 所示。LIN 总线上的所有通信都由主机节点中的主机任务发起，主机任务根据调度表来确定当前的通信内容，发送相应的帧头，并为报文帧分配帧通道，总线上的从节点接收帧头之后，通过解读标识符来确定自己是否应该对当前通信做出响应，做出何种响应，基于这种报文滤波方式，LIN 可实现多种数据传输模式，且一个报文帧可以同时被多个节点接收利用。

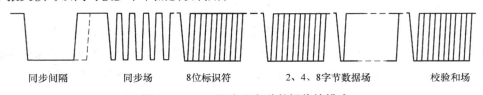

| 同步间隔 | 同步场 | 8位标识符 | 2、4、8字节数据场 | 校验和场 |

图 6-55　LIN 可实现多种数据传输模式

LIN 协议的关键部分是调度表的使用。调度表确保网络负载率不容易过载，同时也保证了信号能够周期性无冲突地发送。主节点调控调度表的使用，主节点确保在确定模式下相关的信息被分配足够的时间片来传输。时间片分配的应用为 LIN 协议提供了一种无冲突且简便高效的传输方法。与零星帧和事件触发帧有关联的普通帧不能与零星帧或事件触发帧放在同一个调度表里面。

时间片的长度必须满足帧最大发送时间，但帧最大发送时间也可以根据用户支持的程度做相应的调整，也可以适量减小。

除休眠命令外，LIN 协议没有定义任何报文的内容，其他命令是在具体应用中定义的。

6.3.3　LIN 总线的检测

LIN 总线采用的是单线传输形式，可以使用示波器检测其信号电压，维修时，常用的检测方法是电压检测。

1. LIN 总线电压的检测

LIN 总线电压波动范围为 1~12V，当 LIN 总线网络传输信号的频率越高时，LIN 总线的电压值越低，我们以宝马 5X 汽车前照灯上黄蓝色 LIN 总线为例，检测其工作电压，如图 6-56 所示，万用表红表笔连接前照灯 LIN 总线插接器端口；如图 6-57 所示，黑表笔连接车身搭铁；之后打开点火开关，万用表显示的电压值为 7.95V，如图 6-58 所示，数值正常。

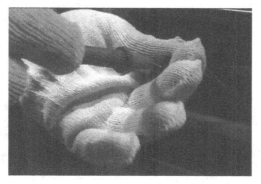

图 6-56　万用表红表笔连接 LIN 总线端口

图 6-57　万用表黑表笔连接车身搭铁

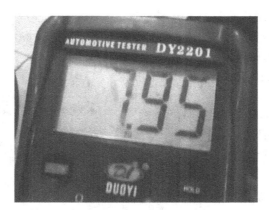

图 6-58　宝马 5X 前照灯 LIN 总线工作电压检测数值

2. 总线电阻的检测

LIN 总线没有终端电阻，因此我们无法像 CAN 总线那样通过终端电阻的检测，判断 LIN 总线网络节点中的通信故障。对于 LIN 总线，只能测量 LIN 总线的断路或短路情况。

我们仍以宝马 5X 的前照灯 LIN 总线连接端口为例，检测 LIN 总线对地电阻时，万用表在电阻档位时，红表笔连接 LIN 总线端口，黑表笔连接车身搭铁，测量阻值为无穷大。

检测 LIN 总线对蓄电池的电阻时，万用表黑表笔连接前照灯电源进线端口，测量的阻值仍为无穷大，如图 6-59 所示，说明被测量的 LIN 总线的线路连接正常。

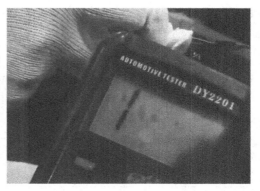

图 6-59　万用表检测宝马 5X 前照灯 LIN 总线
对电源正极的电阻

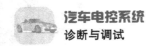
6.3.4　LIN 总线系统的故障维修

对于汽车 LIN 总线故障的诊断维修，主要结合故障现象通过自诊断及专用的检测仪进行检测，然后通过人工经验和自诊断结果来排查故障。

1. 大众高尔夫空调故障

（1）故障现象

一辆高尔夫 A7 轿车，采用半自动空调系统，车主反映空调开启后压缩机及鼓风机不工作，但空调控制面板上的 A/C 按键指示灯长亮。

（2）故障诊断

维修前，技师先分析高尔夫 A7 轿车的空调控制系统采用 LIN 总线通信系统结构，如图 6-60 所示。其中空调控制单元 J301 通过 LIN 总线将开关信号发送至高压压力传感器 G805 及鼓风机控制单元 J126 上，并通过电信号控制调整高压压力传感器 G805 及鼓风机控制单元 J126 的工作状态，空调控制单元 J301 通过舒适 CAN 总线连接网关 J533（ECU），由 ECU 激活散热器电风扇。

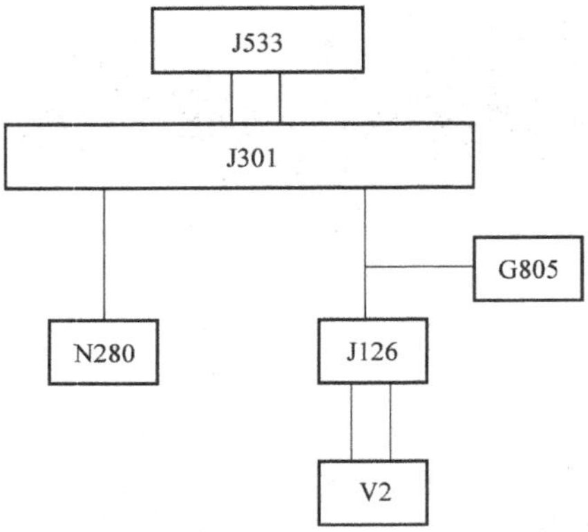

技师根据车主所描述的故障现象分析出可能存在的问题：

1）高压压力传感器 G805 存在故障。

2）鼓风机控制单元 J126 存在故障。

3）舒适 CAN 总线或空调 LIN 总线线路本身故障。

4）空调控制单元 J301 存在故障。

图 6-60　高尔夫 A7 空调控制电路原理拓扑图
J533—网关　J301—空调控制单元　J126—鼓风机控制单元　G805—高压压力传感器　N280—空调压缩机调节阀　V2—鼓风机电动机

技师通过诊断仪连接车辆的诊断插座，读取数据流，如表 6-3 所示，自空调控制单元 J301 以下的控制单元 J126、传感器 G805 均报出故障，初步诊断为该段线路中的 LIN 总线出现问题，使用示波器检测该处线路的波形，发现电压始终为 0V，即此处的 LIN 总线连接中存在搭铁短路的故障。

表 6-3　高尔夫 A7 空调控制单元故障状态下的数据流

检测项目	测量值
压缩机关闭条件	制冷剂压力传感器故障
压缩机电路，实际值（无显示）	0.0A
压缩机电流，规定值（无显示）	0.0A
制冷剂压力（无显示）	故障
鼓风机状态（无显示）	测量值不存在

之后，技师依次断开鼓风机控制单元 J126、高压压力传感器 G805 端子，当断开高压压力传感器 G805 时，示波器显示的波形恢复正常。然后检测空调控制单元 J301 与高压压力传感器 G805 之间连接的 LIN 总线，未发现意外搭铁的线路故障，至此，技师基本上锁定高压压力传感器 G805 内部存在搭铁短路的故障。

（3）故障维修

技师经过检测排查后，更换新的高压压力传感器 G805，再次使用诊断仪读取数据流，如表 6-4 所示，故障码已清除。打开空调后，压缩机及鼓风机正常工作，表明故障已解决。

表 6-4　高尔夫 A7 空调控制单元正常状态下的数据流

检测项目	测量值
压缩机关闭条件	压缩机启用，不存在关闭条件
压缩机电路，实际值（无显示）	0.560A
压缩机电流，规定值（无显示）	0.555A
制冷剂压力（无显示）	12.6bar
鼓风机状态（无显示）	激活

2. 大众捷达车窗主控开关故障

（1）故障现象

一辆 2006 年款的捷达轿车，行驶里程 4 万 km，车主反映驾驶侧的主控开关无法升降右后侧的车窗。

（2）故障诊断

电动车窗升降器的工作方式主要分为两大类，一是开关或模块直接控制；二是由车载网路传输信号和电控单元控制。现代汽车偏向于智能化电子控制，其中电动车窗采用车载网络技术，这种控制方式涉及多个电控单元，工作的电路既有连接熔丝、开关、继电器、电动机的普通线束，又有 CAN 总线和 LIN 总线，线路布局比较复杂。

技师根据车主所描述的故障现象检测四门升降器，单独控制均正常，但左前主控开关不能控制右后门，右后门开关可以单独控制。另外，该车具有锁车后自动升窗功能，其网络连接是 LIN 总线连接，具备 K 线诊断功能，于是用 VAS 5051 诊断仪进入地址 46- 舒适系统，进行故障查询，故障码为：V27- 右后门玻璃升降电动机故障。技师分析出故障点可能为线束损坏或控制单元出现了问题。

技师调取出捷达的 LIN 总线网络连接电路图，如图 6-61 所示。使用万用表结合图中的接线对故障车 LIN 总线导线进行测量，发现 T23/3 端口到 T6q/2 端口之间断路。经查找，发现在驾驶人座椅下的 T23/3 端口到 T6q/2 端口的 LIN 总线存在机械性断裂。

（3）故障维修

技师经过检测排查后，将断裂的 LIN 总线进行搭接修复，修复后驾驶人侧车窗主控开关能够正常地升降右后侧的车窗，故障解决。

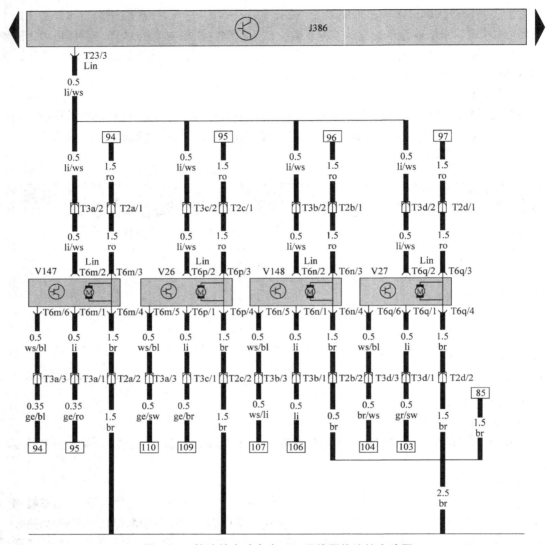

图 6-61　捷达的电动车窗 LIN 总线网络连接电路图

6.4　MOST 总线网络

　　MOST（Media Oriented Systems Transport）是 1998 年由几家公司联合开发的协议。它是专门用于汽车工业的多媒体光纤网络标准，速率可达 50Mbit/s。MOST 采用环形拓扑结构，在器件层提供高度可靠性和可扩展性。MOST 总线适合信息娱乐系统方面的应用。

　　MOST 总线有导线少、质量小、传输速率很高、抗干扰性很强等优点，受到包括宝马、奔驰等大公司的支持，已应用在宝马系列、奥迪 A8、奔驰 E 系列等多款车型上。

6.4.1　MOST 总线的特性

　　目前，最常用的 MOST 总线数据传输率为 24.8Mbit/s（MOST25）。更高版本的数据传输率可达 50Mbit/s（MOST50），甚至达到 150Mbit/s（MOST150）。

MOST 总线系统采用环形结构，每个设备通过相应的入口或出口分别与前一个或后一个设备环状连接，如图 6-62 所示。环形网络中的信息传送是单项的，即沿一个方向从一个节点传动到另一个节点；每个节点需要安装中继器，以接收、放大、发送信号。这种结构的特点是结构简单，建网容易，便于管理。其缺点是当节点过多时，将影响传输效率，不利于扩充，另外节点发生故障时，整个网络就不能正常工作。

MOST 总线上作为面向多媒体信息传输的光纤，其特性如下：

1）支持"即插即用"方式，在网络上可以随时添加或去除设备。

2）支持声音和压缩图像的实时处理。

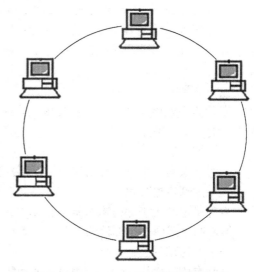

图 6-62　MOST 总线系统的环形结构

3）以光纤为传输介质，信息传送不易丢失。

4）MOST 总线采用环形拓扑结构，允许共享多个发送和接收器的数据。当其中一个控制单元或一段光纤损坏时，会造成所有环上的控制单元都不工作。

5）在低成本的条件下，MOST 总线能达到 24.8Mbit/s 的数据传输速度。

6.4.2　MOST 总线的基本组成与数据传输原理

MOST 总线是一种专门针对汽车而开发，用于多媒体数据传送的网络系统，采用光纤（不受电磁辐射干扰与搭铁环的影响）作为物理层的传输介质，将视听设备、通信设备以及信息服务设备相互连接起来。

1. MOST 总线的基本组成

MOST 总线控制单元主要由光导纤维、光导插头、内部供电装置、电气插头、专用部件、标准微型控制器、MOST 发射接收器、发光二极管和光电二极管等部件构成，如图 6-63 所示。

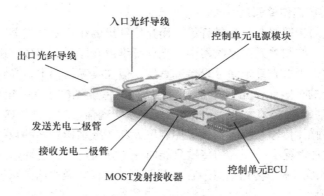

图 6-63　MOST 总线控制单元结构

211

（1）光导纤维

光导纤维的功用是将在某一控制单元发射器内产生的光波传送到另一控制单元的接收器。光导纤维由彩色覆盖层、黑色覆盖层、反射覆盖层及内芯线组成。内芯线是光导纤维的核心部分，由聚甲基丙烯酸甲酯组成，是真正的光导体。光穿过内芯线时，几乎没有任何损耗。

（2）光导插头

光导插头连接光导纤维与控制单元。通过这个插头，光信号进入控制单元或产生的光信号被传入下一个使用方。

（3）电气插头

电气插头用于供电、环断裂自诊断以及输入/输出信号。

（4）内部供电装置

内部供电装置把通过电气插头供给控制单元的电源分配给各个部件。这种方式可以临时断开供给控制单元中个别部件的电源，从而减小闭路电流。

（5）专用部件

这些专用部件执行特定控制单元的功能，如CD驱动器、无线电调谐器。

（6）标准微型控制器

标准微型控制器是控制单元的中央处理器，它包括1个能控制控制单元主要功能的微处理器。

（7）MOST发射接收器

MOST发射接收器由发射器和接收器两个部件组成。发射器将要发送的信息作为电压信号传至光导纤维发射器。接收器接收来自光导纤维发射器的电压信号并将所需的数据传至控制单元内的标准微型控制器。其他控制单元不需要的信息由发射接收器来传送，而不是将数据传到CPU上。这些信息原封不动地被发至下一个控制单元。

（8）发射接收器-光导纤维发射器（FOT）

发射接收器-光导纤维发射器（FOT）由1个光电二极管和1个发光二极管构成。到达的光信号由光电二极管转换成电压信号后传至MOST发射接收器。发光二极管的作用是把MOST发射接收器的电压信号再转换成光信号。数据通过光波调制后传送，调制后的光经由光导纤维传到下一个控制单元。

2. MOST总线的数据传输原理

MOST总线系统的传输媒介是光导纤维，而光导纤维的作用是将在某一控制单元发射器内产生的光波传送到另一控制单元的接收器中。光导纤维由几层材料组成。由于光信号在光导纤维内进行的是全反射，要求光纤走向尽量接近直线。但在实际结构中，光纤与车辆线束一起布置，不弯曲是不可能的。因此，光导纤维的特殊结构能保证光信号在一定弯曲度内的全反射，但光纤弯曲部位的弯曲半径必须大于25mm，否则无法实现信息的正常传递。

MOST总线（多媒体传输系统）实现了控制单元和环形结构之间的数据交换。信号传输是通过光缆实现的。这种情况下，环内的传输只能向一个方向进行。当环形结构闭合且功能良好时，才能在MOST环形结构中传送信息。在开环情况下，仅能通过诊断系统与中央网关模块进行通信，如图6-64所示。

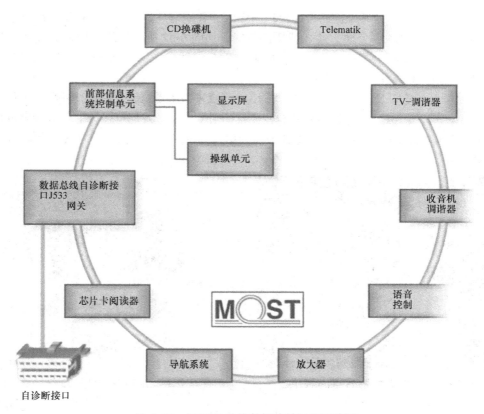

图 6-64　MOST 总线数据传输过程示意图

6.4.3　MOST 总线的检测

　　MOST 总线采用光纤介质组成一个环形网络，当 MOST 总线网络中某一个控制单元出现故障或一段光纤线束出现破损时，会导致整个 MOST 总线网络的瘫痪，即所有的 MOST 总线网络控制的电子模块均无法工作。我们可以借助 MOST 总线插接器来进行检测，如图 6-65 所示。

　　检测时，使用点光源给 MOST 光纤线束一端照上光线，正常情况下，光纤线束的另一端会发出红光，如图 6-66 所示。

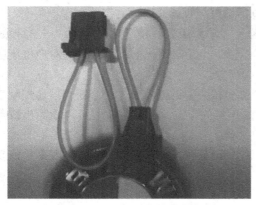

图 6-65　MOST 总线线束插接器

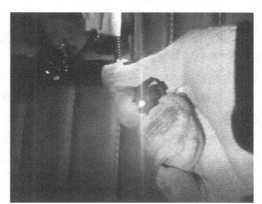

图 6-66　MOST 总线的光线传输

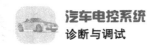
当 MOST 总线网络的某个控制单元出现故障时，我们可以将该节点的控制模块拔下，将该节点的 MOST 光纤线的两个插头插入到插接器中，如图 6-67 所示，通过插接器代替控制单元的方法对 MOST 总线各个节点进行排查，如果 MOST 总线网络的其他电子元件能够恢复通信，则证明被替换的控制单元存在故障。

另外，对于一些车型，我们可以通过专用检测仪来对 MOST 总线进行检测，如图 6-68 所示，例如大众车系专用检测工具 VAS 5052，连接诊断接口后，我们可以读取到被检测汽车的相关数据流，与标准值进行对比，之后将各个控制单元逐一断开，当数据流恢复正常时，可以判断出故障节点。

图 6-67　MOST 总线光纤插入插接器

图 6-68　VAS 5052

6.4.4　MOST 总线的故障检修

MOST 总线因其环形网络的特殊性，一旦出现故障时，所有节点均无法工作，进行维修时，我们需要通过排除法进行排查。例如一辆奥迪 A6 汽车，在蓄电池完好的状态下关闭点火开关，一段时间后，多媒体交互系统无法正常工作。

进行故障检修时，首先将 VAS 5052 连接车辆的诊断接口，故障码显示所有的控制单元电压过低，之后利用 VAS 5052 的导航功能对网关 J533 进行光纤断路诊断，发现光纤环路故障诊断和光波衰减 3dB 断环诊断均无法执行，已知奥迪 A6 中光纤环路中的控制单元有：信息显示单元 J523、导航控制单元 J401、电视调谐器 R78、收音机控制单元、音响控制单元 J525、CD 转换盒 R41、数据总线诊断接口 J533（网关）、电话发射接收器 R36。

诊断维修时，断开行李舱左后衬板内的音响控制单元 J525，测量其电器插头上的导线电压，发现环路中诊断导线对地电压为 12.5V（电源电压），正常情况下，该导线的对地电压应为 5V，由此我们可以判断诊断导线存在对正极短路的现象。

之后依次将各个控制单元拔下，观察 MOST 总线相关数据流的变化。当断开信息控制单元 J523 时，发现环路中诊断导线对地电压恢复 5V 的正常值范围，由此，我们可以诊断出故障原因为：信息控制单元 J523 内部存在对正极短路的接线。

故障维修时，我们将已短路的信息控制单元 J523 进行更换，车辆的多媒体交互系统恢复正常工作，故障解决。

项目 7
电子故障诊断系统

任务描述

　　马先生拥有一辆丰田卡罗拉轿车，某天该车出现如下故障：冷车时发动机起动顺利，但在行驶过程中发动机突然熄火，随即发动机起动困难，等到发动机冷却后又能够顺利起动，仪表板上故障自诊断警告灯（MIL）点亮。假如你是丰田4S店的维修人员，针对该车故障情况，该如何进行故障码的读取，并进而消除故障？

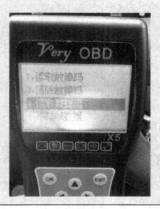

学习目标

1. 熟知汽车诊断系统的组成及其功能。
2. 能够使用故障诊断仪读取故障码以及数据流。

知识与技能点清单

序号	学习目标	知识点	技能点
1	熟知汽车诊断系统的组成及其功能	1. 汽车诊断系统的组成 2. 汽车诊断系统的功能	能够熟知汽车诊断系统的功能
2	能够使用故障诊断仪读取故障码以及数据流	1. OBD-Ⅱ车载自诊断系统的特点 2. 故障码的读取与清除 3. 发动机数据流的读取	能够通过OBD接口读取汽车故障码、数据流

学习信息

7.1 汽车自诊断系统概述

汽车自诊断系统又称为故障自诊断系统，主要由电控单元（ECU）以及传感器与执行器的监测电路组成。

汽车自诊断系统对汽车内传动系统、控制系统等各部分工作状态进行自动检查和监测。当汽车上某些功能出现故障时，装在仪表板上的故障指示灯就会闪亮以警告车主汽车可能出问题了。

微课视频
汽车故障
自诊断系统

7.1.1 汽车自诊断系统的组成

现代汽车电控系统中大多装有微处理器，具备故障自诊断系统，主要由ECU中的部分软件、传感器和故障指示灯、故障诊断通信接口、故障码存储器等组成，电控系统工作时，自诊断系统对各种输入、输出信号进行监测，并运用程序进行运算，将结果迅速反馈到主控系统，改变控制状态，此外，当自诊断系统检测到异常时，仪表板上相应的故障指示灯会闪亮，如图7-1所示。目前，世界上主流的汽车生产商，其自诊断系统各成体系，规范标准不统一，因此，市面上的汽车自诊断系统也各有差异。

传感器与执行器的监测电路一般都与各自的控制单元设置在集成电路板上，软件程

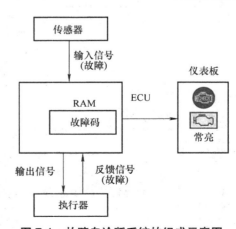

图7-1 故障自诊断系统的组成示意图

序存储在控制单元内部的存储器中。故障诊断通信接口俗称为诊断插座，一般安装在熔丝盒上（图 7-2）、仪表板下方（图 7-3）、发动机舱内（图 7-4）。为了方便维修人员在发动机舱盖开启的状态下检测发动机电控系统有无故障，在发动机舱内专门预留一个 ECU 故障诊断插座。

图 7-2　熔丝盒上的诊断插座

图 7-3　仪表板下方的诊断插座

图 7-4　发动机舱内的诊断插座

7.1.2　汽车自诊断系统的功能

汽车自诊断系统的基本功能主要表现在三个方面：一是监测控制系统工作情况，一旦发现某只传感器或执行器参数异常，就立即发出报警信号；二是将故障内容编成代码（称为故障码）存储在随机存储器（RAM）中，以便维修时调用或供设计参考；三是启用相应的备用功能（又称为"回家"功能），使控制系统处于应急状态运行。

1. 发出报警信号提示

在电子控制系统运转过程中，当某只传感器、控制开关或执行器发生故障时，ECU 将立即接通仪表板上的故障指示灯电路，使指示灯点亮，提醒驾驶人控制系统出现故障，应立即检修或送修理厂检修，以免故障范围扩大。

各种电子控制系统的故障指示灯均设置在组合仪表板的透明面膜下面，并在面膜上印制有不同的图形符号或英文缩写字母。如防抱死制动系统的故障指示灯用字母"ABS"表示，安全气囊系统用字母"SRS"或"AIR BAG"表示，发动机系统用发动机图形符号（图 7-5）或字母"CHECK ENGINE（检查发动机）"、"SERVICE ENGINE SOON（立即维修发动机）"等。

图 7-5　发动机故障指示灯

2. 存储故障码

当自诊断系统发现某只传感器或执行器发生故障时，ECU 会将监测到的故障内容以故障码的形式存储在随机存储器（RAM）中。只要存储器电源不被切断，故障码就会一直保存在 RAM 中。

即使是汽车在运行中偶尔出现一次故障，自诊断电路也会及时检测到并记录下来。在每一辆汽车的自诊断系统电路中，都设有一个专用的故障诊断插座，在诊断排除故障或需要了解控制系统的运行参数时，使用汽车制造商提供的专用故障检测仪或通过特定操作方法，就可通过故障诊断插座将存储器中的故障码和有关参数读出（图 7-6），为查找故障部位、了解系统运行情况和改进控制系统设计提供依据。

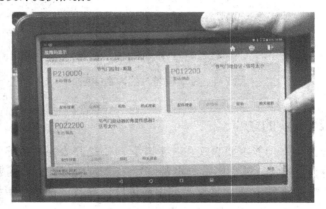

图 7-6　故障码显示

3. 启用备用功能

备用功能又称为失效保护功能。当自诊断系统发现某只传感器或执行器发生故障时，ECU 将以预先设定的参数取代故障传感器、控制开关或执行器工作，控制发动机进入故障应急状态运行，使汽车维持基本的行驶能力，以便将汽车行驶到修理厂修理，这种功能称为控制系统的备用功能或失效保护功能。

在备用功能工作状态下，发动机的性能将受到不同程度的影响，某些车型的自诊断系统还将自动切断空调、音响等辅助电器系统电路，以便减小发动机的工作负荷。

当某些传感器或执行器发生故障后，自诊断系统将自动启用备用功能，以便将汽车行驶到修理厂修理。备用功能主要包括以下几个方面。

1）冷却液温度传感器电路断路或短路时，ECU 按固定温度值控制喷油器喷油。当冷却液温度传感器工作正常时，冷却液温度一般设定在 −30~120℃，其输出信号电压在 0.3~4.7V 范围内变化。

当冷却液温度传感器电路发生短路或断路故障时，其输出的信号电压就会低于 0.3V 或高于 4.7V，ECU 接收到低于 0.3V 或高于 4.7V 的冷却液温度信号后，自诊断系统就会判定冷却液温度传感器电路有短路或断路故障，并启用备用功能，按固定温度值控制喷油器喷油。

2）当进气温度传感器电路断路或短路时，ECU 将按进气温度为 20℃ 的状态控制喷油。

3）氧传感器电路断路、短路、输出信号电压保持不变或变化频率每 10s 变化低于 8 次时，ECU 将取消反馈控制，并以开环控制方式控制喷油。

4）空气流量传感器或进气压力传感器电路断路或短路时，ECU 将按节气门位置传感器信号以三种固定的喷油量控制喷油：当节气门位置传感器的怠速触点闭合时，以固定的怠速喷油量控制喷油；当怠速触点断开、节气门尚未全开时，以固定的小负荷喷油量控制喷油；当节气门全开或接近全开时，以固定的大负荷喷油量控制喷油。

5）当节气门位置传感器电路断路或短路时，ECU 将根据发动机转速信号和空气流量传感器信号计算出一个替代值来控制喷油。

6）当进气压力传感器电路断路或短路时，ECU 将按 101kPa（1 个标准大气压）控制喷油。

7）曲轴位置传感器电路断路或短路时，ECU 接收不到曲轴转速与转角信号，无法控制点火时刻和喷油时刻，因此无法采取失效保护措施，发动机将无法运转。

8）执行器（如喷油器、点火控制器、怠速控制阀等）故障监测，有的能被 ECU 检测出来，有的则不能检测，依车型的控制软件设计而异。

7.2 OBD-Ⅱ车载诊断系统

现代汽车每一个电子控制系统都配置有相应的故障自诊断子系统，通常称为第二代车载故障诊断系统（On Board Diagnosis System-Ⅱ，OBD-Ⅱ），即 OBD-Ⅱ车载诊断系统。

7.2.1 OBD-Ⅱ车载诊断系统简介

由于汽车生产初期，不同厂商各有一套自诊断系统，各个体系互不兼容，为了统一标准，美国汽车工程师学会（SAE）于 20 世纪 90 年代初期制定了 OBD-Ⅱ车载诊断系统标准。SAE 提出在全球汽车制造厂生产的汽车上采用统一的故障自诊断系统的倡议，并在第一代车载自诊断系统的基础上，制定了故障自诊断系统的工作方式、诊断插座、故障码、数据流等软硬件的统一标准。这就是 OBD-Ⅱ车载自诊断系统。

OBD-Ⅱ车载诊断系统最初的旨意是在汽车运行过程中实时监测发动机电控系统及车辆的其他功能模块的工作状况，如有发现工况异常，则根据特定的算法判断出具体的故障，并以诊断故障码（DTC，Diagnostic Trouble Codes）的形式存储在系统内的存储器上。系统自诊断后得到的有用信息可以为车辆的维修和保养提供帮助，维修人员可以利用汽车原厂专用仪器读取故障码，从而可以对故障进行快速定位，以便于对车辆的修理，减少人工诊断的时间。

随着汽车电子技术的发展，OBD-Ⅱ系统作为一个监测尾气排放的系统，逐渐扩大了自己

的控制范围，OBD 将各项监测功能都纳入到了自己的管辖范围内。现在我们一般都会用 OBD 接口这个词，因为我们在车辆上只能看到这个系统的传输接口，但它背后其实整个车辆控制系统的集合体，也就是说，近几年生产的汽车中，经常提及的诊断接口，基本上全部为 OBD 接口。

目前市面上基于 OBD 接口有两种产品形式，一种是通过一条专用的数据线或接口适配器连接到车辆的 OBD 接口，如图 7-7 所示，将数据读取出来再显示到配套的显示屏上。平时连接线可以一直插在 OBD 接口上不用摘下，而只需固定显示屏即可，车主可以自行选择需要显示的数据。

另一种是目前比较流行的无线 OBD 接口适配器 + 智能手机端软件，如图 7-8 所示，这种与手机端配合的 OBD 接口读取器类似于一个加入了无线通信模块的单片机，通过蓝牙或 Wifi 将 OBD 接口读取的数据传输到智能手机端，再通过手机端的软件呈献给使用者。

图 7-7　与 OBD 配套的显示屏　　　　图 7-8　OBD 接口连接智能手机端

OBD-Ⅱ车载自诊断系统的特点如下：

1）具有统一的 16 个端子诊断插座。OBD-Ⅱ标准规定，各种车型的 OBD-Ⅱ应具有统一尺寸和 16 个端子的诊断插座，OBD-Ⅱ标准对诊断插座中的各个端子也做了相应的规定，该诊断插座应位于汽车的车厢内并置于驾驶座上的人伸手可及之处。如图 7-9 所示。

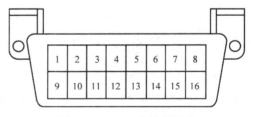

图 7-9　OBD-Ⅱ诊断插座

在 16 个端子中，其中 7 个是标准定义的信号端子，其余 9 个由生产厂家自行设定，大部分的系统只用 7 个端子中的 5 个具体定义好的端子，第 7 号和第 15 号端子是按照 ISO 9141-2 标准传送资料的，而第 2 和第 10 号端子是 SAE J1850 标准。如表 7-1 所示。

表 7-1　OBD-Ⅱ故障诊断插座的端子代号与用途

代号	含义
1	供制造厂使用
2	SAE J1850 数据传输，BUS+
3	供制造厂使用
4	车身搭铁
5	信号回路搭铁
6	供制造厂使用
7	ISO 9141-2 数据传输 K

（续）

代号	含义
8	供制造厂使用
9	供制造厂使用
10	SAE J1850 数据传输，BUS-
11	供制造厂使用
12	供制造厂使用
13	供制造厂使用
14	供制造厂使用
15	ISO 9141-2 数据传输 L
16	接蓄电池正极

2）具有统一的故障代号及含义。用微机检测仪读取的 OBD- Ⅱ 故障码由 4 部分组成，共 5 个字母和数字。

第一部分为一个英文字母，是检测系统的代码。P 代表动力系统（POWER TRAIN）（发动机、自动变速器）；B 代表车身（BODY）；C 代表底盘（CHASSIS）；U 表示车身网络。

第二部分为一个数字，表示诊断代码类型，0 表示美国汽车工程师学会（SAE）定义的诊断代码（通用），1 表示汽车生产厂家自定义的诊断代码（扩展），2、3 这两个数字 SAE 未定义。

第三部分为一个数字，是 SAE 定义的故障码。

第四部分为两个数字的组合，是制造厂的原故障码。

扩展故障码较通用故障码提供的故障信息更为具体，诊断的针对性也更强。用于表示通用型故障码未涵盖的故障及 ABS、ASR 等发动机管理系统之外的故障，数据流也是如此。

3）具有重新显示记忆故障码的功能。

4）具有行车记录器的功能。

5）具有可由仪器直接消除故障码的功能。

7.2.2　故障码的读取与清除

读出故障码是利用故障诊断仪、解码器、行车电脑等工具，对汽车控制单元存储器内部的故障码信息进行读取。

在读取故障码之前，发动机应满足如下基本条件：

1）蓄电池电压高于 11V。

2）节气门位置传感器内的怠速开关闭合。

3）变速器位于停车档或空档。

4）关闭所有附属设备（如空调、音响、灯光等）。

那么，接下来就可以使用汽车故障检测仪读取与清除故障码。

电控燃油喷射式发动机的控制电路上都设有一个专用的故障检测插座。它通常位于发动机附近或仪表板下方，通过线路与 ECU 连接。只要将汽车制造厂提供的该车型的汽车故障检测仪的检测插头与汽车上的故障检测插座连接，然后打开点火开关，就可以很方便地从检测仪的显示屏上读出所有储存在发动机 ECU 中的故障码。查阅该车型的《维修手册》，就可以知道这些故障码表示的故障内容和可能的故障原因。以丰田汽车为例，相关故障码的含义及故障原因如表 7-2 所示。

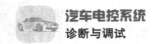
表 7-2　丰田车系故障码与故障原因对应表

代码	故障内容	故障原因
11	ECU 电源中断	主继电器或其线路断路
12	1. 起动机接通 2s 后 ECU 未接收到曲轴转速信号 2. 发动机在 500~4000r/min 的转速范围内，ECU 在 2s 以上未接收到凸轮轴位置传感器信号	1. ECU 故障 2. 起动机信号（STA）线路短路或断路 3. 曲轴位置传感器或其线路故障 4. 凸轮轴位置传感器或其线路故障
13	1. 发动机转速 1500r/min 以上时，ECU 在 1s 内未接收到转速信号 2. 发动机在 500~4000r/min 的转速范围内，ECU 未接收到凸轮轴位置传感器信号	1. ECU 故障 2. 曲轴位置传感器（CPS）及其线路故障 3. 曲轴位置传感器（CPS）及其线路故障
14	ECU 连续发出 4~5 次点火信号后，仍未接收到点火监控信号（IGf 信号）	1. 分电器至 ECU 之间的监控信号线路断路或短路 2. 点火控制器故障 3. ECU 故障
15	ECU 连续发出 4~5 次点火信号后，仍未接收到第二组线圈的点火监控信号（IGf 信号）	1. No.2 点火线圈至 ECU 之间的监控信号线路断路或短路 2. 点火控制器故障 3. ECU 故障
16	电子控制自动变速（ECT）系统信号不正常	1. 主 ECU 与电子控制变速 ECU 之间线路故障 2. 电子控制变速 ECU 故障
17	No.1（左）凸轮轴位置传感器信号不良	1. No.1（左）凸轮轴位置传感器线路断路、搭铁 2. No.1（左）凸轮轴位置传感器故障
18	No.2（右）凸轮轴位置传感器信号不良	1. No.2（右）凸轮轴位置传感器线路断路、搭铁 2. No.2（右）凸轮轴位置传感器故障
21	左侧主氧传感器信号不正常（传感器输出电压在 0.35V 以下或 0.7V 以上超过 60s 无变化）	1. 左侧主氧传感器损坏或线路断路、搭铁 2. 氧传感器加热元件损坏或线路断路、搭铁
22	冷却液温度传感器（CTS）线路断路或短路 0.5s 以上时间（ECU 在 0.5s 以上时间内未接收到 THM 信号）	1. ECU 故障 2. 冷却液温度传感器（CTS）线路短路或断路 3. 冷却液温度传感器（CTS）失效
24	进气温度传感器（IATS）线路断路或短路 0.5s 以上时间（ECU 在 0.5s 以上时间内未接收到进气温度信号）	1. ECU 故障 2. 进气温度传感器（IATS）线路短路或开路 3. 进气温度传感器（IATS）失效
25	混合气过稀、空燃比过大（ECU 接收到氧传感器信号电压低于 0.45V 时间超过 90s）	1. ECU 故障 2. 氧传感器失效、线路断路 3. 冷却液温度传感器失效 4. 喷油器线圈断路或针阀卡住 5. 空气流量传感器工作不良

（续）

代码	故障内容	故障原因
26	混合气过浓、空燃比过小（氧传感器信号电压高于 0.45V 时间超过 10s；发动机急速运转时冷却液温度在 80℃以上）	1. ECU 故障 2. 喷油压力过高 3. 喷油器密封不良、漏油 4. 正时带跳齿、配气正时错乱 5. 进气歧管漏气
31	歧管压力传感器（MAP）线路断路或短路 0.5s 以上时间（急速运转时 ECU 在 0.5s 以上时间未接收到 PIM 信号）	1. ECU 故障 2. 歧管压力传感器信号电压失常（标准值 5±0.5V） 3. 歧管压力传感器线路开路或短路
32	空气流量传感器（AFS）信号不良（急速运转时 ECU 在 0.5s 以上时间未接收到 AFS 信号）	1. ECU 故障 2. 空气流量传感器故障 3. 空气流量传感器线路开路或短路
33	急速控制阀信号不良	1. 急速控制阀故障 2. 急速控制阀线路短路或断路
34	压力传感器信号不良	1. 压力传感器故障 2. 压力传感器线路短路或断路
41	ECU 在 0.5s 以上没有接收到 VTA 信号或急速时信号电压低于 0.4V，高于 3.5V	1. ECU 故障 2. 节气门位置传感器（TPS）线路断路、搭铁 3. 节气门位置传感器（TPS）故障
42	发动机在 2500r/min 以上、冷却液温度高于 80℃、歧管压力高于 60kPa 时，ECU 在 8s 以上时间内未接收到车速传感器（VSS）信号（SPD 信号）	1. ECU 故障 2. 车速传感器 VSS 线路断路、搭铁 3. 车速传感器 VSS 故障 4. P/N 开关故障
47	辅助节气门位置传感器（TPS）线路开路或短路 0.5s 以上时间	1. ECU 故障 2. 辅助节气门位置传感器（TPS）线路断路、搭铁 3. 辅助节气门位置传感器故障
52	发动机在 500~5000r/min 范围内，爆燃传感器信号有 6 个循环未输入 ECU	1. ECU 故障 2. 爆燃传感器线路断路、搭铁 3. 爆燃传感器故障
53	发动机在 500~5000r/min 范围内，ECU 检测到爆燃传感器信号无法处理	ECU 内部爆燃控制电路失效
54	涡轮增压器冷却液温度信号异常	1. ECU 故障 2. 冷却液温度传感器线路短路或断路 3. 冷却液温度传感器故障
71	排气再循环（EGR）系统工作不良	1. ECU 故障 2. EGR 系统排气温度传感器故障 3. EGR 真空电磁阀故障或线路短路、断路
72	燃油切断电磁阀工作不良	1. ECU 故障 2. 燃油切断电磁阀故障 3. 燃油切断电磁阀线路短路或断路

（续）

代码	故障内容	故障原因
78	1. 发动机转速低于 1000r/min 时，电动燃油泵线路断路或短路 1s 以上 2. 发动机转速低于 1000r/min 时，燃油泵与 ECU 之间的线路断路或短路 3. 发动机转速低于 1000r/min 时，燃油泵 ECU 的监测线路断路或短路	1. 发动机 ECU 故障 2. 燃油泵 ECU 故障 3. 燃油泵故障或线路断路、短路

目前很多车型发动机的电子控制燃油喷射系统除了能利用汽车故障检测仪读取出故障自诊断电路检测到的故障码之外，还能通过汽车故障检测仪对 ECU 及其控制电路、传感器、执行器等作更进一步的检测。例如：

1）数据传送。数据传送就是将发动机运转过程中 ECU 的运行状况和各种输入、输出电信号的瞬时数值（如各传感器的信号、ECU 的计算结果、控制模式、向各执行器发出的控制信号等），以串行输送的方式，经故障检测插座内的某个插孔向外传送。只要将故障检测仪接到故障检测插座上，就可以让控制系统传出的这些数值以数据表的方式在检测仪的屏幕上显示出来，使整个控制系统的工作状况一目了然。检修人员可根据发动机运转过程中控制系统各种数据的变化情况来判断控制系统工作是否正常，或将特定工况下各种信号的数值与标准数值进行比较，从而准确地判断故障的类型和发生部位。

2）通过汽车故障检测仪向 ECU 发出工作指令。维修人员可在发动机运转过程中或熄火状态下，通过汽车故障检测仪向各执行器发出检修作业所需的强制驱动或强制停止的指令，以检测执行器的工作情况，查找出有故障的执行器或控制电路。例如：在发动机运转中停止某个喷油器的喷油、模拟加速、模拟行驶状态，设定调整点火正时或怠速所需的初始状态，以进行调整；或在发动机熄火状态下，让电动燃油泵运转、让某个喷油器喷油、使某个继电器（如冷却风扇、空调压缩机等继电器）或某个电磁阀工作等。这种功能特别适合于检测执行器及其控制电路的故障。

3）通过发出指令来消除汽车 ECU 内储存的故障码，使故障警告灯熄灭，免除拆卸 EFI 的熔丝或蓄电池电缆的工作。

7.2.3　发动机数据流的读取

车载诊断系统主要检测的部件有喷油器、点火线圈、燃油泵、氧传感器、爆燃传感器、车速传感器、冷却液温度传感器等发动机电控部件。汽车在行驶过程中，控制单元内的存储器会将这些电子器件的运行参数进行存储，可以通过故障诊断仪、解码器、智能手机端、ECU 等工具将这些参数调取出来，从而获取到汽车发动机的运行状况，发动机相关数据流读取的操作步骤如下：

1. 插入 OBD 接口适配器

将故障检测仪配套的适配器插入汽车的 OBD 接口上，如图 7-10 所示。

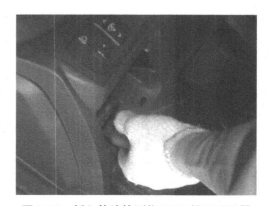

图 7-10　插入故障检测仪 OBD 接口适配器

2. 选择车辆型号信息

根据被测试汽车，如图 7-11 所示，选择车辆型号信息，在确定车辆型号后输入汽车 VIN 识别码。

3. 选择测试功能

设置完毕车辆信息后，在故障检测仪功能栏中选择"数据分析"或"多数据分析"，如图 7-12 所示。

图 7-11 选择车辆型号

图 7-12 选择测试功能

之后，在弹出的界面上选择测试选项，这里我们需要读取发动机数据流，在故障诊断仪显示界面上点击勾选发动机图标，如图 7-13 所示。

等待故障诊断仪初始化通信后，在项目列表的左栏依次点击发动机相关的数据流信息，如图 7-14 所示，每点击一次，右侧栏将显示被点击勾选的选项。

图 7-13 选择发动机图标

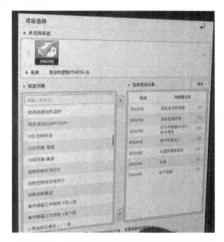

图 7-14 选择发动机数据流测试选项

4. 读取发动机动态数据流

勾选发动机测试数据选项后，如图 7-15 所示，在故障诊断仪弹出的界面中点击"图形"，将发动机相关数据设定为图形显示。

将上述所有参数设定完毕后，故障诊断仪会以波形加动态数字的组合方式将发动机相关数据流显示出来，如图 7-16 所示，需要注意的是，界面上显示的都是发动机电控系统相关元件的实时数据，当发动机运行状况发生变化时（例如加大或减小节气门开度），这些数据也会跟随变化。

图 7-15　选择"图形"显示效果

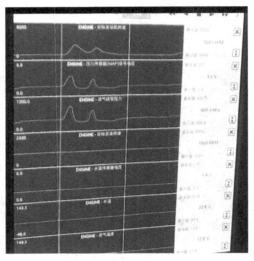

图 7-16　发动机动态数据流

 课程育人

　　同学们在学习知识和技能的同时，要培养善于沟通与合作的品质以及精益求精的工匠精神，在未来的岗位上，树立良好的岗位责任意识，提高综合文化素养，来适应我国企业行业的需求。

机械工业出版社 | 汽车分社
CHINA MACHINE PRESS

读者服务

机械工业出版社立足工程科技主业，坚持传播工业技术、工匠技能和工业文化，是集专业出版、教育出版和大众出版于一体的大型综合性科技出版机构。旗下汽车分社面向汽车全产业链提供知识服务，出版服务覆盖包括工程技术人员、研究人员、管理人员等在内的汽车产业从业者，高等院校、职业院校汽车专业师生和广大汽车爱好者、消费者。

一、意见反馈

感谢您购买机械工业出版社出版的图书。我们一直致力于"以专业铸就品质，让阅读更有价值"，这离不开您的支持！如果您对本书有任何建议或意见，请您反馈给我。我社长期接收汽车技术、交通技术、汽车维修、汽车科普、汽车管理及汽车类、交通类教材方面的稿件，欢迎来电来函咨询。

咨询电话：010-88379353　编辑信箱：cmpzhq@163.com

二、课件下载

选用本书作为教材，免费赠送电子课件等教学资源供授课教师使用，请添加客服人员微信手机号"13683016884"咨询详情；亦可在机械工业出版社教育服务网（www.cmpedu.com）注册后免费下载。

三、教师服务

机工汽车教师群为您提供教学样书申领、最新教材信息、教材特色介绍、专业教材推荐、出版合作咨询等服务，还可免费收看大咖直播课，参加有奖赠书活动，更有机会获得签名版图书、购书优惠券。

加入方式：搜索 QQ 群号码 317137009，加入机工汽车教师群 2 群。请您加入时备注院校 + 专业 + 姓名。

四、购书渠道

机工汽车小编
13683016884

我社出版的图书在京东、当当、淘宝、天猫及全国各大新华书店均有销售。

团购热线：010-88379735

零售热线：010-68326294　88379203

推荐阅读

书号	书名	作者	定价（元）
	智能网联、新能源汽车专业教材		
9787111678618	智能网联汽车技术入门一本通（全彩印刷）	程增木	69
9787111715276	智能汽车技术（全彩印刷）	凌永成	85
9787111702696	智能网联汽车技术原理与应用（彩色版）	程增木　杨胜兵	65
9787111628118	智能网联汽车技术概论（全彩印刷）	李妙然　邹德伟	49.9
9787111693284	智能网联汽车底盘线控系统装调与检修（附任务工单）	李东兵　杨连福	59.9
9787111710288	智能网联汽车智能传感器安装与调试（全彩活页式教材）	中国汽车工程学会　等	49.9
9787111712480	智能网联汽车底盘线控执行系统安装与调试（全彩印刷）	中国汽车工程学会　等	49.9
9787111709800	智能网联汽车计算平台测试装调（全彩印刷）	中国汽车工程学会　等	49.9
9787111711711	智能网联汽车智能座舱系统测试装调（全彩印刷）	中国汽车工程学会　等	49.9
9787111710318	新能源汽车检测与故障诊断技术（彩色版配实训工单）	吴海东　等	69
9787111707585	新能源汽车电动空调　转向和制动系统检修（彩色版配实训工单）	王景智　等	69
9787111702931	新能源汽车整车控制系统检修（彩色版配实训工单）	吴东盛　等	69
9787111701637	新能源汽车动力电池及管理系统检修（彩色版配实训工单）	吴海东　等	59
9787111707165	新能源汽车技术概论（全彩印刷）	赵振宁	55
9787111706717	纯电动汽车构造原理与检修（全彩印刷）	赵振宁	59
9787111587590	纯电动/混合动力汽车结构原理与检修（配实训工单）（全彩印刷）	金希计　吴荣辉	59.9
9787111709565	新能源汽车维护与故障诊断（配实训工单）（全彩印刷）	林康　吴荣辉	59
9787111700524	新能源汽车整车控制系统诊断（双色印刷）	赵振宁	55
9787111699545	智能网联汽车概论（全彩印刷）	吴荣辉　吴论生	59.9
9787111698081	新能源汽车结构原理与检修（全彩印刷）	吴荣辉	65
9787111683056	新能源汽车认知与应用（第2版）（全彩印刷）	吴荣辉　李颖	55
9787111615767	新能源汽车概论（全彩印刷）	张斌　蔡春华	49
9787111644385	新能源汽车电力电子技术（全彩印刷）	冯津　钟永刚	49
9787111684428	新能源汽车高压安全与防护（全彩印刷）	吴荣辉　金朝昆	45
9787111610175	新能源汽车动力电池及充电系统检修（全彩印刷）	许云　赵良红	55
9787111613183	新能源汽车电机驱动系统检修（全彩印刷）	王毅　巩航军	49
9787111613206	新能源汽车辅助系统检修（全彩印刷）	任春晖　李颖	45
9787111646242	新能源汽车维护与故障诊断（全彩印刷）	王强　等	55
9787111670469	新能源汽车结构原理与检修（彩色版）	康杰　等	55

技工教育和职业培训"十四五"规划教材

高职高专汽车制造类立体化创新教材

汽车电控系统诊断与调试
任务工单

主　编　刘云云　张俊峰

副主编　姚晶晶　谢吉祥　张　敏

参　编　吴厚廷　赵　军　刘红玉

机械工业出版社

目 录

项目 1
汽车电控技术概述

学习任务

一、了解汽车电控技术的发展和应用

　　即将进入大学校园的小李选择的是汽修专业，在学校课程计划中，有一门关于汽车电控技术的课程，同学们，你们能通过下面三个问题来帮助新生介绍下汽车电控的主要方向和内容吗？

　　1）什么是汽车电控技术？

_____

_____

　　2）请简述汽车电控技术的发展。

_____

_____

　　3）请举例说明汽车电控技术的具体应用。

_____

_____

_____

二、能够正确识别汽车电控系统的组成

　　1.对于汽车电控系统的基本组成，请查阅相关资料，填写下图中缺失的名称。

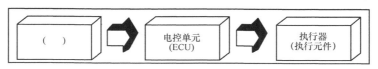

组成汽车电控系统的三个主要部分

　　2.汽车上安装的传感器的种类和数量因车型的不同而各异，请列举出汽车上一些常见的传

1

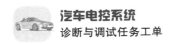

感器，并简述其功能。

_____

_____

3. 现代汽车上普遍采用电子控制单元（ECU）来控制车内各种零部件的运作，请根据图中的信息，简述下 ECU 的工作流程。

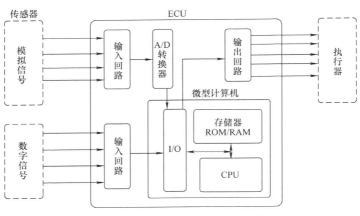

_____

_____

4. 汽车 ECU 发出的控制指令需要执行器来执行动作，请列举出汽车上常见的一些执行器，并简述其功能。

_____

_____

鉴　定

序号	学习目标	鉴定 1	鉴定 2	鉴定 3	鉴定结论	鉴定教师签字
1	了解汽车电控技术的发展和应用				□通过 □不通过	
2	能够正确识别汽车电控系统的组成				□通过 □不通过	

备注：任课老师可以通过平时教学过程中学习者学习态度、参与教学活动积极性、职场安全意识及终结性鉴定结果等确定其最后鉴定结果，每个学习者最多可以鉴定三次，鉴定老师可以把鉴定情况填写在上表中。

项目 2
发动机电子控制系统

学习任务

一、能够正确认识发动机电子控制系统的组成及检测工具

1. 孙凡是一家汽车修理厂的学徒，最近刚刚开始接触发动机电子控制系统方面的故障，感觉头绪繁乱，为系统掌握相关知识内容，遂请教自己的维修师傅。维修师傅建议他从下面两个方向入手，先熟知一下发动机电控系统的结构及功用，并向他提出了两个问题：

1）发动机电子控制系统的主要控制功能表现在哪些方面？

_____

_____

2）发动机电子控制系统都包括哪些主要子系统？

_____

_____

2. 查阅相关资料，完成发动机不同系统与其所属的零部件之间的连线。

空气供给系统	点火器
燃油供给系统	三元催化转化器
电子控制系统	喷油器
点火控制系统	怠速控制阀
排放控制系统	氧传感器

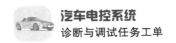
3.现代汽车偏向于电子智能化，发动机控制系统中由各种传感器、控制单元、执行器组成。我们以大众汽车为例，当发动机电控系统出现故障时，一般使用什么工具进行检测？并简述其使用方法。

_____

_____

二、能够正确描述空气供给系统的分类、组成及其进气测量方式

1.请根据下图所示的信息，判定该供给系统属于 L 型还是 D 型，并简述其进气流程。

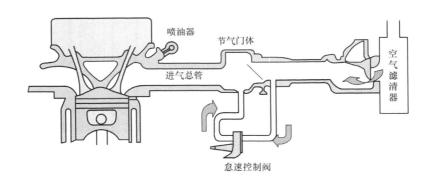

2.空气供给系统主要由空气滤清器、空气流量传感器或进气歧管压力传感器、节气门体与进气管、怠速控制阀和废气涡轮增压等组成。请简述图中所示零部件的名称及其功能。

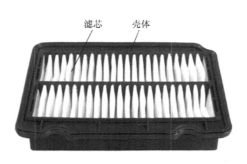

_____

_____

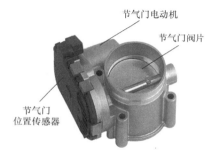

节气门电动机

节气门阀片

节气门
位置传感器

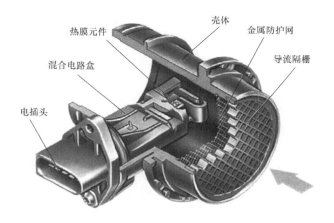

热膜元件　　　　壳体　　金属防护网

混合电路盒　　　　　　　　　　导流隔栅

电插头

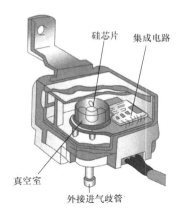

3. 空气供给系统有两种进气测量方式，请根据下图所示的信息简述其进气测量方式。

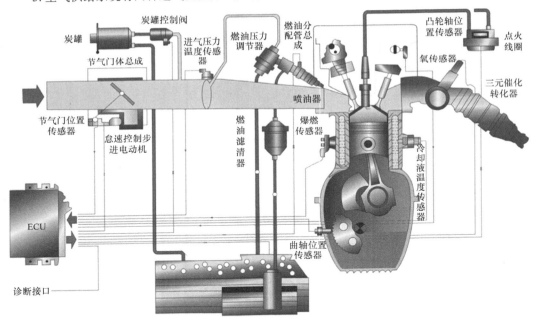

三、能够正确描述燃油供给系统的功用和组成

1. 燃油供给系统由燃油箱、电动燃油泵、燃油分配管、燃油压力调节器、喷油器、燃油滤清器和回油管等组成，请根据图中信息简述燃油供给系统的工作流程。

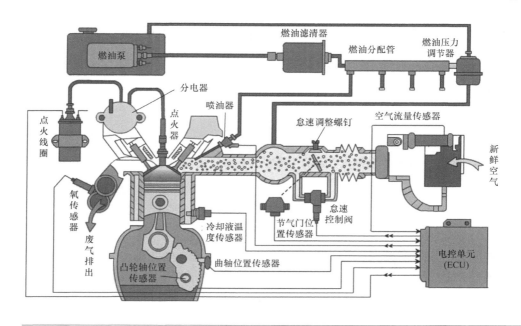

2. 燃油中杂质含量较高，或喷油器喷嘴被长期形成的胶质物堵塞，就会影响喷油器的正常工作，导致发动机怠速不稳、起动困难、动力不足甚至熄火等多种故障。当喷油器发生堵塞时，请简述下如何进行清洗？

3. 什么是缸内直喷？什么是进气管喷射？缸内直喷的特点有哪些？

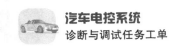

四、能够正确描述点火控制系统的组成、基本原理

1. 按点火方式的不同，发动机点火系可分为三大类，请简述汽车点火系的类别及其性能的优缺点。

_____

_____

2. 目前汽车点火系以微机点火系为主流发展趋势，请简述微机点火系零部件的组成及其功能。

_____

_____

3. 汽车点火起动过程中，需要各种传感器传送电信号，经过ECU确认后，再传递给点火线圈、火花塞执行点火动作，其结构如下图所示，请根据图中信息，简述汽车点火工作流程。

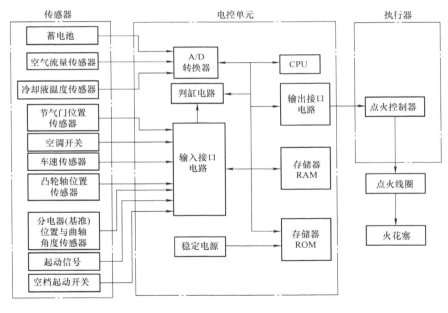

_____

_____

五、能够正确识别排放控制系统的主要控制装置

1. 排气系统主要由排气歧管、排气总管、三元催化转化器、消声器和排气尾管等组成，其中三元催化转化器结构如下图所示，请简述其工作原理。

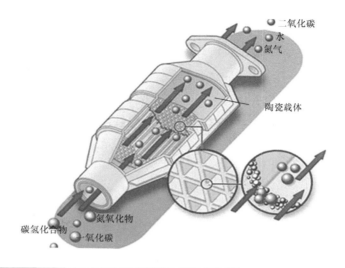

二氧化碳
水
氮气
陶瓷载体
氮氧化物
碳氢化合物
一氧化碳

2. 排气再循环系统由各种传感器和控制开关、ECU、EGR 电磁阀和 EGR 阀组成，如下图所示，请简述排气再循环系统的工作流程。

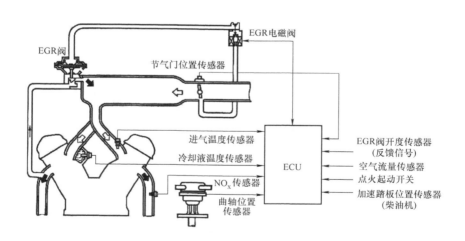

EGR电磁阀
EGR阀
节气门位置传感器
进气温度传感器
冷却液温度传感器
NO$_x$传感器
曲轴位置传感器
ECU
EGR阀开度传感器（反馈信号）
空气流量传感器
点火起动开关
加速踏板位置传感器（柴油机）

3. 汽油蒸气排放控制系统主要由活性炭罐、活性炭罐电磁阀、通风管以及 ECU 等组成，如下图所示，请简述汽油蒸气排放控制系统的工作流程。

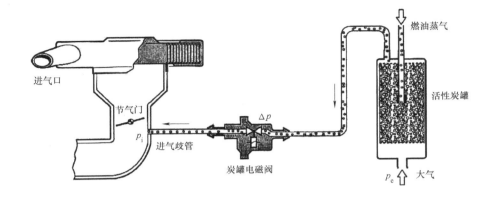

4.空燃比反馈控制系统主要作用是节约汽油和降低有害物质的排放量，如下图所示，请简述空燃比反馈控制系统的工作流程。

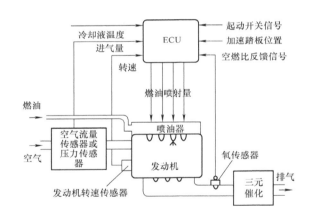

六、能够对发动机电控系统的故障进行诊断检修

汽车发动机无法起动时，已知蓄电池电压正常，起动机工作正常，请概括出现这种情况时，故障原因一般有哪些？如何进行检修？

鉴　定

序号	学习目标	鉴定1	鉴定2	鉴定3	鉴定结论	鉴定教师签字
1	能够正确认识发动机电子控制系统的组成及检测工具				□通过 □不通过	
2	能够正确描述空气供给系统的分类、组成及其进气测量方式				□通过 □不通过	
3	能够正确描述汽油供给系统的功用和组成				□通过 □不通过	
4	能够正确描述点火控制系统的组成、基本原理				□通过 □不通过	
5	能够正确识别排放控制系统的主要控制装置				□通过 □不通过	
6	能够对发动机电控系统的故障进行诊断检修				□通过 □不通过	

　　备注：任课老师可以通过平时教学过程中学习者学习态度、参与教学活动积极性、职场安全意识及终结性鉴定结果等确定其最后鉴定结果，每个学习者最多可以鉴定三次，鉴定老师可以把鉴定情况填写在上表中。

项目 3
电控自动变速系统

学习任务

一、能够正确描述电控自动变速器的组成和控制原理

1. 汽车自动变速器的类型较多，同学们你们知道自动档汽车常用的自动变速器有哪几种吗？请列举一下。

_____

_____

2. 查阅相关资料，将下面图示中的相关信息补充完整。

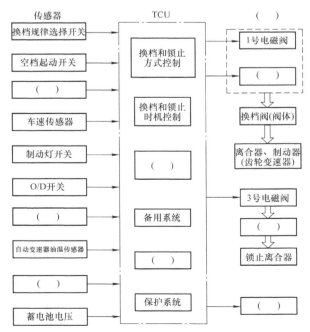

3. 汽车电控自动变速系统的控制原理图如下所示，请同学们简述其控制原理。

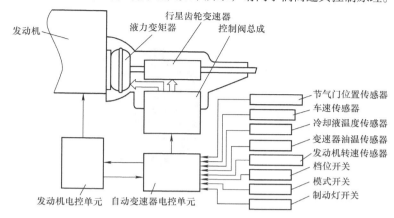

行星齿轮变速器

液力变矩器　控制阀总成

发动机

节气门位置传感器
车速传感器
冷却液温度传感器
变速器油温传感器
发动机转速传感器
档位开关
模式开关
制动灯开关

发动机电控单元　自动变速器电控单元

二、能够正确描述电控自动变速器的各组成零部件的结构及其功用

1. 液力变矩器的实物如下图所示，请同学们填写序号所代表的结构名称，并简述液力变矩器的工作原理。

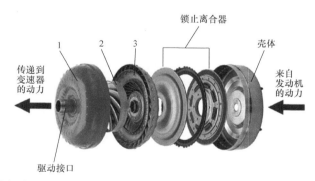

锁止离合器

壳体

传递到
变速器
的动力

来自
发动机
的动力

驱动接口

1）各组成部件名称：

1—（　　　）2—（　　　）3—（　　　）

2）工作原理：

2. 请描述下列图示名称、各组成部件名称及工作原理。

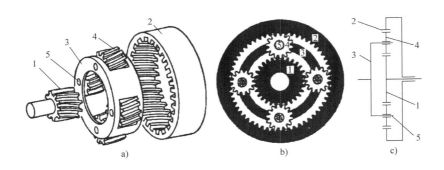

a) b) c)

1）各组成部件名称：

1—（　　　）2—（　　　）3—（　　　）4—（　　　）5—（　　　）

2）工作原理：

_____

_____

3. 查找相关资料，完成下表。

序号	主动件	被动件	固定件	传动比	传动方式	备注
1	太阳轮	行星齿轮架	齿圈	$1+\alpha$	低	
2	齿圈	行星齿轮架	太阳轮	$\dfrac{1+\alpha}{\alpha}$	高	降速增矩传动
3	太阳轮	齿圈	行星齿轮架	$-\alpha$	倒档	
4	行星齿轮架		太阳轮	$\dfrac{\alpha}{1+\alpha}$	低	
5	行星齿轮架	太阳轮	齿圈	$\dfrac{1}{1+\alpha}$		增速降矩传动
6	齿圈	太阳轮	行星齿轮架	$-\dfrac{1}{\alpha}$	不用	
7	任意两个元件连成一体			1	直接档	直接传动
8	无任何元件固定，也无两个元件连成一体			三元件自由转动	空档	不传递力矩

4. 根据下列图示信息，描述其中的工作原理。

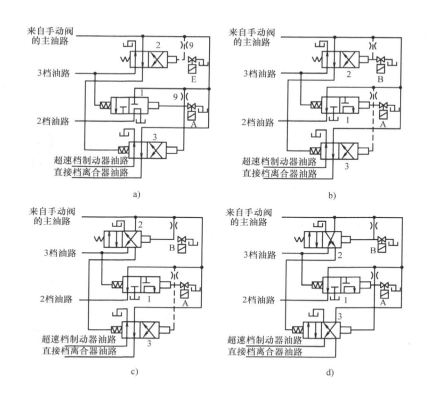

a)   b)

c)   d)

5. 识别下列图示，并补充图中缺失的信息。

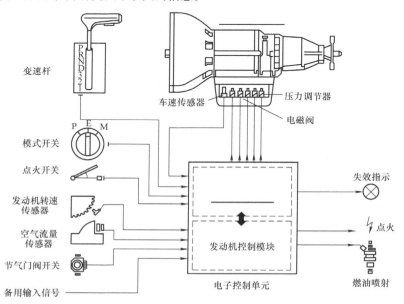

三、能够正确描述无级变速器的结构组成和工作原理

1. 识别无级变速系统的结构简图，补充图中缺失的信息。

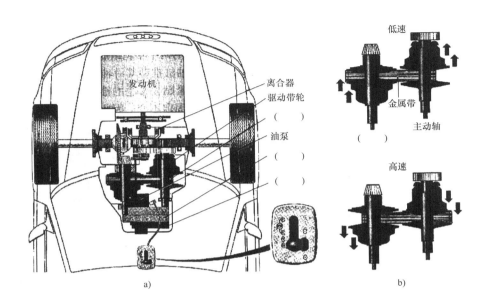

发动机

离合器
驱动带轮
（　　）
油泵
（　　）
（　　）

低速
金属带
主动轴
（　　）

高速

a)　　　　　　　　　　　　　　　　　　　　b)

2. 根据下列图示信息，描述无级变速传动原理。

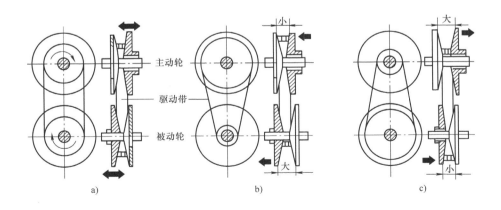

主动轮
驱动带
被动轮

小
大

大
小

a)　　　　　　　　　　b)　　　　　　　　　　c)

3. 根据图示信息，填写部件名称，并描述其中的控制原理。

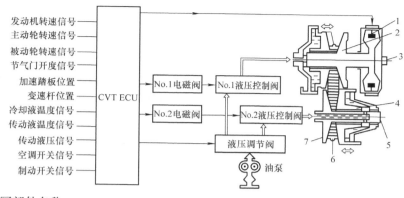

1）填写部件名称：

1—（　　　） 2—（　　　） 3—（　　　） 4—（　　　） 5—（　　　） 6—（　　　） 7—（　　　）

2）描述图中所传达的控制原理：

_____

_____

四、能够对电控自动变速器进行检修

　　袁先生有一辆自动档轿车，已经行驶 5 万多 km，最近开车时发现起步时踩下加速踏板，发动机转速很快升高但车速升高缓慢。行驶中踩下加速踏板加速时，发动机转速升高但车速没有很快提高。平路行驶基本正常，但上坡无力，且发动机转速很高。同学们，你们能大致判断出该车故障的原因是什么吗？并总结下检修调整方案。

_____

_____

鉴　定

序号	学习目标	鉴定1	鉴定2	鉴定3	鉴定结论	鉴定教师签字
1	能够正确描述电控自动变速器的组成和控制原理				□通过 □不通过	
2	能够正确描述电控自动变速器的各组成零部件的结构及其功用				□通过 □不通过	
3	能够正确描述无级变速器的结构组成和工作原理				□通过 □不通过	
4	能够对电控自动变速器进行检修				□通过 □不通过	

　　备注：任课老师可以通过平时教学过程中学习者学习态度、参与教学活动积极性、职场安全意识及终结性鉴定结果等确定其最后鉴定结果，每个学习者最多可以鉴定三次，鉴定老师可以把鉴定情况填写在上表中。

项目 4
安全行驶电控系统

学习任务

一、能正确描述 ABS 的结构组成和工作原理

一辆捷达轿车的车主发现紧急制动时脚下无原来 ABS 起作用时的反弹感，ABS 系统不起作用。为了寻找故障原因，该车主开始查阅关于 ABS 的相关资料，下列问题是他首先要学习的，如果是你，你能回答上来吗？

1）ABS 的结构组成？

_____

_____

2）ABS 的工作原理是什么？

_____

_____

_____

二、能正确描述 ASR 的结构组成和工作原理

查阅相关资料，根据下图提示，描述 ASR 的工作原理。

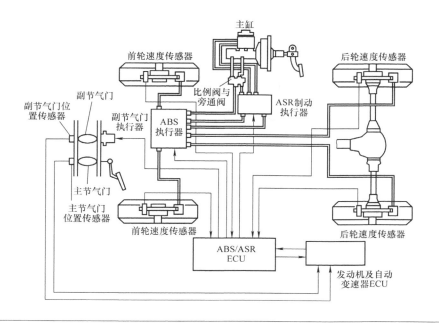

三、能正确描述 ESP 的结构组成和控制原理

查阅相关资料，根据下图提示，描述 ESP 的控制原理。

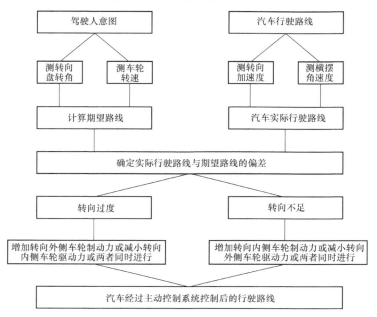

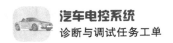
_____

_____

四、能正确描述 EBD 的特点和组成原理

EBD 系统主要是解决 ABS 中的缺陷，请同学们简述 EBD 是如何辅助 ABS 对汽车进行全方面制动的。

_____

_____

五、能正确描述 EPS 的组成和工作原理

1.电控动力转向系统依靠电动机提供辅助转矩的动力转向系统，请同学们简述其结构组成。

_____

_____

2.EPS 可使汽车在停车或低速行驶时转向操纵力减小，在高速行驶时适当增大转动操纵力，请同学们简述 EPS 是如何实现这一功能的。

_____

_____

六、能正确描述 CCS 的组成和工作原理

1.汽车巡航控制系统（CCS）是可以使汽车以一定的速度匀速行驶的控制系统，请同学们简述 CCS 的结构组成。

_____

_____

2.巡航控制系统是一个典型的闭环控制系统，请同学们根据下图信息简述其控制流程。

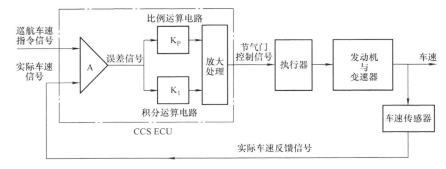

_____

_____

七、能正确描述汽车雷达防碰碰撞系统的工作原理

1. 汽车雷达防碰撞系统主要用于解决汽车行驶的安全距离问题，其主要零部件如下图所示，请同学们根据图中信息，简述汽车雷达防碰撞系统的主要组成。

2. 装设雷达防碰撞系统的汽车，在交通拥挤的道路上行驶时，雷达防碰撞系能够检测车身与四周车辆的距离并给驾驶人提示，如下图所示，请同学们结合图中信息简述下雷达防碰撞系统的工作原理。

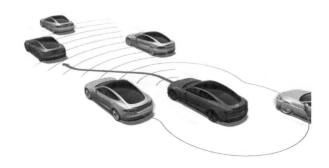

八、能正确描述电控空气悬架系统的功能、分类、结构和工作原理

1. 汽车电子控制悬架系统能够主动适应汽车行驶中不断变化的路面要求，请同学们总结下相关的零部件有哪些?

2. 汽车电控空气悬架系统能够自动调节车身底盘的高度，请同学们简述其控制原理。

鉴　定

序号	学习目标	鉴定1	鉴定2	鉴定3	鉴定结论	鉴定教师签字
1	能正确描述 ABS 的结构组成和工作原理				□通过 □不通过	
2	能正确描述 ASR 的结构组成和工作原理				□通过 □不通过	
3	能正确描述 ESP 的结构组成和工作原理				□通过 □不通过	
4	能正确描述 EBD 的特点和组成原理				□通过 □不通过	
5	能正确描述 EPS 的组成和工作原理				□通过 □不通过	
6	能正确描述 CCS 的组成和工作原理				□通过 □不通过	
7	能正确描述汽车雷达防碰撞系统的工作原理				□通过 □不通过	
8	能正确描述电控空气悬架系统的功能、分类、结构和工作原理				□通过 □不通过	

项目 5
车身电子控制系统

学习任务

一、能正确描述电控自动空调的组成、功能和控制原理

张岩是某家汽车维修厂的工人，这天开车同正读大一的儿子一起去外地游玩，车外寒风凛冽，车内温暖如春，因为空调不断吹出热风。看到儿子在调节着空调风口转向，张岩顿时想，儿子大学专业是汽车专业，何不借此机会考考儿子？他的问题如下：

1）电控自动空调的组成和功能是什么？

_____

_____

2）电控自动空调的控制原理是怎样的？

_____

_____

二、能正确描述电动座椅与电动车窗控制的组成及原理

根据下图提供的信息，查阅相关资料，阐述电控自动调节座椅的靠背倾斜调节工作原理。

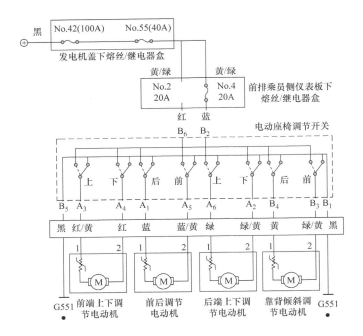

工作原理：

_____

_____

三、能正确描述汽车电控仪表的组成、特点及运行原理

识别下图中电控仪表零部件序号所对应的部件名称。

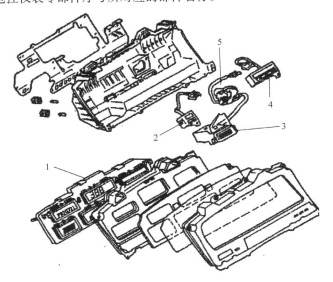

序号	名称
1	
2	
3	
4	
5	

四、能正确描述汽车导航系统的组成、功能及分类

汽车导航系统由 LCD 显示板、导航 ECU、GPS 接收天线、GPS 接收器、车轮速度传感器、GPS 天线接收、转向角传感器、地磁传感器、车速传感器、CD-ROM 唱机等组成，请根据图中信息，将相应零部件的名称按序号填入下方画线处。

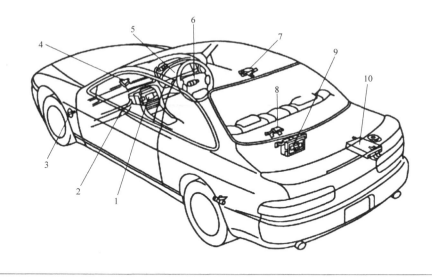

五、能正确描述电控防盗系统的组成、功能及工作原理

根据下列图示提供的信息，描述其中的工作原理。

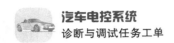

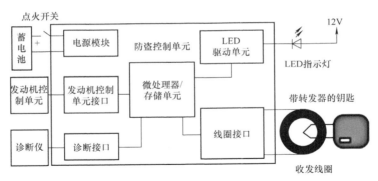

工作原理：

_____

_____

_____

六、能正确描述安全气囊系统的作用、分类、结构及工作原理

请简述安全气囊系统的结构及其工作原理。

_____

_____

鉴　定

序号	学习目标	鉴定1	鉴定2	鉴定3	鉴定结论	鉴定教师签字
1	能正确描述电控自动空调的组成、功能和控制原理				□通过 □不通过	
2	能正确描述座椅与车窗控制的组成及原理				□通过 □不通过	
3	能正确描述汽车电控仪表的组成、特点及运行原理				□通过 □不通过	
4	能正确描述汽车导航系统的组成、功能及分类				□通过 □不通过	
5	能正确描述电控防盗系统的组成、功能及工作原理				□通过 □不通过	
6	能正确描述安全气囊系统的作用、分类、结构及工作原理				□通过 □不通过	

备注：任课老师可以通过平时教学过程中学习者学习态度、参与教学活动积极性、职场安全意识及终结性鉴定结果等确定其最后鉴定结果，每个学习者最多可以鉴定三次，鉴定老师可以把鉴定情况填写在上表中。

项目 6
车载网络技术

学习任务

一、能正确描述车载网络技术的应用、分类和通信协议标准

刘刚是一家汽车 4S 店的学徒，正要参加公司组织的技能知识竞赛。为此，他利用业余时间补充汽车相关知识，并向师傅请教参赛经验。这不，师傅向他提出了如下问题。

1）请描述车载网络技术在汽车上的应用。

_____

_____

2）请阐述车载网络技术的分类和通信协议标准。

_____

_____

二、能够掌握 CAN 总线的特性、组成、数据传输原理、故障检测维修

1. 请根据下图提示信息，描述 CAN 总线的数据传输原理。

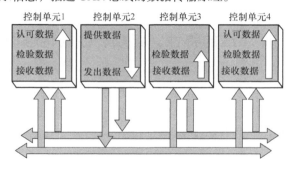

2. 某高校实训课程上设置几辆故障车，要求学生通过示波器检测 CAN 总线的信号波形，并诊断出 CAN 总线故障原因，其中小李同学检测到的 CAN 总线信号波形如下图所示，请同学们根据图中信息判断出该车 CAN 总线故障的原因。

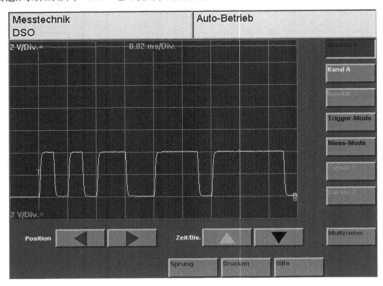

3. 一辆奥迪 A6L，停放一天后无法着车，随后送入维修站进行维修。技师将汽车熄火停放，待车辆进入休眠后，使用诊断仪执行休眠电流测试功能，测量结果为 15A，测量总线的信号电压，发现 CAN-High 总线电压为 3.1V，CAN-Low 总线电压为 2.0V。同学们，你们能根据技师的诊断信息判断出该车故障原因是什么吗？

三、能够掌握 LIN 总线的特性、组成、数据传输原理、故障检测维修

1. 一客户送来一辆奥迪 A6 轿车，出现的故障为汽车玻璃升降器不能正常工作，要求给予维修。假如需要你接手这辆车的故障诊断与清除任务，而要完成这个工作任务，首先需要了解汽车 LIN 总线的相关知识，具体知识内容如下：

1）LIN 总线的特性；

2）LIN 总线的基本组成与数据传输原理。

2. 一辆 8 年 1.6L 排量的雪佛兰科鲁兹轿车，车主反映该车因驾驶人侧的升降器开关烧毁而进行过更换，之后驾驶人侧的主开关再也无法控制车辆上所有车窗的升降，而它们各自车门上的开关均能正常控制自身车窗的升降，陈师傅使用诊断仪进行检测后，读取到的故障码为 U1538：总线 LIN3 失去通信。已知该车型总线网络连接图如下图所示，请同学们针对该故障案例以及诊断结果写出一份维修方案。

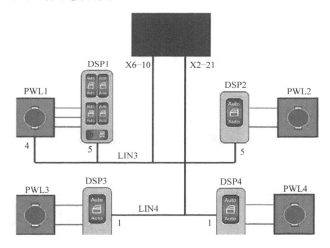

四、能够掌握 MOST 总线的特性、组成、数据传输原理、故障检测维修

1. 请描述下列图示 MOST 控制单元中的序号对应的名称及作用。

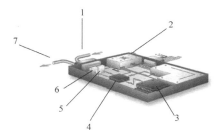

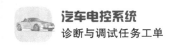

序号	名称		功能 / 作用
1			
2			
3			
4			
5			
6			
7			

2. MOST 总线网络常用于汽车多媒体系统中，如下图所示，请简述下 MOST 总线网络的特性。

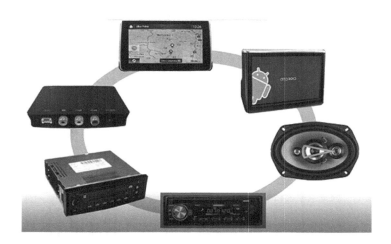

3. 一辆奥迪 A6 轿车，多媒体交互系统中所有的元件均无法工作，已知奥迪 A6 中光纤环路中的控制单元有：信息显示单元 J523、导航控制单元 J401、电视调谐器 R78、收音机控制单元、音响控制单元 J525、CD 转换盒 R41、数据总线诊断接口 J533（网关）、电话发射接收器 R36。请同学们根据故障信息写出一份诊断维修方案。

鉴　定

序号	学习目标	鉴定 1	鉴定 2	鉴定 3	鉴定结论	鉴定教师签字
1	能正确描述车载网络技术的应用、分类和通信协议标准				□通过 □不通过	
2	能够掌握 CAN 总线的特性、组成、数据传输原理、故障检测维修				□通过 □不通过	
3	能够掌握 LIN 总线的特性、组成、数据传输原理、故障检测维修				□通过 □不通过	
4	能够掌握 MOST 总线的特性、组成、数据传输原理、故障检测维修				□通过 □不通过	

　　备注：任课老师可以通过平时教学过程中学习者学习态度、参与教学活动积极性、职场安全意识及终结性鉴定结果等确定其最后鉴定结果，每个学习者最多可以鉴定三次，鉴定老师可以把鉴定情况填写在上表中。

项目 7
电子故障诊断系统

学习任务

一、熟知汽车诊断系统的组成及其功能

刚拿到驾驶证的周进，很快就在父母的资助下买了一辆新车，在开车过程中经常看到仪表板显示屏显示一些提示码，新手的他在 4S 店洗车时向维修师傅请教。师傅告诉他这是汽车诊断系统在起作用，并热情地向他列出了需要掌握的两大问题：

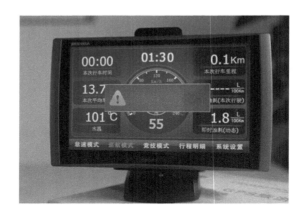

1）汽车诊断系统的有哪些元器件组成？

_____

_____

2）汽车诊断系统的功能是什么？

_____

_____

二、能够使用故障诊断仪读取故障码以及数据流

1. 宋刚最近在求职，他的职位目标是某家大型汽车维修厂的技师，为此，他正全力准备面试相关知识，同时也多方打听这家维修厂倾向考哪些方面的知识。几经周折，得知车载自诊断系统相关知识内容是常考热点，尤其是 OBD-II 车载自诊断系统。他经过多方查阅资料，梳理了相关题目自测：

1）OBD-II 车载自诊断系统的特点表现在哪些方面？

_____

_____

2）如何通过 OBD 接口进行故障码的读取与清除。

_____

_____

2. 汽车 OBD-II 车载诊断系统作为统一的诊断系统标准，能够对发动机电控系统进行实时监测，并将发动机相关的传感器、执行器内的信号保存在控制单元的存储器中，车主可以根据故障诊断仪、配套的显示屏、手机软件客户端等工具读取汽车发动机动态数据流。请同学们简述下使用诊断仪读取发动机动态数据流的操作步骤。

_____

_____

鉴　定

序号	学习目标	鉴定1	鉴定2	鉴定3	鉴定结论	鉴定教师签字
1	熟知汽车诊断系统的组成及其功能				□通过 □不通过	
2	能够使用故障诊断仪读取故障码以及数据流				□通过 □不通过	

备注：任课老师可以通过平时教学过程中学习者学习态度、参与教学活动积极性、职场安全意识及终结性鉴定结果等确定其最后鉴定结果，每个学习者最多可以鉴定三次，鉴定老师可以把鉴定情况填写在上表中。